新心理学ライブラリ 20 梅本堯夫・大山　正監修

犯罪心理学への招待

犯罪・非行を通して人間を考える

安香　宏著

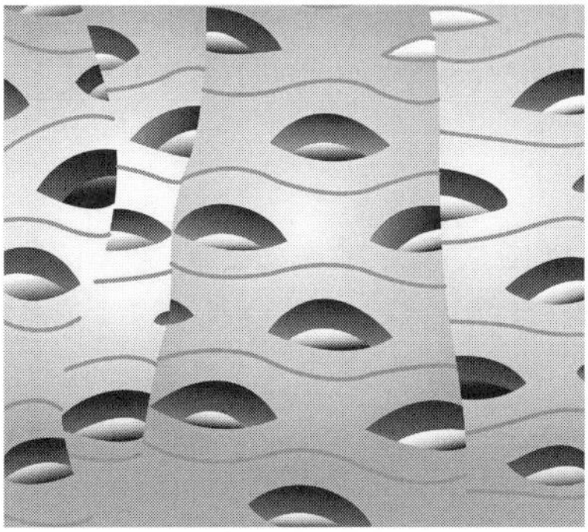

サイエンス社

監修のことば

「心」の科学である心理学は近年目覚ましい発展を遂げて，その研究領域も大きく広がってきている。そしてまた一方で，今日の社会においては，「心」にかかわる数々の問題がクローズアップされてきており，心理学は人間理解の学問としてかつてない重要性を高めているのではないだろうか。

これからの心理学の解説書は，このような状況に鑑み，新しい時代にふさわしい清新な書として刊行されるべきであろう。本「新心理学ライブラリ」は，そのような要請を満たし，内容，体裁について出来るだけ配慮をこらして，心理学の精髄を，親しみやすく，多くの人々に伝えてゆこうとするものである。

内容としては，まず最近の心理学の進展——特に現在発展中の認知心理学の成果など——を，積極的に採り入れることを考慮した。さらに各研究分野それぞれについて，網羅的に記述するというよりも，項目を厳選し，何が重要であるかという立場で，より本質的な理解が得られるように解説されている。そして各巻は一貫した視点による解説ということを重視し，完結した一冊の書として統一性を保つようにしている。

一方，体裁面については，視覚的な理解にも訴えるという意味から，できるだけ図版を多用して，またレイアウト等についても工夫をして，わかりやすく，親しみやすい書となるように構成した。

以上のようなことに意を尽くし，従来にない，新鮮にして使いやすい教科書，参考書として，各分野にわたって，順次刊行してゆく予定である。

学際的研究が行われつつある今，本ライブラリは，心理学のみならず，隣接する他の領域の読者にも有益な知見を与えるものと信じている。

監修者　**梅本　堯夫**
大山　　正

まえがき

犯罪は，心理学だけでなく，社会学や精神医学などいくつかの学問もその解明に当たっており，だから，犯罪心理学と並んで，犯罪社会学とか犯罪精神医学といった学問分野が作られている。このように複数の学問が提携して対象に迫ることを学際的アプローチと呼ぶが，こうしたアプローチが必要とされるのは，その対象が多面的で複雑な性質を持っているからにほかならない。犯罪へのアプローチに必須ともいえるこの学際性を重視して，いわば総合的視点に立つことを強調する「犯罪学」という学問の命名もよくなされる。そこでまずはじめに，犯罪がなぜ学際的アプローチを必要とするのか，そしてその中で，心理学が犯罪を研究対象とすることにどういう意味があるのかを考えてみる。

犯罪は，「刑罰法令」があってはじめて成り立つ事柄である。つまり，「こういうことをしてはいけない。もしもしたら公的に処罰する」という社会のきまりを破った行為である。単に“悪い”というのではなく，そのときのその社会で“みんなが悪いと決めている”行為である。だから，同じ行為であっても，時代や社会が異なれば，犯罪になったりならなかったりするし，道徳的あるいは常識的にだれもが悪いと思う行為でも，犯罪にならないことはたくさんある。そこで，行為者の行動の個体的分析に加えて，それに対する周囲（社会）の認知・判断・評価の分析が，犯罪研究においては欠かせないことになる。

人の行動を分析・考察する際に，その人の個体面（例えば，生物学的・生理的側面や，性格・感情といった人格的側面など）だけでなく，環境面の要因も考えなければならないのは，自明のことである。しかし犯罪の場合には，個体面では，その人の価値志向（何を望み何を目指しているか）や行為時の状況要因（例えば，仲間といっしょだったとか，だれも見ていなかったとか）など，環境面では，より広い社会体制とか社会組織，あるいは，社会情勢や社会風潮なども，考察しなければならない。要するに，すべての事柄を社会と個人という関係性の中でとらえることが，必要になってくる。となれば，これはもう心理学（特に社会心理学）の出番である。

心理学が犯罪をその研究対象に取り上げる意義を考えてみると次の2つが挙げられると思う。

1. 人間をその裏側（否定的側面）から考えてみるという理論的な意義。ものごとは，それがふつう（正常）に存在あるいは機能しているときよりも，むしろぐあいが悪くなったり壊れたりしたときに，そのほんとうの姿を現すものだという考え方が以前からあり，こうした観点に立つアプローチを「病理的方法」と呼んだりする。したがって，犯罪心理学のこうした理論的意義は，人間の表側（肯定的側面）だけを考えるときとは違った知見が得られるという意味で，人間研究の上で非常に貴重であると思われる。
2. 次は実践的意義である。犯罪（未成年者の非行をも含めて）を犯す人の，パーソナリティの諸側面，例えば，性格，感情，自己・他者認知など，あるいは状況認識，例えば，加害者・被害者関係，犯行場面，将来の成り行きについての見通しなどを，心理学的に考察することは，そうした行為にはしってしまった人の健全な社会復帰や，犯罪の未然防止には欠かせないことである。そのために，犯罪を取り扱う社会の諸機関（例えば，児童相談所などの福祉施設，裁判所，警察，刑事行政機関など）には，以前から心理学の専門家が配置されてきたのである。なお，本書では，成人の「犯罪」と未成年者の「非行」をいっしょにして「犯罪」と記すことも多いが，いっしょにすることを強調したいときは，なるべく「犯罪・非行」と記すようにするつもりである。

本書では，総論と各論とに分けて述べる。総論は，一般性のレベルでの論述で，犯罪と非行のそれぞれ概念規定や，両者の異同，さまざまな犯罪観や，犯罪理論の前提となる諸命題，そして諸種の犯罪理論がその内容となる。各論は，さまざまな種類の犯罪の具体像とその形成要因・機序の考察，そしてそれら行為者の特質や，社会復帰のための働きかけなどを，その内容とする。ふつうは先に総論，次に各論というのが順序であろうが，本書では順序を逆にして各論から述べようと思う。はじめから理屈っぽい話をするとうんざりしてしまうのではと懸念したからである。1章から4章までが各論，5章から8章までが総論となり，1章が各論の，5章が総論の，それぞれイントロということになる。1章は，本来，総論の中に位置づけるべき内容のものだが，各論の前提としてどうしてもはじめに述べなければならないので，冒頭に置くことにする。

なるべく平易な書き方を心がけ，引用や出典の明示なども最小限にとどめようと思うのだが，書く事柄の性質上どうしてもそうはいかない面も多いであろうことを，あらかじめお断りしておく。

目　次

5章　犯罪・非行理論の前提と先駆的犯罪観　99

6章　社会・文化的要因からの犯罪・非行理論　121

7章　個体要因からの犯罪・非行理論　161

8章　犯罪・非行者に対する個別的査定　203

犯罪および犯罪者の分け方と種類

犯罪にはさまざまな種類があり，その分け方も多岐にわたっている。それらを述べるのは，本来なら総論の中でのほうがぴったりとおさまるのだが，本書では各論を前半で述べるので，財産犯とか粗暴犯といったような「罪種」や，それを構成する個々の「罪名」などを，次の２章からすぐに使わなければならないため，短い章になってはしまうが，犯罪の分け方と種類についてここで簡単に説明しておく。そして，そのような類別の意義やメリットなどについても少し触れることにする。当然のことではあるが，法律は国によって違うので，たとえばある行為が国によって犯罪になったりならなかったりというようなことは少なからずあるわけで，ここでの分け方はわが国のものであることを断っておく。また学問研究の分野では，研究者や学派などによって分け方はいろいろに違ってくるし，法律の改変によっても何が犯罪かは変わってくる。したがって，犯罪・非行の実態や研究結果などの国際比較や時代的変化・推移といったことは，非常に難しく，ときには不可能な場合すらある。

冒頭の「まえがき」でも述べたように，犯罪は，刑罰法令があってはじめて成り立つ事柄である。そして刑罰法令というのは，基本的には「行為」について規定しているもので，「行為者」については，その基本規定のいわば論理的延長みたいなところがあり，言い方を換えれば，それだけ複雑さが増してすっきりとは割り切れない部分が広がってくる。だからこそ，そこに人間科学的研究が入り込む必要が生じてくるのであろう。つまり，本章で試みようとする犯罪（行為）および犯罪者（行為者）の分け方に関しては，犯罪については法律的規定に，犯罪者については学問的規定に，それぞれより多く基づくという実態が見えてくるようである。このことは，犯罪という行為だけについても，その中での個々の犯罪といくつかの類似の犯罪をまとめたカテゴリー（罪名と罪種）との関係を見てみると，罪名よりは罪種についてより多く，学問的な加工を施した概念規定がなされている実態としてとらえられるように思う。

本章では，まずはじめに犯罪と非行との異同について，少し深めた考察は後半の５章で行うこととして，ここでは簡単に述べるにとどめておく。次いで，罪名

（非行名）と罪種（非行の種類）について少し詳しく説明し，その後で，古くから重要な命題とされてきた自然犯と法定犯という考え方にも触れ，最後に，犯罪・非行者の分け方についての概括的な枠組みを述べることとする。

1.1 犯罪と非行，罪名と罪種

1.1.1 犯罪と非行，その異同

犯罪とは，実定法に違反する，有責，可罰の行為である。これが法的定義であって，どんな研究的立場をとるにしても，この定義から出発しなければならないと，筆者は考えている。詳しい説明を行うと，この定義からいろいろな研究の筋道が見えてくるのだが，それは5章で行うことにして，ここでは上記3点（実定法への違反，有責性，可罰性）だけから犯罪と非行の定義を対比的に述べておく。

まず**犯罪**（crime）*であるが，実定法というのは現実に制定されている法つまり人為法であって，後述する自然法とか神意法といったような理念的な法ないしは法規範ではないので，そのため，ある行為が時代や地域を異にすれば犯罪になったりならなかったりということになるわけである。次に有責というのは，人は自分の社会的行為に対して責任を持たなければならず，社会規範に背いた場合にはそれなりの制裁を受けなければならないのだが，そうした社会的責任は「刑事責任」と呼ばれ，一定の年齢以上で，正常な思考や判断が困難または不可能な精神的障害がない限り，誰でもこの刑事責任を負わなければならない。それが有責である。そして，それと連動することだが，有責性があれば人は自分の犯した社会規範に背く行為のゆえに刑罰を受けなければならない。しかし一定年齢に達していない未成年者であれば，刑事責任を負うことよりも将来へ向けての改善のほうを重視して保護的な処分をということもあるし，また上記のような精神障害が認定されれば，やはり治療を優先させる措置がとられるのだが，原則は刑罰を与えることである。これが可罰である。

ところで**非行**（delinquency）**とは何かというと，まず大前提として，わが

国では20歳未満の者（男女を問わず「少年」という）の行為が対象となる。そして，刑罰法令への違反者は，14歳未満の「触法少年」と，14歳以上の「犯罪少年」とに分けられ，前者には刑罰が加えられず保護的な処分が，後者には両者のいずれかが選択されて，それぞれ加えられる。しかし非行にはもう一つ重要な部分が含まれており，それは「虞犯（ぐはん）」と呼ばれる一種の"危険な状態"である。つまり，現時点ではまだ刑罰法令違反の行為はなされていないのだが，その者の日常の行状や資質・環境面の状態から，そのままにしておいたら近い将来にそうした行為にはしってしまう虞（おそ）れが十分に危惧される者（「虞犯少年」と呼ばれる）の状態である。少しややこしいと感じるであろうが，要するに非行とは，犯罪，触法行為（行為内容は犯罪と同じだが，行為者の年齢が14歳未満であり，それゆえ刑罰の対象とならない），そして虞犯（一種の危険未然防止措置の対象となる状態）の3つを包摂する概念である。

しかしながら，この後，特に断らない限り両者を合わせて単に「犯罪」と記

---

*，**犯罪と非行の呼称は，国によって刑罰法令の体系が異なるので，それに応じてさまざまに違ってくる。

犯罪はcrimeが最も一般的だが，もう少し意味内容の広いoffenseという語もよく使われる。フランスでは，犯罪全体をinfraction（違背）とした上で，それを重大性の程度で3分し，最も重い行為をcrime（重罪），次いでdélit（軽罪），そしてcontravention（違警罪）としている。ドイツではVerbrechenが犯罪であり，原義としては違背や破壊の意味であるが，運用面では，1年以上の法定刑の適用を前提とした重罪を指すようである。

それに対して非行は，意味内容に不明確さ（主観性の混入と言ってもよかろう）が増してくる。delinquencyの語が一般的だが，これは「たがや結びつきが緩む（失われる）」といった意味であろう。これが非行というキッパリした語に和訳されるのは，何かそぐわない感じがするのだが致し方ない。フランス語では全く同じdélinquance，ドイツ語でも意味内容がほぼ同じのVerwahrlosung（保護・監守・規制を欠くこと）が相当する。

つまり，犯罪という語では，実定法への違反と有責性・可罰性を確証できるような，明確な構成要件の存在が要請され，非行という語では，その認定や対処に，良い意味での主観性と個別性，そして柔軟な可変性と融通性が許容される，そのような意味内容をそれぞれ持っていると解されるのである。

すことも多い。たとえば「犯罪観」というようなとき，犯罪と非行をいっしょにして，それらに対する観方や考え方という意味である。

1.1.2　罪名と罪種，それらの分け方

罪名もしくは**非行名**は，言うまでもなく，その時代のその国の刑罰法令で規定されている個々の犯罪の名称（たとえば，窃盗，傷害，殺人など）であり，国などが作成する公式の犯罪統計や報告書はもちろんのこと，どんな犯罪研究でもいちばん基礎的な資料となるものであって，前述したような学問的加工はほとんど施されていない。

罪種もしくは**非行の種類**というのは，後述する犯罪の種類（その行為によって侵害される法益や犯行態様など）の点で似通っているものをいくつかまとめたカテゴリーであり，さまざまな分析・考察あるいは学問研究・調査などでしばしば用いられるだけに，それらを行うときの立場や観点によっていろいろに異なるものであるが，非常に便利で有用な概念枠組みであるので，少し詳しく説明することにする。

罪名や罪種を分けるときの基準として，①その法令によって何が守られるか，逆に言えば，その法令に違反する行為（犯罪）によって何が損なわれるかという意味の**法益**と，②その行為がどういう**犯行形態**（遂行態様，たとえば暴力使用とか複数の人間で行うかなど）でなされるかの2点を挙げたが，それらを以下に説明する。少し煩瑣（はんさ）な叙述になるが，凶悪犯罪とか女性犯罪とか風俗犯といったような日常よく耳にする語が出てくるので，我慢してほしい。

1. 侵害される法益別

(1) 個人的法益……「私益」とも呼ばれる。大別すると人身犯（個人の生命，身体，安全などを害する）と財産犯（他者に財物面で損害を与える）の2罪種。

(2) 社会的法益……公害犯罪，風俗犯罪（公序良俗，淳風美俗などを害する），福祉犯罪（未成年者の福祉が害されるときなど個人的法益犯罪の面も持つ。賭博，わいせつなど）等。

(3) 国家的法益…… (2) と合わせて「公益」とも呼ばれる。国家に対する反乱などが典型例。

表 1.1「犯罪生活曲線」による犯罪経過についての総合類型
（吉益脩夫「犯罪学概論」，1958）

1. 犯罪初発が早い（25 歳以前）か遅いか → 早発，遅発 2. 受刑の反復と間隔→ 持続：2 年半未満の間隔 弛張：2 年半～5 年未満の間隔 間歇：5 年以上の間隔 停止：反復なし 3. 犯罪の方向 同一犯罪→単一方向 1 罪種中の複数犯罪→同種方向 2 罪種にまたがる犯罪→異種方向 3 以上にまたがる犯罪→多種方向	左記 3 標識の組合せから次の類型* （(1)～(4)：素質犯罪，(5)～(6)：環境犯罪） (1) 早発・持続・単一 (2) 早発・持続・同種 (3) 早発・持続・多種 (4) 遅発・持続・単一 (5) 遅発・持続・異種 (6) 遅発・停止・単一 （正常者の機会性窃盗，つまり累犯ではない。）

*「例」としており，必ずしも完結した体系とは考えていなかったと推測される。

2. 犯行形態別

(1) 犯行者数……単独犯 v.s. 共犯。

(2) 犯行意図（犯意）……故意犯 v.s. 過失犯。

(3) 行為結果……既遂犯 v.s. 未遂犯。

(4) 犯行反復……累犯（複数回），常習犯（累行の背景に性格や習性などの内的要因を想定），累行される犯罪が同種か異種か多種にわたるかの別を考えることもある（**表 1.1**）。

1.1.3 罪種の設定

犯罪に関する統計は，いくつかの公的機関で作られているが，主なものは「警察白書」（警察庁）と「犯罪白書」（法務省）の中でそれぞれ用いられている統計である。その中でもいちばん基礎的なものは警察統計であり，当然のことながら検挙人員をもとにしている。そこで設けられている刑法犯*の罪種（包括罪種と呼ばれる）と，それらに含められる主な犯罪は，次のようなものである。

1. 凶 悪 犯……殺人，強盗，放火，強姦。
2. 粗 暴 犯……暴行，傷害，脅迫，恐喝，凶器準備集合。
3. 窃 盗 犯……窃盗など。
4. 知 能 犯……詐欺，横領（占有離脱物横領**を除く），偽造，瀆（とく）職，背任。
5. 風 俗 犯……賭博，わいせつ。
6. その他の刑法犯……公務執行妨害，住居侵入など。

本書では，この枠組みをもとにし，件数や人数が少ない罪名をカットしたり，行為態様の特質がなるべく純化されるように入れ替えをするなど，多少の変更を加えて，以下のような4罪種（12罪名）を設定し論述してゆく。

1. 財 産 犯……窃盗，詐欺，横領。
2. 粗 暴 犯……暴行，傷害，脅迫，恐喝。
3. 性　　犯……強姦，強制わいせつ。
4. 凶 悪 犯……強盗，殺人，放火。

この12罪名で，自動車運転にかかる過失犯を除いた刑法犯（いわゆる犯罪らしい悪い行為）の検挙人員の約92％になるので，まず犯罪の全体像をそこに見ることができると考えてよかろう。まだ被疑段階であり，その年度内に複数回検挙される者もいるので，厳密さを求めれば限りがないのだが。

1.1.4　その他の犯罪種別

犯罪の分け方として，法律の規定に直接即した「罪名」と，それらを似たものどうしまとめた「罪種」の2つに着目して述べてきたが，そのほかにも，行為そのものだけをとりあげて学問的加工をあまり施さないコンセプトが，多く

---

*国の基本法としての「刑法」に違反した犯罪のことであり，犯罪にはこのほかにも，特定の事柄や地域などに適用される「特別法」というものがあり，それに違反したものを「特別法犯」と呼ぶ。

**たとえば，放置自転車を持ってきてしまうような行為。

ある。それらのうち，分析や考察でよく用いられるものを「犯罪種別」として，身分別，生活領域別，悪質性別，犯行態様別の4種だけを取り出して述べることにする。まず4種の別と，それぞれに含められるであろう犯罪種別を列挙すると，以下のようになる。

1. 身 分 別……成人犯罪，少年犯罪，女性犯罪，老人犯罪，外国人犯罪，ホワイトカラー犯罪など。

2. 生活領域別……政治犯罪，経済犯罪，企業犯罪，選挙犯罪，交通犯罪など。

3. 悪 質 性 別……凶悪犯罪，軽犯罪など。

4. 犯行態様別……暴力犯罪，組織犯罪，薬物犯罪，性犯罪，知能犯罪など。

1から3までは特に説明する必要はないと思われるが，4については少しコメントしておく。一見して雑然としていて共通性があまりないように見受けられると思うが，筆者なりのまとめ方である。普通は，たとえば，組織犯罪や薬物犯罪は2に，暴力犯罪や性犯罪や知能犯罪は前述の通常的な罪種の中に，それぞれ含めるであろうが，筆者はあえて犯行態様をこれらの共通特徴とみなした。その理由は，暴力，組織，薬物，性，知能のいずれも，行為者，侵害される法益や生活領域などではなく，行為態様以外の何ものでもないからである。暴力と知能が行為態様であることは自明であるし，組織犯罪は，組織体犯罪（企業や反社会的集団などによる）とは異なって“組織的に行われる”犯罪である。また，薬物犯罪は薬物の不正使用，性犯罪もそれと少し似ていて，本来の性のあり方からの逸脱であり，線引きが難しく不分明な行為である。たとえば，下着窃盗や窃視目的の住居侵入も含まれるし，性欲求充足を目的とするものだけでなく，他人のそれをかなえてやって対価を得るという営利目的の行為も多く含まれるのである。

1.1.5　自然犯と法定犯

自然犯（natural crime）とは，時代や地域の差をこえて人類社会に普遍的に存在してきた犯罪（たとえば殺人とか盗みのような）であり，言うなれば，それが悪であることに何の説明も要しないような行為（mala in se）である。それに対して**法定犯**というのは，法があるからこそ成立する犯罪（mala prohibita）

であって，社会を維持していくために人間が作っているいわば人為犯である。このような考え方は，19世紀末にイタリアの犯罪学者であったガロファロ（Garofalo, R.）（p.110参照）という人が提唱したもので（1885年），その意図は次のようなものであったと言われている。自然犯というのは，人が本来持っていなければならない他者への“あわれみ”の感情と“誠実”という心性を欠くことに由来するものであるから，刑罰法令があってはじめて犯罪が成立するという命題は，この種の行為については該当しないことになり，したがってそこにこそ学問的研究の舞台が開けるのだという考え方である。このような自然犯のコンセプトは，今日では100％受けいれられるものではないが，かといって無視しきれるものでもない。というのは，これと拮抗する法定犯の存在が近年増大する一方だからである。文明が進み，社会の約束ごとやきまりが複雑化し増えてゆくばかりの現代社会においては，たとえば自動車運転に関する刑罰法令や行政法規，あるいは公害に関する企業等への法的規制など，多くなる一方であることは明白な事実であろう。

1.2　犯罪・非行者の分け方

1.2.1　行為から行為者への対象のシフト

心理学では，人間といったコンセプトはひとまず脇に置いて，「行動」を前面に持ち出し，行動を客観的に観察することで人間理解に近づけるという立場をとるのが普通であろう。しかし犯罪研究では，たとえば**行為**類型と**行為者**類型といったような並置がよくなされる。行為者を欠く行為など考えられないのだから，この両者を切り離した上で並置するというのは，本来おかしなことであるかもしれない。そうすることの理由を考えてみると，やはり扱う対象が，犯罪とか非行という法規定に基づく行為から出発するためであろうと思われる。対象の面から規定されるという宿命みたいなものを背負っているわけである。前節では，そういう意味で法規定にいちばん近い次元での罪名とか罪種といった局面で，犯罪という行為にはいろいろな種類があり，いろいろな分け方ができることを述べた。しかしこの辺で，犯罪心理学本来の領域に入ってゆくために，行為者に目を向ける方向に論を進めていこうと思う。

ところで，“行為者に目を向ける”などと簡単に言ったが，犯罪研究でそういう観方や考え方が始められたのは，せいぜい150年くらい前の19世紀後半であった。そもそも犯罪についての学問研究が始まったのが18世紀後半で，まず行為に目が向けられた。その後，イタリアの医師であったロンブローゾ（Lombroso, C.）（p.108参照）が有名な“生来性犯罪人”説を提起したのが19世紀後半の1876年であり（犯罪人類学と呼ばれた），行為者への着目はここから始まったとされている。学問的思潮の進展というのは50年から100年のスパンを要するものだったわけである。なおこの後，20世紀後半になると，犯罪研究の対象は再び行為に主眼を置くようにシフトしてきたことを付言しておく。行為者に目が向けられるようになったと言っても，はじめから犯罪・非行者の人格とか内面がとりあげられたわけではなく，単純素朴なとらえ方から徐々に複雑で精緻な考察へと進展していったのだが，その辺は後半の（5～7章）で述べることとして，ここでは犯罪・非行者のとらえ方（とくに分け方）の基本的な枠組みを，少しおおげさに言えば上述のような学問的思潮の進展という背景の下で素描してみる。

1.2.2　犯罪・非行者のとらえ方の進展

3つのキーワードで示してみよう。

1.　単純から複雑へ

分析を加えない全体観による，あるいは，1つだけの要因による，とらえ方から，多面的に見る，あるいは，複数の要因による，とらえ方への進展である。人を描いたり評する場合に，もっとも単純なやり方は，“あのジャガいも野郎”といったような言明であろう。まことにストレートでわかりやすく，的を射た（本質をついている）表現であれば，胸のすくような，スカッとした言明となる。しかしそこでは細かで微妙なニュアンスは消されてしまっている。学問の世界では，ある事象についての言明は，スカッとしていればいいというものではない。その言明によって，常識ではとらえられない重要なことが説明されているか，そして今後どうなるかが見えてくるかという，説明力と予見力が大事なのである。その点で，犯罪・非行者についての観方が複雑なものになってゆくことは，貴重な進展だと考えられる。

2. 形態から機能へ

人でも物でも，内面的な特徴よりも外面的な形態特徴のほうが，観察し把握しやすいのは言うまでもない。科学の歴史において，学問的考察の始まりが，事物の外面特徴の収集・整理を行う分類学（taxonomy）であることが多かったのは，有名なリンネによる形態面からの植物分類や，熱の出る病気とか手足が麻痺する病気といったような，静止的にとらえた表面的症状だけからの疾病分類が，その典型であったことからも理解できよう。ことのついでに付言するなら，だからこそ，後にクレペリンが症状の経過によって精神疾患の分類を行ったのが，画期的なことだったわけである。ともあれ，機能という，それ自体は目に見えない内面の存在に目が向けられるようになって，人間研究は，それまでとは比べようもないほどに深いものとなってゆく*。このような動向には，おそらく顕微鏡の発明や改良といった研究手段面での進歩が大きく影響したのだと考えられるが，この学問的思潮が，人間研究，ひいては犯罪・非行者の研究にも，大きく寄与したことはまちがいないところであろう。

3. 静態から動態へ

ある時点で静止的に様相をとらえる観方から，時間的経過の中で様相が変わってゆくさまをとらえる観方への進展である。“横断的観方から縦断的観方へ”と言い換えることもできるが，これによって，事物を固定的にでなく，その生成，変容，発展という動きの姿でとらえることが可能になっただけでなく，事物の内部構造やその変化のしくみの解明に道を開くことにもなったと考えられる。このようなとらえ方の進展によって，今日では当たり前のこととなっている人間や人間行動の力動機制（dynamics）が理解されるようになり，まさに“生きた”姿がとらえられることになったわけである。この進展はさらに，犯

---

*この動向に大きく寄与したのが，フランスの生物学者（比較解剖学），キュヴィエ（Cuvier，G. L. C.；1769－1832）である。彼は，動物の機能は，その構造により決定されるのでなく，機能が構造を決定する，との説を唱えた。まさに機能重視説である。

罪・非行者の改善をも含めて，心理治療やガイダンス，さらには教育的働きかけのための対応や施策を，幅広く開発してゆくことにもつながり，その意義はまことに大きいと言うことができよう。

上でも述べたように，このような枠組みによる犯罪・非行者の実際の分け方や種類については，後半部分で詳述することとして，ここでは枠組みの提示だけにとどめておく。

2 財産犯
盗みを中心として

“嘘つきは泥棒の始まり”とか“盗人に追い銭”といったことがよく言われる。意味はよくおわかりのことと思うが，こういう言い方からわかるように，盗みは犯罪もしくは悪いことの代名詞になっているくらいで，まさに犯罪の中の代表格である。しかしここで代表格と言ったのは，犯罪としての悪質さがいちばん大きいということではなくて，いちばんありふれた（ポピュラーな，身近にたくさんある）というような意味からである。実際のところ，古今東西にわたって，窃盗はもっとも数が多く，それだけに動機や手口そして侵害の程度など多種多様である。行為機制（行為が起こるしくみもしくはからくり）がもっとも複雑で入り組んでいるのも，その反対に単純でわかりやすいのも，そして犯行手口がもっとも巧妙で名人芸と言いたくなるようなのも，その反対に拙劣で幼稚きわまるのも，いずれも窃盗のうちに求められるのである（数が多いのだから当たり前のことかもしれないが）。一般刑法犯（刑法犯全体の中から，道路上の交通事故にかかる「交通関係業務上過失致死傷」つまり自動車運転による過失致死傷の罪を除いたもの）の検挙人員の約半分は窃盗容疑なのである。

この章ではまず，財産犯の全体について簡単に説明した上で，窃盗をその中心に位置づけて考察を加え，その際，窃盗が未成年者に多く，しかも年少であればあるほどそれが犯罪の中に占める割合が大きくなるので，少年による盗みを中心にして，その種類，行為機制，心理的背景などを述べることとする。

2.1 財産犯のあらまし

2.1.1 罪種の設定

犯罪に関する統計は，いくつかの公的機関で作られているが，ここでは主に「警察白書」（警察庁）と「犯罪白書」（法務省）をとりあげる。ところで「財産犯」というカテゴリーは，このどちらにも使われていない。警察白書では，侵害される法益や犯行の態様などの点で似通っているいくつかの刑法犯をまとめて

「包括罪種」というカテゴリーを設けている（1.1.3参照）。

2.1.2 財産犯における窃盗

刑法の規定では，**窃盗**とは「他人の財物の窃取」となっている。盗みを考えるとき，そしてそれ以外の財産犯の犯罪を考えるとき，まずこの「財物」と「窃取」のそれぞれの意味を理解しておく必要があると思う。刑法学者の藤木英雄は，財物を“物理的方法により管理可能な財貨”としている（藤木英雄，1972）。つまり，具体的な形で事実上管理・支配（占有）している財貨ということで，たとえば電気というエネルギーは，一見とらえにくいもののようだが，送電線とか計器類などできちんと管理されているので，これは財物である。しかし情報などは，文書とかテープなどにおさめられていて管理できる形になっていなければ，財物とはみなされないわけである。だから，たとえば飲み屋などで相手側からその企業の情報を聞き出したとしても，それは「財物」を窃取したことにはならない。次に「窃取」であるが，これは言葉の意味としては“人に見つからないようにこっそり取る”ことであるが，窃盗の場合にはひそかにということの意味よりはむしろ，“その占有者の意思に反して”という意味だとされる。したがって窃盗とは，その財物の占有者の意思に反してその財物を自己または第三者の占有に移してしまうこと，である。ここで，その財物の占有者である他人の中には，親とか家族なども含まれるが，直系血族や配偶者などの財物を窃取した場合には，窃盗罪にはなるが刑は免除されるとか，自己の財物であってもそれが他人の占有に属していたり他人が公的に看守しているときは，それらは他人の財物とみなされるといった，細かい規定がまだほかにもたくさんあるが，割愛することにする。

2.1.3 財産犯における窃盗以外の犯罪

1. 詐　欺

刑法の規定ではまことに難しい言葉が使われていて，「人を欺罔（きもう）して財物を騙取（へんしゅ）すること」，つまり，人をだまして錯誤に陥らせ，その上で相手が任意に差し出す財物を受け取ったり，財産上の不法利益を受けたり第三者に受けさせせたりすることが**詐欺**とされている。したがって，ここでは被害者の意思に反してではなく，被害者の錯誤させられた意思により，任意に財物を差し出させたり加害者に利益享受させたりする行為ということになる。したがって，はじめからそのつもりで行う無銭飲食は詐欺罪とみなされる。被害者の意思に反してではないという点でこれと似ているのは恐喝である。本書ではこれを粗暴犯の中に含めているが，恐喝の場合には，人を脅してその被害者の意思を歪めさせ，その歪曲させられた意思によって任意に差し出された財物を受け取るのである。つまり詐欺も恐喝も，窃盗の場合とは異なり，被害者はその意思に反してではなく，誤らせられたり歪められたりした意思によって，任意に財物を加害者に差し出すわけである。

2. 横　領

他人の所有物あるいは遺失物などを，自分が占有（管理・支配）して，あたかも自分の所有物であるかのように不法に処分（消費，売却，貸与など）してしまうことである。少しわかりにくいかもしれないが，法律上は「委託物横領」と「占有離脱物横領」の 2 種類があり，前者は，いわば他人の物でそれを預かったもの，後者は，遺失物がその典型であるような，誰のものかはわからないがとにかく自分のものではなく誰か他人のもの，と理解すれば納得できるであろう。前者の例としては，たとえば会社の金を自分勝手に使ってしまうようなことで，ここには挙げないが「背任罪」と共通するところが出てくるであろうし，後者の例としては，最近多くなっている路上などに放置された自転車やバイク（所有者がそこに置いたことを忘れている場合だけに限られる）を持ってきてしまうとか，多すぎた釣り銭や落とし物などを自分のものにしてしまうなどで，この場合には窃盗との共通性が前面に出てくる。しかし**横領**の場合には，自分が所有していないものを勝手に占有した上で処分してしまうという点に，肝心なところがあると考えられる。

3. そ の 他

財産犯には，上述した窃盗，詐欺，横領のほかに，贓物（ぞうぶつ）（収受，故買など），偽造，瀆職，背任があり，そして強盗や恐喝を加えることもできるのだが，前の 4 つはやや特殊なものであり，後の 2 つについては，本書では，強盗は凶悪犯，恐喝は粗暴犯の，それぞれ罪種の中に含めるので，ここでは述べないこととし，財産犯の（犯罪全体のと言ってもよい）代表格である窃盗について，まずさまざまなその手口を概観し，次いで少年の盗みを中心にして述べることとする。

2.2 窃　盗

2.2.1 手口による窃盗の分類

手口とは，犯罪のやり方であるが，これは，犯罪捜査の上でも犯罪研究の面でも非常に有用な着眼点である。犯行者の人柄がそこにありありと現れるからである。窃盗は，前にも述べたようにその件数も人数も膨大であるため，その内容や態様はまことに多種多様であり，窃盗という1つの罪名にまとめてしまってよいのかどうかためらわれるくらいである。

まずはじめに，「侵入盗 14.2 %」「非侵入盗 53.5 %」，そして最近では「乗物盗 32.3 %」という3大別がなされる。侵入盗は，住宅や事務所など家屋内に押し入って盗む場合（空き巣や忍び込みなど），非侵入盗は家屋外の場合（万引きは，店舗内であっても営業中に客のふりをして盗む行為なので，こっそり忍び込む侵入盗とはしない。スリやかっぱらいなど），そして以前は非侵入盗に含められていた自動車，バイク，自転車の窃盗をまとめて乗物盗という3種別である。この中で，侵入盗は概してほかの2つより悪質とみなされる。というのは，たいていは鍵がかかっている家屋に侵入すること自体に特殊な技術を必要とする場合が多いことから，それだけその際の窃取という行為は意図的・計画的・専門的・常習的とみなされるためである。とはいえ，非侵入盗であっても巧妙きわまるスリとか，針金などを用いて端子を直結させエンジンを始動させる自動車盗などは，かなり高度な技術を必要とする場合もあることは否めない。最近の手口の稚拙化という趨勢については，後で「現代型犯罪」を述べる際にとりあげる。

この3類別のそれぞれにどのような個々の手口が含められるかを，多少の説明を付して以下に列挙してみる。認知件数全体の趨勢としては，最近では侵入盗の減少と（1950年代半ばの約30％から半分への減）と非侵入盗および乗物盗の増加という特徴がやや変わってきており，乗物盗を含めた非侵入盗の減少が少し目立つようになってきた点を指摘することができる。

2.2.2 警察で用いられている手口別の窃盗の種類

1. 侵 入 盗……空き巣ねらい，忍び込み，居空き，金庫破り，旅館荒らし，事務所荒らし，学校荒らし，倉庫荒らし，工場荒らし，出店荒らし，など。

2. 詐 欺 盗……職権盗，慶弔盗，借用盗，買物盗，など。

3. 特 殊 物 盗……部品盗，賽銭盗，色情盗，宝物盗，など。

4. 乗 物 盗……自動車盗，オートバイ盗，自転車盗，など。

5. かっぱらい……車上ねらい，室内ねらい，工事場荒らし，資材置き場荒らし，玄関荒らし，庭荒らし，野荒らし，など。

6. そ の 他……万引き，ひったくり，スリ，電話機荒らし，置き引き，自動販売機荒らし，店舗荒らし，脱衣場荒らし，職場盗，同居盗，客室ねらい，など。

少し詳しすぎたかもしれないが，実務的に使われる種類分けなので，今は少し縁遠いものであっても，ある時期に急に増えたりしてクローズアップされることもよくあるので，全部を掲載した。少し説明を加えておくと，

(1) 上に掲げた「1. 侵入盗」以外がすべて非侵入盗かというと，必ずしもそうではない。「3. 特殊物盗」や「6. その他」の中のいくつかは侵入盗に属するものもあると思われる。

(2) 実務類型なので理論的・体系的ではないが，それだけに実用的・網羅的である。窃取の方法，場所，対象を軸としている。

(3) 窃盗とは違うが似ているほかの犯罪（たとえば詐欺とか横領）とまぎらわしい行為も含まれているが，前述のように，詐欺であれば被害者をだまして錯誤に陥らせる，横領であれば自分の所有ではないが所有関係が不明確で取得後に処分するという点をコアとして考えれば理解できよう。それでも買物盗などはわかりにくいかもしれない。

(4)「かっぱらい」とは，人を油断させてその隙に物を奪うことであり，「ひっ

たくり」とは人から乱暴にむりやり（多少ではあるがその人の抵抗を排して）物を奪うことである。

(5)「○○荒らし」という言い方がたくさん使われているが，乱暴にするとか乱雑な状態にするといったニュアンスは全くなく，「○○から盗む」という意味に考えてしまってよい。

(6) 一見したところ似たような意味にとれるものがいくつかある。「事務所荒らし」「店舗荒らし」「職場盗」では，職場というのは自分が働いている職場を指しているし，「旅館荒らし」と「客室ねらい」では，前者が侵入盗である点が重要なわけだし，「室内ねらい」と「同居盗」では，前者が見ず知らずの他人の居室である点がポイントなわけである。

(7) 時勢の移り変わりによって現在では少なくなってしまったものもいくつかある。たとえば「電話機荒らし」などは，現在の携帯電話の普及や，公衆電話機の硬貨からカードへの移行の趨勢などによって，最近は減っているであろうし，「脱衣場荒らし」も温泉地や旅館などに限られるようになっていると思われる。反対にキャッシュカードのスキミングによるものなどを加えるべきであろう。

2.2.3 窃盗の場面構造と行動類型

心理学とはあまり関係のないことばかり述べてきたが，そろそろ本題に入っていかなければならない。窃盗とはどういう行動なのかを考えるために，筆者が以前に試みたパラダイムを基にして，その行動空間を次のような場面構造を前提にした概念化を行ってみる（安香　宏，1991）。

犯罪を考えるとき，それによって生じた「侵害」のほうをとりあげてゆく立場と，逆に，それによって生じた「利得」のほうをとりあげてゆく立場とがある。侵害と利得とは1つの事柄の裏と表だから結局は同じでは？プラスとマイナスのように記号が逆になるだけでは？と考える人がいるかもしれないが，それはまちがいである。侵害を考えるのは，被害者とか社会の側から，利得を考えるのは，加害者の側からということであって，社会の秩序を守ろうとする場合には前者，加害者についてその行動のしくみを考えたりそれを変えさせようとする場合には後者の，それぞれ立場から考えてゆくことになるのであろう。ここでは後者の立場に立ち，窃盗によって加害者に利得がどのように成立するのかを考えることにする。もう少し具体的に言うと，窃盗というそのときの加害者の行動空間の中で，彼がどういう対象を「誘意性 (valence)」を持ったものとして選択したのかに注目するということである。平たく言ってしまえば，そのとき彼にとって何が大事であったかを考えるということになる。なぜこういう考え方をするかというと，侵害を考えた場合には，侵害対象は他人の所有財物という形で一般化され，考察はそこでストップさせられてしまうが，利得を考えた場合には，窃盗が他人から何らかの財物を取ることには違いないのだが，その財物に意味（誘意性）がある場合もあれば，財物には全く意味がなくて，被害者であるその他人や別の他人にだけ意味がある場合もたくさんあるということが見えてくるからなのである。してみると，「財産犯」とはいっても，その行為の本質から見るとむしろ「対人犯」と考えたほうがよい場合もたくさんあることがわかってきて，その加害者に対して改善のための何らかの働きかけをする場合などに役立つ知見も浮かび上がってきたりするのである。いわば新しい視界が開けてくるとでもいうような視座である。

さて，窃盗という行動空間を構成するものは次の 5 つの人や財物（agent と呼ぶこともできよう）であり，それらの間に作られている二者関係を線で示すと，**図 2.1** のようになる。この図では主として加害者を関係の起点としている。また以下の記述における誘意性のプラスとマイナスは，加害者にとってのものである。加害者，被害者，第三者 (A，B) はいずれも複数ということも当然ありうる。第三者 A は言うまでもなく共犯者（したがって加害者）であり，第三者 B は贓物罪（盗品などの処理に関するさまざまな罪）に当たる行為の相手であるが，A も B もそれぞれ加害者との関係は一方的な場合もあれば相互的な場合もある。加害者と他の 4 agent それぞれとの二者関係は，時には複合的になることもあるので，その数は 4 つより多くなることもあるが，それぞれに誘意性のプラスまたはマイナスを考えてゆくと，窃盗の行動類型として次の 8 つが考えられる。

1. 財物だけにプラス……空腹なのでパンを取る。あの靴が欲しいから取る。

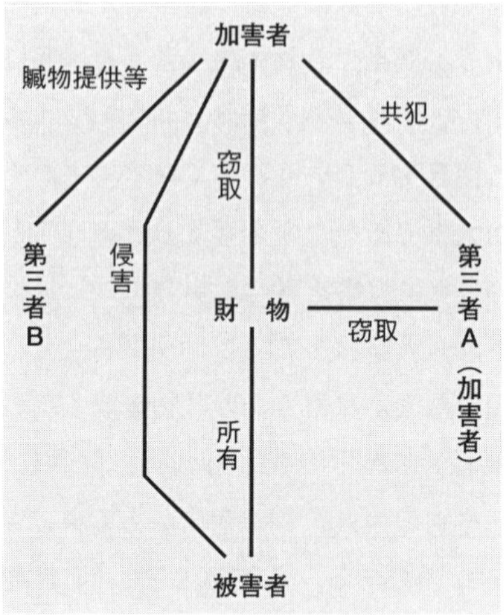

図 2.1 窃盗の場面構造

遊ぶ金が欲しいから取る。

2. 財物にプラス，被害者にマイナス……あんな奴にはこの靴はもったいないから俺が使う。

3. 被害者だけにマイナス……あいつが憎いからあいつの持ち物を取ってやる。

4. 財物にプラス，被害者にプラス……あいつは親友だからあいつの物は俺の物も同然だ。

5. 第三者Aだけにプラス……みんなで楽しく騒いではめをはずし，いたずらで必要もない物を取る。

6. 第三者Aにプラス，財物にプラス……ドライブしたいなということになり，遊び仲間といっしょにクルマを取る。

7. 第三者Bだけにプラスあるいはマイナス……兄貴分に貢ぐ金を取る。みんなにお菓子をあげれば遊んでもらえるからお菓子を取る。親にかまってもらいたいので注意を惹くために取る。

ここで誘意性をプラスあるいはマイナスとしたのは，第三者Bをとにかく気にしているのだが，その関係は「仲良くしてもらいたい」「目をかけてもらいたい」といった親和・接近の場合だけでなく，「怖いから」「いじめられたくないから」といった嫌悪・忌避・回避の場合もあるからである。

8. 加害者（自分）だけにマイナス……このパターンは，盗みのうちでもいちばん根が深く，複雑な心理機制に基づくものである。この後で述べる子どもの盗みにおいても「情緒的問題性に根ざしたもの」としてやや詳しく触れることになるが，とにかく肝心な点は自分に対してマイナスのイメージを持っていることである。主として対人関係の中で生じるさまざまな欲求不満，自己評価の低さや自尊感情・自己有能感の乏しさ，自己不全感や不安などの不適応感情，そしてそれらに基づく情緒不安定や敵意や空虚感などが，解消されないままに持続し，それを一挙に解決しようとして盗みに走るというわけである。したがってこの場合には，被害者や財物は何の意味も持たないことになる。

後で詳しく述べるつもりだが，この場合，盗みの対象物やその行為機制が性的な色彩を帯びることが時折ある。性的な盗みのすべてがそうだとは言えないが（たとえば単なる好奇心や性関心の歪みなどからの下着窃盗は該当しないことが多いが），否定的自己イメージを持つ男性がそういう行為に及んだり，女性に多いとされているが，必要性どころか興味も関心もない品物（しかし深層的解釈をすれば性的象徴性を考えることができるような物，たとえば靴など）の盗みを反復したりということが，あると言われており，後者の場合には「**窃盗癖**（kleptomania）」などと呼ばれることもある（日常よく言われる「盗癖」とは異なる。これは単なる“習癖化した盗み”という意味）。この kleptomania の場合には，不安障害とかうつ病的気分障害，あるいは摂食障害などを伴うある種の人格障害が背景にあることも多いとされている。

前にも述べたように，窃盗は，その数が膨大で種類も多種多様であるため，系統的に分類したり分析を加えて考察したりすることはとても難しいが，しかしそれだからこそかえって，たとえ試行的にではあっても，類別や考察をしてみることは必要だと考えられる。そこで，成人の場合よりは多少ともその種類が限定される未成年者の盗みを中心に，それを試みる。以下の類別の軸は，表面的な行動特徴であったり内面的な心理機制であったりと一貫性や系統性を欠いているが，やむをえない。まず次の3種類に大別し，そのそれぞれについてサブタイプをいくつかずつ挙げ説明を加えてゆく。時に成人の場合についても触れる。

(1) 生活上の必要からの盗み。

(2) 無規律ゆえの盗み。

(3) 情緒的問題性に根ざした盗み。

2.2.4 生活上の必要からの盗み

最も古くから普通どこにでもあった，いちばんわかりやすいタイプと思えるが，実際にはかなりあいまいな類型である。というのは，「必要」とか「生活」をどう考えるかによって盗みの内容が大きく異なってくるからである。ある人にとってのぜいたくな生活やそれに起因する必要が，別の人にとってはせっぱつまった生活上の必要と考えられてしまうといったギャップは，程度の差はいろいろあるとしても日常いくらでもあるわけで，客観的な基準では「生活上の必要」は考えにくいのである。しかも昨今では，世の中がどんどん豊かになって“喰うに困る”といった状況は少なくなる一方なので，なおさらである。こうした条件つきではあるが，とにかく生活の資を得るための盗みというもののサブカテゴリーを，説明を付して以下に挙げてみよう。

1. 貧困からの盗み

上述したようなこと（相対的貧困感といってもよかろう）はあるとしても，概念としては説明の要もないくらいにはっきりしている。いわば盗みの原型としてもよいであろう。しかし一つだけ付言しておきたいのは，現実の状況として貧困がなくても，将来における貧困への不安から盗みが起こることが稀にではなくありうるということである。最も劇的な具体例としては，第2次世界大戦直後のヨーロッパで，それまで強制収容所に入れられていて，解放され病院に収容された後，十分に豊かな生活が保証された少年たちによる，食料の窃取・隠匿の頻発という事例が報告されている。やや特殊な状況と思われるかもしれないが，これと類似のことは日常ありがちなのである。

2. 怠惰で安易な生き方に由来する盗み

働く意欲が乏しく，遊んでばかりといった快楽指向が目立ち（それも遊びに打ち込むといった積極性・能動性のあるものではなく），行き当たりばったりで安易な生き方をしているために，盗みによって生活費を得なければならないというような場合である。責任を負うとか，いかなる形でも拘束・規制されることを嫌うので，定職に就くことを避け，気楽な暮らし方を選ぶ。“3日やったらやめられなくなる”と言われる乞食の生活に近く，フリーターとかホームレス（そのすべてがそうだとは限らないが）の生き方をより好んだりするタイプである。

3. 家出・放浪中の盗み

上述の2と重なる場合も多いが，家出や放浪が何かを求めてという積極的な意味を持つ場合には，その際の盗みも2におけるものとはかなり異なった性質の行為になることは当然であろう。1や2の盗みが，たいていは単独で密行的に（こそこそと）なされるのに対して，この場合は時には集団で計画的に行われることもあり，手口も少し巧妙になる傾向を見せる。未成年者は，それも年少であればあるほど，家庭を中心とした保護領域の中で，いろいろの社会的に不利なインパクトから守られていることが必要なのであるから，そこをとび出してしまえば盗みなどに走るのは必然のことと考えてよかろう。加えて，次の4の場合とともにこのような生活状況の中では盗み以外の犯罪（恐喝，強盗，さまざまな暴力犯罪など）をも併せて起こしてゆく，いわゆる「異種方向」あるいは「多種方向」（吉益，1958；**表 1.1** 参照）の累犯経過をたどることも少なくない*。

4. 反社会的集団に所属しての生業としての盗み

暴力団をはじめとするさまざまな反社会的集団では，一言で言ってしまえば“犯罪で飯を喰っていく”のが当たり前の暮らし方なのであるから，盗みで生活の資を得るのは当然のことである。こうした世界（アンダーワールド）は，社会組織や社会規律などは普通の社会におけるそれと同じに確立されていて，

*異種方向の累犯：2つの罪種にまたがって複数の犯罪を反復してゆくこと。
多種方向の累犯：3つ以上の罪種にまたがって複数の犯罪を反復してゆくこと。

ただ根本の価値体系だけが普通の健常な社会におけるのとは全く逆に転倒しているのであるから，上に述べた1や2や3のような“怠け者”，“ぐうたらな遊び人”，“根なし草のような風来坊”ではとてもやっていけないわけである。仕事熱心で，有能で，人望もあり，規律などは厳正に守るといった人物でなければ，この世界では昇進もしないし成功もおぼつかないのである。そして3で述べたように異種あるいは多種方向の累犯経過をたどり，いわばオールラウンド・プレーヤーとしての犯罪者に成長（？）してゆくわけである。今日，盗みに関してだけのプロ集団（たとえばスリ集団）というのは少なくなってきており，いわば多角経営の犯罪集団が多くなっているようであるが，故買などの贓物罪や詐欺罪に当たる犯罪に関してはやはり専門的な集団が存在すると言ってよかろう。

生活上の必要ということの概念的な不明確さについては前に述べたが，遊びに対して歯止めが利かないまでに肥大してゆく欲求を満たすための盗みと，仲間たちからのいじめなど否定的な仕打ちあるいは仲間ができないことを解消するための，いわば“貢ぎ”のための盗み，この2つは，未成年者には特に多いし重要な事柄なのだが，前者はこの後の「無規律ゆえの盗み」に，後者は最後の「情緒的問題性に根ざした盗み」に，それぞれ含めて考察することにする。

2.2.5　無規律ゆえの盗み

ここで言う「**無規律**」とは，“規律正しい生活”などと言うときの，個人の生活次元や心情面での乱れ（きちんとしていないこと）という意味よりはむしろ，社会学などにおける「**アノミー**（anomie）」，つまり，社会における統制のゆるみ（無規制）や，個人の欲望にブレーキがかからなくなって野放しのようになっていることの意味を含ませた言葉である。いずれにせよ，“けじめのなさ”といったことが意味の核になっていると考えられるが，このカテゴリーには，古典的とも言える従来型のものと，最近になって増えてきた現代型のものの2種類が含まれていると思える。それぞれ2種類ずつ計4つのサブカテゴリーを挙げてみる。まず従来型，次いで現代型の順序で述べるが，各種類に付する番号は前述の「生活上の必要からの盗み」におけるものから続く一連番号とする。

現代型の盗みの考察では，「初発型」とか「現代型」といった，少年非行の今日的特質を考える上で重要と思われるコンセプトをとりあげる。

5. 機会犯的な盗み

いわゆる“でき心から”とか“つい魔がさして”といったことで行われる盗みであり，その個人における一時的な統制の緩みからと考えられ，いつの時代にもありふれた形であったものである。「機会犯」という用語は，後半の総論部分の論述の中で説明されることになるが，ここでの「機会」とは，“たまたまおあつらえむきの条件が現れて”くらいの意味であり，「時機」と言い換えたほうがよりピッタリするのかもしれない。これと似た言葉で「偶発犯」という用語があるが，これらの違う点は，偶発犯の場合は，行為者本人の側に犯罪を行わせるような必然的要因（準備性）が全くなく，100％状況要因に支配されて（全く偶然に）犯罪が起こるということなのに対して，機会犯の場合は，本人の側に犯罪へ向かわせる要因が少しは存在したというところにある。上述の“でき心”とか“魔”とか，要するに一時的な本人の心のゆるみといったことがこれに当たるわけだが，当然のことながら，行為の悪質さとか犯行者における犯罪性などは薄いことがほとんどと言ってよい。

6. 遊びや享楽への肥大してゆく欲望ゆえの盗み

遊びたいとか楽しみたいという気持ちは，少し大げさに言えば，際限なく広がり強くなっていくもので，特に子どもや若者ではその傾向は著しい。このタイプは昔から多くあったもので珍しくもないし説明もいらないが，犯行態様の面で，盗みと遊びのどちらが先行するかの違いがあることだけは述べておいてもよい。つまり，遊ぶ金欲しさにまず盗むのか，遊び呆けて金がなくなってしまい盗みに走るのかということ。無規律という点では後者のほうが純型と思えるが，前者であってもそれほど計画的というわけではない。また事前の計画や複数の者で行う場合の話し合いなどが，遂行に際してきちんと果たされ守られることなど，むしろ少ないと言ってよかろう。そこから犯行後に争いが起こり，暴力事件が併発することも，実際には少なくない。当然のことながら，このタイプの盗みは，単独で行われることも多いが集団犯行も少なくない。

7. 所有関係が不明確なものの窃盗・横領

以前からあったタイプではあるが，最近特に多くなっているものなので，次のタイプとともに「現代型」としてみた。いくつかの具体的な姿を挙げたほうがイメージをつかみやすいであろう。

(1) 親しい仲間（たとえば同じ下宿や寮などでいっしょに暮らしている者）どうしの間で，“俺の物はお前の物，お前の物は俺の物”といった所有関係のルーズさが，いわば親しい雰囲気としてでき上がっていて，その中で犯意とか罪悪感などは全くないままに犯行がなされてしまう場合。「使用窃盗」というような手口名が当てはまるような，“ちょっと借りるだけのつもりだったんで，盗むつもりは全くなかった”といった言い訳がよくなされる犯行である。日常的な身の回りの品物などが多いが，親しさが増すほどに財布の中の現金とか貯金・預金通帳からの無断引き出しなどに及んでいく。多くは単独の犯行である。

(2) スーパーマーケットなどでの万引きが典型であるが，そもそも売買形態として最も自然なのは，商品と代金のやりとりが売り手と買い手双方の目の前で同時に行われるという形であろう。しかしスーパーでの買物では，買い手が商品をかごの中に入れてからレジで代金を支払うまでの間が時間的に少し離れており，しかも陳列棚から商品をあれこれと選んだりして手にすることが自由にできるため，レジで支払いをするまでに買い手はかごの中の品物がすでに自分の物になってしまったかのような錯覚にとらわれやすい。年少の子どもであれば，その錯覚は成人の場合よりもさらに大きくなるであろう。そのため，万引きなどが罪の意識をあまり持つことなく行われやすいと考えられる。集団的犯行が多く，見張り役などの役割分担がなされることもある。

(3) 最近特に増えているのが，駅前広場や道路などに一見放置されているかに思える無造作な形で置かれている自転車やバイクを持ってきてしまうことである。これは窃盗になることもあれば占有離脱物横領の罪になることもあるわけで，やはり所有関係の不明確さゆえの犯行とみなすことができる。

8. 遊び・ゲームとしての盗み

前に述べた「生活上の必要からの盗み」，その中でも特に「貧困からの盗み」を典型的な古典的犯罪とすれば，これはまさにそれとは対照的に現代的な犯罪と考えられる。同じ「遊び」という語を使っていても，6で述べたものとは基本的に異なる。つまり“遊ぶための”盗みではなくて，“盗みそのものが遊びやゲーム”ということで，たとえ遊びに対してであれ志向性を欠いている行為なのである。年少の子どもでは，肝だめしとか盗むときのスリルを楽しむといった類いの盗みもありがちだが，ここで注目しとりあげるのは，どちらかといえばもっと年長の若者で，生活目標を欠き，退屈していて無気力であり，周囲の事物や他者に対して無関心であるような者による犯行である。当然のことながら，盗む財物に対する必要性も嗜好性もなく（つまり，その物欲しさということでは全くなく），ただ盗めばよいという犯行と考えられる。この場合には集団で行われることのほうが多いと見られる。

2.2.6 情緒的問題性に根ざした盗み

盗みのうちでも，もっとも根が深い，つまり複雑な心理機制や偏った人格基盤に根ざしている，したがってその行動の意味を理解することが難しくて対応にも苦慮しがちなものが，これである。生活上の必要からの盗みとともに昔からあったもので，この類いの盗みが生育史の上で早いうちに初発した場合，その後も長期間にわたって継続し常習化してゆくことが多い。幼少期ないし児童期に早発→「盗癖」として常習化というパターンには，たいてい次に述べるような深い情緒的問題性が底在していたり，偏った人格特徴が固着して関与しており，生育環境や現在の養育条件が劣悪であることが多いのである。次の7つのサブカテゴリーを挙げる。9，10，11は対他次元のもの，12から15までは主として対自次元のものと考えることができよう。

9. 友人関係を有利にするための盗み

小学生から中学生くらいの年少の子どもによく見られるもので，仲間との間でいつも劣位に置かれ，そうしたことでマイナスの自己イメージをいつも持ち続けている子どもが，その仲間にお金や物を貢いで彼らの歓心を買ったり劣位を回復させて承認を得ようとする盗みである。格別劣位に立たされているわけではないが，現在よりもっと優位に立ったりボスになろうとして行う場合もあるが，多くは劣位回復が目的である。いじめられないようにという場合もここに含められ，最近では増えていると考えられる。子どもの盗みについては，その交友関係を十分に把握しておくことが重要である。

10. 親や教師などの関心をひくための盗み

親とか教師，つまり子どもが自分に関心を向けてほしいと思っているが，ふだん無関心であったり冷たくばかりしているような人に対して，自分のことをかまってもらいたくて盗みなどを行うという場合である。盗みのような悪いことをすれば，自分に向けられる関心は自分に対して否定的なものになるのは当然であり，したがってこうした行為は自分にとって不利になるであろうことはわかるはずなのだが，それでもよいというか，それに気づかないことも多いのである。あえて見つけられやすいような形で行われる盗みなどの場合には，こうしたことが多いものである。

11. 敵意や反抗の表明としての盗み

敵意や反抗心などをストレートにその相手に対して表すことができないときに，盗みに走ることがある。その場合，盗む財物はその相手が持っているものとは限らず，誰のもの，どんなものでもかまわないということも多い。ある程度の攻撃行動の直接表出は望ましい場合もあることを，十分に承知しておく必要がある。これと 12 の 2 つは，子どもの日常的な生活態度や対人関係，そして盗みの対象や時間帯や場所など犯行態様を詳しく調べ吟味しておくことが必要とされる行為である。

12. 不適応感を解消させるための盗み

ここで不適応感というのは，劣等感や周囲との不適合感，違和感や自己不全感，将来に対する閉塞感や悲観的気分など，多くの否定的感情を総称するものである。とはいえ，それらは主として対自次元のもの，そして受け身的・非能動的・退却的なものであって，他者に対する攻撃感情などは除いてある。しかしながら，不適応感というものが対人関係の中で作られることも多いのはもちろんであるから，一概に対自次元の情緒的問題性と規定してしまうのは無理なことで，対他次元のものであることも少なくない。ただここでは対自的なものに主として目を向けるというだけのことである。

このような不適応感が適当な形で解消されず持続していると，ある時点でそれを一挙に解消しようとして盗みに走ることがよくある。この場合も，盗む相手は誰でもよい，盗むものは何でもよい，ということになりがちである。また後述する暴力的行動や性的逸脱行動になることもしばしばであり，不適応感情の持続という心理状態は，神経症の場合だけでなく犯罪の場合にも，成因として非常に重要なものと考えられるのである。

13. 充実感や緊張感を味わうための盗み

上述の12に含めてもよいとも考えられるが，やはり基本的なところではかなり異質だと考えられるもので，要するに，盗むときのスリルや緊張感がたまらない魅力と感じられる盗みである。この場合には，不適応というようなどちらかと言えば生物学的モデルの事柄ではなく，もっと積極的な生きがいとか生活目標を見出せないといった人間学的次元での問題が底在していると推測されるのである。筆者が対応したある女子高校生の事例でも，日常的には何の生活の乱れもなく，成績はトップクラスにあるのだが，友人関係は希薄であり，何よりも生活に張りが感じられず，将来どうしたいというような志向をどうにも持てないのである。単独で万引きを繰り返し，頻回に及ぶのだが，これまで発覚したことはなく，いわば品行方正だから学校でも問題にされることがなく，ただ親が気づいていて筆者のもとへ連れてきたのだが，ものを盗むときの張りつめた緊張感がたまらない魅力で，その瞬間だけが生きているという実感を体験できるときなのだと，述懐していた。

14. 性的な盗み

後述する性犯罪のうちに含めることもできるが，盗みには違いないのでここでもとりあげることとしよう。最も多いのが男性による女性の下着窃盗である。性犯罪の中の倒錯型（これとは異なる攻撃型の代表が強姦）であるが，精神病理学的分類ではフェティシズム（拝物症などと訳されることもある）に当たると考えてよかろう。心理学的には代償行動の一つと見られるが，要するに通常的な形で性衝動の発散・充足を果たすことが，対人面での内向性や自信欠如そして強すぎる性的禁止感情などのために不可能となり，下着という代償的に性的な価値を持つ物に関心が向けられ窃取するわけである。下着（特に下半身の）の持つ性的価値というのは，いうまでもなく異性の性器に近接していることに由来するものであろうが，それ以外にも異性の靴のような性的象徴の価値を持つ物が盗みの対象となることもある。こうした品物を盗んだ上で収集しておくことが多いのだが，時には自慰の際に使用したり自分で身に付けてみる（この場合には「服装倒錯（transvestism）」と呼ばれたりする）こともある。

また，性的というのでなく性別ということで，女性の情緒不安定な時期に限って盗みが頻発することがある。生活に何の不自由もなく，往々にして社会的地位も高い女性であったりする。盗む理由も動機も，周囲はもちろんのこと本人にすらわからないことが多く，盗む品物もこまごまとした安価な化粧品や衣類だったりして，そんな物は十分に買うだけの（もっとも買う必要はないのだが）お金を所持していながらと，全く理解に苦しむ状況であることが多いのである。

15. 無意識の受罰願望からの盗み

精神分析学の創始者であるフロイト（Freud, S.）や，その考え方を受け継いでさらに発展させたヒーリー（Healy, W.）の所説に見られるもので，これもやはり一見して明白な動機が見えにくい犯行である。フロイトとヒーリーの２人の説明を合わせて略記してみると次のようになる。罰というものは，通常何らかの悪い行為の後に続くものだが，時にはある行為に先行して存在することがある。罰の予期という形で。多くの場合，幼少期の何らかの行為（必ずしも悪い行為とは限らない）に対して無意識の，あるいは意識的な，罪悪感が生じ，それに根ざして“自分は罰せられなければならない（罰せられたい）”との無意識の気持ち（これを受罰願望と呼んでよかろう）が底在する。盗み（ほかの悪い行為でもよいのだが）は，その願望を充足させるための行為なのである。というわけで，普通は罪悪感（自罰感とか自責感と言ってもよかろう）というものは神経症の原因とみなされ，犯罪の成因とは逆の事柄として位置づけられるところから，ヒーリーはこれを「神経症的非行」と呼んだ。こうした機制による盗みが常習化した場合に，前にも述べた「窃盗強迫」になると考えたのであろう。

2.2.7 盗みの種類と行動類型そして対応策

このような盗みの種類を，前に述べた財物および他者・自己に対する誘意性を考えた盗みの場面構造からの行動類型と関連させてみると，**表 2.1** のように

表 2.1 盗みの種類と財物・対人面の誘意性

盗みの種類		財物への誘意性	対人面の誘意性
生活上の必要から	1. 貧困から	⊕	なし
	2. 怠惰で安易な生き方から	⊕	なし
	3. 家出・放浪中	⊕	なし
	4. 反社会的集団所属	⊕	なし
無規律ゆえ	5. 機会犯的	⊕	なし
	6. 遊び・享楽志向の過大	⊕	なし
	7. 所有関係 (1) 仲間どうし	⊕	他者⊕
	ルーズ (2) スーパー	⊕	なし
	(3) 路上放置	⊕	なし
	8. 遊び・ゲームとして	なし	自己⊕
情緒的問題性に根ざした	9. 友人関係を有利にする	⊕	他者⊕ 自己⊖
	10. 親・教師の関心を惹く	なし	他者⊕ 自己⊖
	11. 敵意・反抗の表明として	なし	他者⊖
	12. 不適応感から (1) 対他的	なし	自己⊖
	(2) 対自的	なし	自己⊖
	13. 充実感・緊張感を求めて	なし	自己⊖
	14. 性的な	⊕	自己⊖
	15. 無意識の受罰願望	なし	自己⊖

なり，ここから次のような 3 類別ができると考えられる。

1. 財物だけにプラスの誘意性がある盗み。

2. 対人面 (自己，他者または自己・他者) だけにプラスあるいはマイナスの誘意性がある盗み。

3. 財物と対人面の双方にプラスあるいはマイナスの誘意性がある盗み。

こうした類別は，盗みへの対応策 (とりわけ犯行者への改善への働きかけ) を考える上で有用な視点を提供してくれると思えるので，以下にその類別に応じて焦点を絞った対応策のあらましを述べてみよう。

1. 財物だけに誘意性がある場合

7 種類 (8 つの場合) がここに含まれ，いわば窃盗のいちばんオーソドックスでわかりやすい（財産犯らしい）ものである。まず何よりも“盗まれにくくすること”が必要であり，警備員の配置や防犯カメラの設置，商品の並べ方や区画のレイアウトなどの工夫が重要視される。こうした対応策についての知見は，最近になって盛んになってきたイギリスやアメリカの環境犯罪学や生態学的犯罪研究から引き出されたもので，きわめて実践的な予防施策であり，犯行者のパーソナリティや動機には目を向けず，もっぱら生活空間とか日常的生活環境に注目してゆく考え方である。とはいっても犯行者の個体的条件の関与を否定しているわけではなく，そういう立場に立つというだけのことであるから，犯行者の改善方策について考える必要があることは言うまでもない。**表 2.1** からわかるように，この類いの盗みの犯行者については，生活改善の必要性が明白である。生活プログラムや生活リズム，生活目標や志向性，生活意欲や生きがいといった事柄全般にわたって，強力な生活指導（時には強い規制や威圧）と，究極のところでは本人が主体的に選択しコミットしていけるように，多種多様な生活パターンの選択肢を幅広く提示してやることが，必要となろう。

2. 対人面だけに誘意性がある場合

財物に誘意性が全くないということは，言い換えると盗む物は何であってもよいということで，情緒的問題性に根ざしたさまざまの盗みとほとんど重なり合い，しかもほとんどすべての場合に否定的な自己イメージが根底にあるが，その情緒的問題性が主として対他次元で作られる場合と対自次元で作られる場合に 2 大別されると考えられる。例外は次の 2 つであり，一つは，盗みが遊びやゲームとしてなされる 8 の場合で，そこでは必ずしも自己イメージ（あるいは認識）は否定的であるとは限られず，いわば盗みを楽しんでいるのだからプラスと言えるかもしれないし，もう一つは，盗みが敵意や反抗の表明として行われる 11 の場合で，ここでは自己イメージの良否は問題でなく，当然のことながら他者に対する否定的イメージがあるだけである。

9 と 10 つまり友人関係や親子関係の好転を目的とする盗みと 12 の一部（対他的不適応感から）の盗みは，言うまでもなく，対他次元の（多少は対自次元が関与することもあるが）情緒的問題性に根ざしたものであり，この場合には当然のことながら対人関係の調整，とりわけ犯行者が持っている対人および対人関係認知の修正が大事となる。このタイプの犯行者は，概して，心理的未成熟さが目立つ場合が多く，自己に対するマイナスのイメージといっても，自罰的・神経症的なものではなく，むしろ自己中心的で他者に対する甘えが強い場合が多い。そして耐性が乏しく，内面の葛藤や緊張に耐えられず，すぐに幼稚な行動に出てしまう（いわゆるアクティングアウト）傾向が顕著である。それゆえ，受容的で治療的な接近よりは，むしろさまざまなトレーニングをも加えて，自我機能の強化をはかることが重要になってくる。

対自次元での情緒的問題性に根ざした盗みには，12 の一部（対自的不適応感からの），13（充実感や緊張感を求めての），14（性的意味を持つ），15（無意識の受罰願望からの）が含まれるが，これらは，その犯行によって，マイナスの自己イメージ（自分というものを否定的に考えてしまうこと）が解消されたり，13 の場合であれば，もっと積極的に自分を肯定的に考えられたりするわけである。したがってこうした犯行者に対しては，盗みというような行為に代わる別の健全でまっとうな行為を可能にして，そうした自己回復を行わせることが必要になる。そうした改善のための働きかけのうちには，自己をしっかりと見つめられるようにしてゆく，いわば心理治療的な接近も含められるであろう。

性的な盗みについては，後の性犯罪の部分で詳しく述べるつもりであるが，要するに，性衝動を適切な形で処理できず，代償的な形で性的価値を持つ（と犯行者が感じられる）品物を盗むわけであるから，この場合には財物に対しても誘意性（プラスの）があることになる。よくあるのは男性による女性の下着窃盗である。しかしながら，性的な意味というのはすこぶる主観的であったり象徴的であったりするので，時にはその品物に性的意味があったのかどうか他者には読みとれないこともある。つまり個人的意味あいが強いということである。象徴性ということでは，ある程度は平均的な意味も考えることができ，たとえば女性の靴などがそれに当たる。

無意識の受罰願望というと実際にはあまりないことのように思えるかもしれないが，前にも述べたように，罪悪感もしくは自罰（責）感，神経症的非行という筋道で考えれば，理解しやすいしわりあいありふれた事柄なのである。当然，心理治療的な接近が考慮されるべき事柄と言えよう。犯行の場所や時間帯といった犯行態様，そして何よりも犯行者のパーソナリティ（神経症的性格かどうか）が慎重に吟味されなければならず，加えて，恒常的な愛情飢餓といった心理状態と結びつくことも多いので，その辺の考察も欠かすことができない。

2.3 社会現象としての少年非行の財産犯

この標題はあまり適切でない言い方と思えるが，要するに，社会現象としてとらえたわが国の少年非行の動きの中で，盗みを中心とした財産犯がどのような様変わりを見せ，それがその時々の少年たちのどのような心性に基づき由来していたかを，巨視的に考えてみるということだと理解してほしい。

1960年代（昭和30年代半ば）に入って，日本社会が高度経済成長に伴う消費・遊興志向の時代を迎えたのと軌を一にして，少年非行は，敗戦直後の困窮と混乱を背景にして作っていた第1の山（1951年がピーク）の減衰から再び増勢に転じ，今度は財産犯よりはむしろ粗暴・凶悪犯や性犯が目立つ第2の山（1964年がピーク）を作っていった。これはまさに，消費と遊興という繁栄ムードに彩られた，いわば景気のいいはめはずしであったが，まちがえないでほしいのは，これは「**遊び型非行**」ではないのである。第2の山は1960年代後半に入ると急激に減少するが，1970年代になるとまた増えはじめ，第3の山（1983年をピークとする大きな山）を作る。この山は，財産犯の増大と粗暴犯・性犯の減少，しかし凶悪犯は漸増という，いうなれば多様化の様相を示しているが，これが1971年の警察庁の報告書で「遊び型非行」と名づけられたもので，まずこれをとりあげる。

それから10年余の後に，「**初発型非行**」という呼称が生まれた。これも警察庁の分析結果に基づくものであるが，前の呼称が対象としたのとほぼ同じ非行現象について，「遊び型」とはかなり異なる重要な点を指摘しているので，第2にこのコンセプトをとりあげる。

最後に，刑法学者であった藤木英雄が1974年に発表した論文で論及した「**現代型犯罪**」という概念をとりあげ，その中の財産犯の位置づけを中心にして，筆者なりの視点から論旨の整理を行いながら，本章のしめくくりとして論述する。

2.3.1 「遊び型非行」

これは，いささか乱暴ではあるが一言で言ってしまうと，遊びのための非行ではなく遊びとしての非行である。警察庁の1971年の報告書で指摘された要点を列挙してみると，次のようになる。

1. 1970年（昭和45年）に6年ぶりに増勢に転じた少年非行の内容には，過去にあった2つの山とは質的に異なる点が認められ，第3の時代への転換としてとらえるのが適当である。

2. その従来との相異点とは，一言で言ってしまえば「非行の多様化」，つまり「遊び型」と「学習型」との共在ないしは両極化である。

3. 遊び型とは，低年齢層の少年たちによる窃盗や粗暴犯の増加，家出少年やシンナーなど薬物乱用少年の増加，盛り場に群れ集まる不良行為少年の増加などの現象面の特質を指す。

4. 学習型とは，主として年長の再非行者によるエスカレートした犯行，犯罪集団や暴力団などと結びついたグループによる攻撃型犯行，自動車を利用した広域にわたる機動的で専門的な手口の犯行のような，いわばプロに近く悪質で猛々しく，累犯性が高く機動性に優れているという犯行態様としての特質を指す。

5. 遊び型の非行は，1970年代の少年非行の量を左右することになるであろうが，このようなタイプの少年に「非行少年」というラベルを貼ることは，かえって彼らを学習型の非行少年に転化させてしまいかねない。

遊び型非行というコンセプトは，このような形で提起されたのだが，その概念内容の骨子をまとめてみると次のようになる。

1. 行為内容は，軽微な窃盗や粗暴犯が多く，犯罪とはみなせないような単なる家出やシンナーなど薬物乱用（当時はまだ違法性がなかった），あるいは盛り場に群れ集まっての不良行為程度のものも多かった。

2. 行為者には低年齢層の少年が多く，彼らは，犯罪性は進んでおらず，動機や手口は単純で稚拙であり，再非行危険性は薄いとみなされた。犯行時の気持ちには罪悪感など乏しく，遊びやいたずらをするような気持ちで行ってしまう。

3. 第3の山の全体像は，確かに「非行の多様化」なのだが，その中で新しく登場した主役は「遊び型非行」であり，その内容としてもっとも多く優勢だったのは，軽微な財産犯，とりわけ前述のようなスーパーマーケットでの万引きや駅前広場などでの自転車盗といった，動機や手口が単純・稚拙な盗みの，低年齢少年による犯行であったわけである。

4. このような現象に通底する基本的特質は，一言で言ってしまえば，行為と行為者双方についての境界の不分明化，そしてそれゆえの広がりないしは一般化，ということになるであろう。つまり，犯罪と逸脱行為との間のけじめがぼやけてきて総じて日常行動化し，普通の少年でも軽い気持ちで盗みを働き，加えて，以前にはかなりはっきりと区別されていた反社会的行為と非社会的行為とが，それら両者の行為者についても同様に，重なり合うというか区別しにくくなっていったのである。

この「けじめのなさ」に加えて，この種の行為者である少年の心性についてあと2つの基本的特質を挙げておこう。一つは，犯行態様に見られる安易さが，とりも直さず彼らの日常的な振る舞い方の安易さ，そして志向性や能動性あるいは生活意欲の乏しさに根ざしていると考えられる点である。これは，別の局面では老人や弱者に対する強奪やいたぶりにも向かわせる心性でもあろうかと，推測される。もう一つは，“濡れ手で粟”とか“やらずぶったくり”などとよく表現される不労利得を求める生き方の反映と見られる点であり，一見すると合理的なように見えて実は根本のモラルや原則を欠いている，いわば擬似的合理主義とでも言うべきライフスタイルと考えられる。これも上述のような弱い者いじめの要因になっていると思われる。

2.3.2 「初発型非行」

1982年（昭和57年）の警察白書ではじめて使われた用語で，以後それまでの「遊び型非行」に代わって，それが対象としていたのとほぼ同じ現象をこう呼ぶようになったのだが，なぜこのような呼称の変更というか修正が行われたのか，次の2点が考えられる。

1. 遊び型非行という概念には，重要な意味内容の一つとして，再非行危険性の少ないこと（言い換えると一過性であること）が含まれていた。しかしこの概念が用いられたのは，1971 年の，その前年の 1970 年における 6 年ぶりの増加に対する分析の中でであったわけで，再非行の有無についての実証研究などは行われるべくもなく，全くの予見であったわけである。10 年余りを経過した時点で，その予見が的中しなかったためのいわば修正としてこの用語の変更が行われたと考えることができる。とはいえ，こうした行政面での率直な修正というのは，決して非難されるべきではなく，むしろ肯定的に評価すべきことであろうと，筆者は考える。

2. “遊び型” という言葉が，遊びのためなのか，遊びとしてなのか，遊びのようなということなのか，とにかく語義にあいまいさがつきまとうし，加えて “遊び” という言葉の語感から，世間一般でこの現象を “柿泥棒の類い” などとして軽視する傾向が生ずるのではないかが危惧されたというのも，もう一つの理由であったと思われる。実際にこの初発型非行の行為者には，後の追跡調査によれば，かなり多岐にわたる方向での再非行が見られたようである。そしてまた遊び型非行についての当時の説明の中でも，「学習型非行」と対置されるべきものではあるが，反面，非行少年とのレッテル貼りをすることによって急ピッチに学習型に進展してゆく可能性も少なくないことが，指摘されているのである。

ともあれ，初発型非行というコンセプトの内容は次のとおりである。①事犯内容としては，万引き，自転車・バイク盗，占有離脱物横領などが，これに相当する。②動機が単純であり，手口も安易なものである。③将来において多種多様な方向での再非行へ進展してゆく危険性が大きい。

2.3.3 「現代型非行」

この語は，藤木英雄が 1974 年に発表した論文「現代型犯罪と刑事政策」の中ではじめて用いられた用語である。ここで「現代型」というのは，“今ふうの” とか “モダンな（現代的）” とか “現代の” といった意味ではなく，「伝統型」と対比される概念である。藤木の説くところによると，「伝統型犯罪」というのは，犯罪でない行為とは明確に区別することができる，言い換えれば，それが悪であることに何の説明も要しないような，前に述べた「自然犯」のような行為であるのに対して，「現代型犯罪」というのは，文明社会の進展に伴う必要から作られてゆく刑罰法令によって禁止されているからこそ，それへの違反が犯罪とされるような行為であるとされる。現代型犯罪の代表的なものとしては，ホワイトカラー犯罪ないしは経済犯罪，過失犯（特に交通犯罪や，企業活動によって故意にではなく起こされてしまった公害犯罪など），そして都市化や価値観の多様化に伴う風俗犯罪などが挙げられる。少年非行においては，上記のうち風俗犯が中心になると説かれているが，この見解は興味ぶかい。もちろん過失犯としての交通犯罪などは少年にも多くあるが，それは別として，少年犯罪における窃盗などの財産犯や，殺人や強盗などの凶悪犯をも含めての暴力的な犯罪すべてにわたって，社会的活動や社会生活の基盤に根ざしてということは，成人の場合よりはずっと少ないわけであるから，全般に少年の非行というものは風俗犯的色彩を帯びることになるのは当然であろう。ともあれ現代型犯罪は最近とみに優勢になってきており，その意味では“今ふうで現代的な”犯罪になっていると見て差し支えない。とりわけ未成年者というのは，社会に根ざしてはいないが，社会風潮の影響を成人よりも大きく受けやすいので，**現代型非行**という命題はこれからますます重要になっていくと考えられる。

このコンセプトの要点を，筆者なりに論旨の整理を行って，以下に述べてみよう。1と3は行為の特徴，2と4は行為者の特徴であり，1から2が，3から4が，それぞれ引き出されることになると考えられる。

1. 日常行動の延長上での犯罪の生起

普通，犯罪行動というものは，日常行動とは異質の行動と考えられている。つまり，（多くの場合）それが悪であることを承知の上で，犯罪遂行を思い立ち，計画し，実行する。このような意図ないしは企図を「犯意」と呼んだりもする。このような行動パターンは，したがって，行為者の人格や行為者を取り巻く環境に何らかの普通でない否定的な要因（負因）があるからと想定され，それを明らかにすることが，犯罪者の健全な社会復帰にも犯罪の未然予防にも欠かせない作業と考えられている。しかしながら，現代型犯罪として上に述べたようなさまざまな犯罪は，そうした犯罪行動の帰結としてではなく，普通の市民的な日常行動（たとえば，企業活動，自動車運転，娯楽活動，性行動など）の延長上ないしは終点で起こってしまうのである。犯意が希薄あるいは不分明ということになるであろうか。

2. 行為者における負因の不存在

平たく言ってしまえば，普通の人が普通に行動して犯罪が起こるということである。さしたる負因がないのに妙なことをするというのは，実は困ったことであって，どういう手当てをしたらよいかがわからないのである。精神医学者である笠原　嘉は『不安の病理』（岩波書店，1981）という著書の中で，「症状というものにはそれ以上くずれないための歯止めという機能がある」と述べているが，含蓄のある言葉だと筆者には思える。医学的知見を他分野の事柄の類推に安易に使うのは問題かもしれないが，笠原の言う「軽症化」（最近は重い症状が少なくなってきていること）とか，問題があるのに負因が見当たらないとか，普通の人が妙なことをするというような事態は，むしろよろしくないと思えるのである。犯罪や非行の行為面だけでなく行為者の面でも，一般化とでも言えるような，いわば「無規制（アノミー）」の状態が現れてきていると見られる。

3. 被害の拡散あるいは不分明

前述のような事犯内容，つまり，スーパーマーケットの棚に並んでいる品物や，路上に放置されている（ように見える）自転車やバイクなどは，一見して占有関係があいまいであるか，あるいは個人ではなく企業とか店舗といったような集合体の物であるし，また風俗犯であれば，侵害されるのは公序良俗とか淳風美俗といったような，いわば抽象的な事柄である。こうした特質を別の言葉で言い表すと，被害が特定個人に及ぶのでなく漠然とした形で広まっている（拡散と不分明）ということになる。

4. 行為者における罪悪感の希薄

上述のような行為の特質から，行為者は罪悪感をほとんど持たなくてすむことになる。最近の子どもたちや若者たちには罪悪感が希薄であるとよく論じられたりするが，このような犯行態様や，それを生じさせるような犯行場面ひいては生活場面の刺激布置といった，より広い生活状況を構造的に分析し理解することが，こうした論議には欠かせないと考えられる。人は，プライベートな物でなく公共の物であれば，悪いとは思わず平気で浪費したりくすねてしまったりするものである。このように罪悪感を薄めてしまえるという利点（？）は，単独でなく集団で犯行するような場合にもよく観察されるところである。

3

粗暴犯

粗暴犯という呼称は，「粗暴」の語が形容詞的な意味あいに感じ取れるが，「暴力犯（罪）」とか，少し古めかしい言い方になるが「強力犯（罪）」といった名称も，ほぼ同義のものとして使われており，したがってこれは犯行態様もしくは犯行手段によって類別された罪種と考えるべきで，その点で，侵害される法益の種類で名づけられた「財産犯」とは異なっている。

ところでこの粗暴もしくは暴力という言葉は，学問的に明確な定義が難しい。犯罪としての暴力を学問的にとりあげて分析や考察を加えた論著は意外なことにそれほど多くないと見られるのだが，その中の一つに次のような叙述がなされている。暴力つまり violence というのは日常的な用語であり，たとえば violent love とか violent storm などといった言い方がよくなされるが，そのときの violent の意味は“統制できないほどに激しい”というくらいの意味であるということ。それに対して「攻撃あるいは攻撃性（aggression）」という語は，心理学などで比較的よく用いられ論じられている。最も有名なのは精神分析学における論述であろう。これについては少し詳しく後述することになろうが，福島　章などが非常にわかりやすく解説しており，それを紹介させていただくつもりである。

とにかく暴力（粗暴）という言葉は，攻撃とは違って，その語義のかなり深い本質的なところで“統制がきかず，枠を越え，境界を破ってしまって”という意味を含んでしまっているので，もっぱら犯罪の分野で用いられるか，そうでなければ厳密さをあまり要求されない日常用語の中で頻用されるかの，どちらかになっているように思われる。本章ではまず第 1 に，「攻撃」と関連させながら「暴力」という概念の定位を試み，その上で，粗暴（暴力）犯の概括的俯瞰と形成要因・成立機序の全般的考察，そして最後に主として未成年者による暴力とりわけ“いじめ”についての分析を述べていこうと思う。

3.1 暴力と攻撃

精神分析学者であり臨床心理学者でもあった，そして神経生物学にも造詣の深かったロロ・メイ(May, R.)は，その著『わが内なる暴力(*Power and innocence : A search for the sources of violence.*)』の中で，**攻撃性と暴力**との関係についてクルザノウスキー(Chrzanowski, G.)の言葉を借りて，不安とパニックとの関係に似ているとして次のように述べている(May, 1972)。

「攻撃性がわれわれの中で，ある点であたかもスィッチが入れられたかのように感じられると，われわれは暴力的になるのである。攻撃性は対象にかかわりを持つものである。すなわちわれわれは，だれに対し，何に腹を立てているかを承知している。しかし暴力の場合には対象—連関性が消滅してしまう。そして，われわれは，荒れ狂い，手のとどく範囲内にあるものなら，だれかれを問わずなぐりかかってゆく。人の心は混乱に陥り，敵の認識はぼやけてしまう。(中略)クルト・ゴールドシュタインが述べているように，人間は抽象的に思考できる被造物であるとともに，具体的な状況を超越できるものでもある。暴力的な人間の場合，その抽象能力は解体してしまい，これがために狂気じみた行動が出てくるのである。」(ロロ・メイ(著)小野泰博(訳)『わが内なる暴力』p.230より)

ところで，ここでは暴力については説明されているが，攻撃性についての説明はないので，同じ著書の別のところ(pp.181-204)，および，福島(1974)が彼の著書『現代人の攻撃性』の中で手際よくまとめている主として精神分析理論に基づく「攻撃性の精神力学」の解説などに依拠して，それに触れておこう。

ロロ・メイは，「攻撃性とは，権力の再構成を行うため，他人の領域へ動いてゆく行為である」とした上で，語源的にはラテン語のaggrediから「前進すること」あるいは「接近すること」という意味を出発させているとし，第1には，相談ないし助言のため誰かに接近すること，第2には，逆らって動くこと，あるいは傷つけるという意図を持って動くことという，2つの意味があると述べている。つまり自己保全のためのいわば守りではなく，“先に手出しする(attack)”というまさに攻めによる自己主張というわけで，したがって攻撃の反対概念は，平和を愛することやそれへの配慮ないしは友情などではなく，孤立や接触拒絶の状態だと説いている（May，1972，pp.183－186）。

ところで，**攻撃**（あるいは攻撃性，aggression）が学問的考察の対象とされたのは，性についてよりもずっと後になってからであったと言われている。フロイトの精神分析理論においても，初期の頃には性の命題に対して副次的に論じられていただけで，タナトス（死の本能）という多分に思弁的な形でとりあげられるようになったのは彼が60歳を過ぎてからで，しかも娘のアンナ・フロイトによれば，彼がもっと長生きしていたらおそらく彼は自分の攻撃理論を根本的に書き改めていたであろうというほどに，それは不十分なものであったと言われている。攻撃の理論化がおくれた理由の一つは，その有用性あるいは攻撃行動の目標とするところを合理的に考えることが難しかったからであろうと考えられている。つまり，性の有用性は，生殖つまり子孫を残して種の維持をはかること，あるいは快楽といったように，すぐにたやすく考えられるのに対して，攻撃のようにしばしば破壊をその結果として残すような行動については，その有用性を容易には考えられなかったということであろう。動物生態学の中のエソロジー（比較行動学）と呼ばれている分野では，攻撃行動の有用性を，①個体間距離を適当に保って，密集による餌など生存のための資源の枯渇を未然に防ぐこと，②性的ライバルを闘争によって打ち負かして性交渉を成功させることで，弱い個体を淘汰し，種の維持をはかること，③無力な子どもを力によって他者から守り保護することのように，容易かつ明白に考えることができるのとは反対にである。

フロイトの精神分析理論では，攻撃は3つの時期に分けてそれぞれ異なる考え方で扱われていたと言われている（福島，1974，pp.194－209）。

1. 初期には，攻撃は，性行動の相手を制圧して性的結合を成功させるための，男性にとっての性欲充足のいわば道具として位置づけられていた。上述のエソロジーの考え方の②と類似している。

2. 次の時期，つまり理論化の視点が無意識の衝動（イド）から自我（エゴ）に移っていった時期には，攻撃はむしろ，自己保存のための外界支配の機能として考えられるようになり，外界への適応のための能動性や活動性，困難への挑戦や生存のための摂食行動にいたるまで，幅広い人間行動の源泉ないし原動力とみなされるようになってきた。

3. 晩年（1920年以降）になって，それまでの生の本能（エロス）に対立する死の本能（タナトス）という概念を考え，この両者をそれぞれ1次的な本能として，これらの混合によって攻撃の諸相とりわけ発達の諸段階におけるそれらを2次的に作り出されるものとして，サディズムやマゾキズムなどを考察していくようになった。

ここまでの叙述によって，攻撃というのは，破壊的な性質と建設的な性質の二面を考える概念であることが，理解されたと思う。日常用語としての語感では，どちらかといえば破壊的な意味のほうを考えることが多いと思われるが，前述のようなフロイトによる自我機能の一部としての位置づけに見られるように，もっと広い健康的ないしは建設的な概念内容をそこに含める考え方もあるわけである。そこで，こうした攻撃概念との対比の上で，**暴力**についての筆者なりの定義を，ここで試みておく。人間の暴力に限定すれば次の3点に要約される。

1. 激しさが基本的な特徴である行動。心理学の言葉で言い換えれば，統制が失われている行動ということになろう。前にも述べたように，これは暴力の本質だと考えられる。統制が失われている行動がすべて激しいとは限らないであろうが，とにかく歯止めがきかなくなっていて，外からの強い抑止がなければどこまでもエスカレートしていくような行動である。

2. 破壊のような否定的結果が招来される行動。攻撃との本質的差異はここにある。否定的というのは価値的な評価であり，立場が違えば肯定的とみなされることもあるので，定義に用いるのになじまないかもしれないがいたしかたない。ある立場から見て破壊がもたらされ暴力とみなされれば，異論があってもそれは暴力なのである。

3. 対面状況で起こされる行動。これにも異論が出るであろう。しかし心理学がとりあげて考察するのであれば，このような限定は絶対に必要であると考える。“戦争は暴力だ”というような言い方がなされるし，なされて結構であるが，心理学的考察を行うのであれば暴力概念の拡張させ過ぎだと考える。戦争というのは，冷静に計画され遂行される事業であって，いささかでも統制を失うようなことがあってはならない行為であろう。いくら激しくても，それは統制がきかないための激しさではないのである。

以上で，攻撃についての概念の整理と，攻撃と暴力との概念上の差異を中心とした位置づけを終えることにするが，攻撃についての心理学理論として，欲求不満—攻撃説と学習理論の攻撃説の2つは，重要なものではあるが省略した。後者，つまり学習理論によるものは，攻撃の伝播は説明しているがその発生については触れていない。前者，つまり欲求不満説は，攻撃行動を2次的に作られるものとし，かつ攻撃を望ましくない（不適応な）行動とする基本的立場に立っており，やや限定的な見方であると考えられるからである。

3.2　粗暴犯の全体像

3.2.1　粗暴犯の範囲

ここでは，**粗暴犯**として，暴行，傷害，脅迫，恐喝の4つをまとめることとする。粗暴犯というのは，前にも述べたように犯行態様による名称であるから，侵害される法益は，財産犯の場合のように一定しておらず，さまざまでありうる。乱暴にうったえる行為であるから，普通は被害者の身体が侵害されることが多く，それゆえ「人身犯」と呼ばれたりもするが，必ずしもそうとばかりは限らない。たとえば恐喝は，被害者を脅し恐れさせた上で財物を奪うのであるから，財産犯でもあるし，強盗は，その悪質さゆえに普通は凶悪犯という別の罪種に入れられたりするが，恐喝の場合よりもっと強力な脅迫や暴行を加えて，やはり財物を奪うのであるから，これも粗暴犯とみなしていっこうに差し支えないし，また財産犯という面も持っていることはまちがいない。また強姦や強制わいせつなどの攻撃的性犯罪の場合でも，犯行態様の粗暴性に着目すれば，やはり粗暴犯と言えるであろうが，この場合には性犯罪という罪種を別に立てるのが普通である。

このように見てくると，粗暴犯と暴力犯と言うときには，その手段と粗暴性や暴力性に着目し過ぎるのは必ずしも適切ではないと感じられる。むしろ，そのような威圧によって相手の自由意志が働かないようにしてしまうことが，大事なポイントになるのだと思えてくる。そうすると，粗暴犯の中に含められている凶器準備集合のような行為も，乱暴の結果はまだ現れていないけれど，威圧ということで十分にその居場所が保証されるのだと考えられる。もう一つ付言しておかなければならないのは，そのような粗暴性や暴力による威圧が，上述のような財物の取得といった事柄の手段としての行為なのか，それ自体が目的（憂さ晴らしというようなことも含めて）の行為なのかという区別である。この点は，後述する暴力のさまざまな行為パターン（たとえば“時計じかけのオレンジ型暴力”とか“退屈さ”からの暴力など）を理解する際に大事なポイントになってくると思われる。

3.2.2 非社会的暴力

粗暴犯という現象面に着目した分け方（あるいはまとめ方）をした場合の，その多面性について述べているのだが，もう一つ付け加えておくべきことがある。それは，粗暴犯という言葉のニュアンスから，とかくそれを社会の人々や社会規範に対して反発するような（antisocial）行動と受けとめがちであるが，その成立機序の面から見ると，反対に社会からひきこもるような（asocial）行動の形をとることも決して少なくないということである。筆者はそれを「**非社会的暴力**」と呼ぶことにしているが，後述する家庭内暴力や「いじめ」のようなある種の学校内暴力（筆者は両者をひっくるめて「保護領域内暴力」と呼んでいる）がこれに当たる。この成立機序などについてはすぐ後で述べるので，ここでは現象面の特徴だけを，未成年者の場合を中心に指摘しておく。

非社会的暴力のうちでもいちばん典型的なものは家庭内暴力であろう。これは，昔からあった思春期における親への反抗とか社会的逸脱の一環としての反発といったものとは全く異なるもので，専門家によると1960年代頃から少ない例数ではあるが見られたとのことだが，世の中で広く注目されるようになったのは，1970年代後半から1980年代の非行第3波の時期にである。行為者の特徴は，それまでは親や教師に対して従順な“よい子”であり，育てやすく扱いやすい子であって大きな期待がかけられてきたのだが，ある時点から突然，人が変わったように狂ったとしか思えないような暴れ方を示し，ターゲットとするのはそれまで愛着を示していた身近の家族（母親とか，行為者が男子の場合は妹など）が多いというものである。そして暴れ方の特徴は，対象がそうした身近の者に限られ，全くの他人に対してはごく普通の態度をとれる（したがって逆上したり興奮してというものではない）というもので，長期間にわたり，陰湿で手の込んだ奇矯とすら言えるような，一種の“嫌がらせ”に似た行為を繰り返すのである。たとえば，母親を玄関の土間に正座させて卑猥な言葉を何回も大声で言わせる，畳にトマトケチャップやサラダオイルをふりまき掃除させる，ピアノ線を1本ずつ切ってゆく，新築したばかりの家を少しずつ壊してゆくといったものである。被害者が泣いたり反抗したりすると，ますますエスカレートして繰り返す，隣家の人がびっくりして駆けつけてくると，にこやかに応待して追い返してしまうなど，第三者の介入を許さないのである。

学校内暴力には，対教師暴力から級友間でのいじめまで，行為パターンはさまざまで，陽性のものから陰性のものまで多様であって，典型を示すことは難しい。ともあれ，こうした家庭内暴力や学校内暴力は，それが起こるのが行為者にとっての保護領域内であることから，いわば表沙汰になることが少なく，したがって本格的な犯罪となりにくく，それだけにかえって適切な対応ができないことが多かったりするのである。

3.2.3　少年非行における粗暴犯の推移

粗暴犯の推移を，少年刑法犯検挙人員を指標にして，ほかの罪種との対比の上で見てゆくことにしよう（**表3.1**，**図3.1**）。

犯罪の大部分は財産犯（とりわけ窃盗）であるから，粗暴犯はそれほど多くはないが，それでも第2位である。最近では減少傾向にあり，2004年の統計では，財産犯89.8％に対して8.8％である。これまで折にふれて“荒れる中学生”とか“少年非行の凶悪化・粗暴化”などと，無責任で根拠薄弱な論説が社会ではなされてきた。しかし数十年前まで遡ってその推移を見てみると，必ずしも最近になって荒々しく粗暴化してきたとは言えない姿が見えてくる。7時点で調べているが，1951年から2004年にかけての表と図における各年次に付した↗は，少年刑法犯全体が増加したピークの年次，↘は，それが減少した谷底の年次を，それぞれ示す。

わが国の少年刑法犯の増減については，これまでに3つの増加の山があった

表3.1 少年主要刑法犯罪名・罪種別検挙人員・構成比の推移（2004～1951）

罪名（罪種）＼年次	↗2004 (H.16)	↘1995 (H.7)	↗1983 (S.58)	↘1969 (S.44)	↗1964 (S.39)	↘1954 (S.29)	↗1951 (S.26)
殺人	57	80	87	265	361	411	448
強盗	1,295	873	788	1,198	1,987	1,830	2,197
放火	103	258	389	534	535	407	446
計(凶悪犯)	(1,455)	(1,211)	(1,264)	(1,997)	(2,883)	(2,648)	(3,091)
%	1.1%	0.8%	0.5%	1.5%	1.5%	3.4%	2.2%
暴行	1,608	1,945	7,600	8,518	13,881	3,245	3,126
傷害	6,425	8,101	11,406	10,867	16,669	9,195	8,653
脅迫	111	67	158	448	1,252	448	461
恐喝	3,073	6,339	8,504	5,867	15,228	3,041	3,635
計(粗暴犯)	(11,217)	(16,452)	(27,728)	(25,700)	(47,030)	(15,929)	(15,875)
%	8.8%	11.4%	11.0%	19.9%	24.2%	14.6%	10.2%
窃盗	76,637	99,076	202,028	96,032	135,849	81,298	127,122
詐欺	1,077	456	662	833	1,781	4,310	4,886
横領	37,248	26,652	19,624	927	1,123	2,787	3,142
計(財産犯)	(114,962)	(126,184)	(222,314)	(97,792)	(138,753)	(88,395)	(135,150)
%	89.8%	87.3%	87.9%	75.6%	71.3%	80.8%	86.6%
強姦	151	268	750	2,515	4,242	1,977	1,530
わいせつ	253	461	756	1,371	1,630	459	347
計(性犯)	(404)	(729)	(1,506)	(3,886)	(5,872)	(2,436)	(1,877)
%	0.3%	0.5%	0.6%	3.0%	3.0%	2.2%	1.2%
〔総計〕	〔128,038〕	〔144,576〕	〔252,812〕	〔129,375〕	〔194,538〕	〔109,408〕	〔155,993〕
%	100.0%	100.0%	100.0%	100.0%	100.0%	100.0%	100.0%

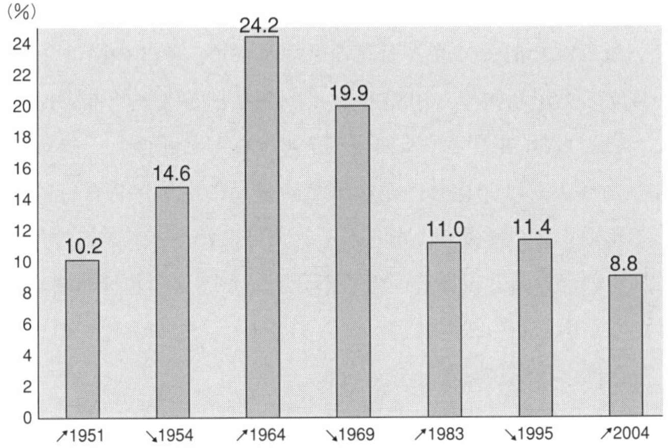

粗暴犯の構成比

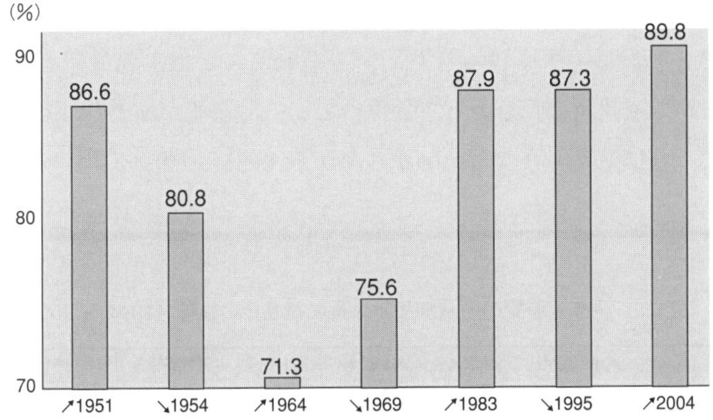

財産犯の構成比

図 3.1　少年主要刑法犯中の財産犯と粗暴犯との検挙人員・構成比の比較（1951 ～ 2004）

ことが指摘され考察されてきた。ごく簡単に述べると，第1の山は，1951年をピークとし3年後の1954年に谷底まで落ち込んだもので，敗戦後の物質的困窮と社会的混乱が背景。第2の山は，1964年をピークとする大きな山で，1969年の谷底にいたるまで約10年間続き，第1の山とは対照的に，急速な経済繁栄に刺激された消費・遊興指向の風潮が背景。第3の山は，1970年代に入ってから立ち上がり始め，1983年をピークとして約20年間続いたさらに大きな山で，「遊び型」非行とか「初発型」非行などと呼ばれ，無気力で稚拙な，反社会性というよりは非社会性が顕著で，普通の少年が日常行動の延長上で行ってしまうような，軽微ではあるがそれだけにかえって対応の仕方がはっきりさせられない行為面と行為者面での不分明さが際立つ非行の増勢が目立った。社会の豊かさが過飽和の状態に達し，さまざまな意味や次元での志向性や規律性を喪失した社会状況が背景と考えられる。

次に，粗暴犯を「財産犯的な」ものと「人身犯的な」ものとに分けて考えてみる。財物の掠取を伴う恐喝と，本書では凶悪犯という罪種に含めているが強盗を合わせて前者，財物掠取を伴わない純粋な（他者の身体への乱暴だけの）暴行と傷害を合わせて後者とし，両者を継時的，対比的に見たのが，**表3.2**および**図3.2**である。まずはっきりと読み取れることは，粗暴犯と財産犯とは，大体において逆比例の形をとっていることで，財産犯が増えれば粗暴犯は減り，その逆であれば逆ということ。しかしながら1983年（第3の山のピーク）以降

表3.2　少年粗暴犯の態様別検挙人員・構成比の推移（1951～2004）

	↗1951〔S.26〕	↘1954〔S.29〕	↗1964〔S.39〕	↘1969〔S.44〕	↗1983〔S.58〕	↘1995〔H.7〕	↗2004〔H.16〕
人身犯的粗暴犯	11,779	12,440	30,550	19,385	19,006	10,046	8,033
（暴行・傷害）	(7.6)	(11.4)	(15.7)	(15.0)	(7.5)	(6.9)	(6.3)
財産犯的粗暴犯	5,832	4,871	17,225	7,065	9,292	7,212	4,368
（恐喝・強盗）	(3.7)	(4.5)	(8.9)	(5.5)	(3.7)	(5.0)	(3.4)

（　）内は各年次内での構成比

は必ずしもそうではなく，財産犯の増勢にもかかわらず粗暴犯の減少はそれほど顕著ではない。ごく最近の 2004 年になって粗暴犯の減少がかなり目立ってきたという程度である。弱々しさと荒々しさとの双極化とか，非力な老人などをターゲットにしたり勝てるけんかでなければしないといったような一種の擬似（エセ）合理主義的振る舞い方の広がりとか，さまざまな態様が推測されるが，ここでは触れないでおこう。

次に，人身犯的（純粋な）粗暴犯と財産犯的粗暴犯とは必ずしも逆比例の関係を示さないことが読み取れる。ここでは財物犯的粗暴犯として強盗を加えているのだが，純粋な粗暴犯が増えたからといって物がらみの（財物掠取の手段

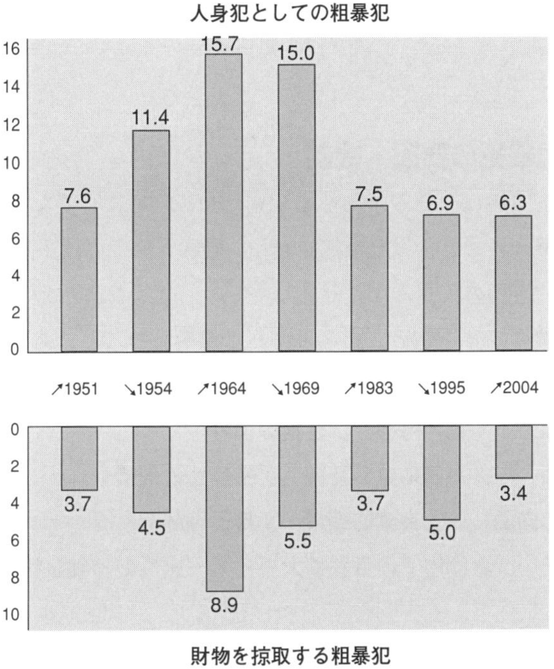

図 3.2　少年の財産犯的粗暴犯と人身犯的粗暴犯との検挙人員・構成比の比較（1951 ～ 2004）

としての）粗暴犯が減るということはなく，それらの増減は両者ともに足並みをそろえている様子がうかがえるのである。4つの図表を通していくつか指摘できることをまとめてみると，第3の山（1983年がピーク）以降，粗暴犯にはかなり顕著な量的（そして質的にも）変容が起こっているということである。第1は，全体として財産犯の圧倒的な増加（最近では9割近く）に押されて減少してきており，少年非行の非粗暴化が目立つこと，第2は，粗暴犯といっても物がらみの行為が多くなってきており，第1のことと合わせて純粋な（表出的な）粗暴行為は少なくなってきていることである。このように見てくると，前に述べた暴力の定義（統制が失われていること）に照らして，こうした行為を，法律上の命名はともかくとして，「暴力犯罪」と呼んでいいのかどうか疑問に思えてくる。少なくとも「道具的な攻撃行動」であることだけは確かであると言ってよかろう。

3.3 粗暴犯の要因・機制

ここで要因というのは，ある事物を成り立たせるために必要な，1つまたはいくつかのそれぞれにまとまった事柄であり，機制というのは，同じく，多くの場合いくつかの事柄の，あるプロセスの中での，動的な絡み合いのことである。ここでは当然のことながら，ある事物とは粗暴犯のことである。8つの要因と機制を，4つのカテゴリーに分けて，列挙し説明を加えていく。

1. **人格の基底面……①精神障害，②性格の偏り。**
2. **人格の情動面……③不適応感の持続，④劣等感の補償。**
3. **人格の価値志向面……⑤自棄的感情，⑥自己確認。**
4. **状況的側面……⑦集団内での自我拡大感，⑧一過性の特異な状況。**

3.3.1 精神障害との関連性

精神障害とは何かをきちんと述べるのは非常に難しいことであり，現在もっとも広く用いられている『精神疾患の診断・統計マニュアル』（*Diagnostic and Statistical Manual of Mental Disorders*，普通DSMと呼ばれているもので，米国精神医学会から刊行され，第4版は1994年）にしても，現象面に表れている諸特徴（症候あるいは症状）や諸条件（たとえばそうした特徴の継続期間など）などから，治療に役立てるために，それらが由来しているもとの本態を探り当てる具体的手順を示しているものである。したがって，精神障害の種類や範囲は明確に示されているけれど，精神障害とは何かという本質的問いかけには答えていない。

精神障害というのは，字義としては“心理的な働きのぐあいの悪さ”であろうが，ぐあいとは何かを考えるだけでも大変な仕事である。たとえば“今日はどうも頭の働きが鈍くてものを覚えられない”という場合，昨夜の睡眠不足のせいなのか，このところ老化が進んでいるからなのか，ある種の薬を服用したからなのか，もともと記憶力がよくないからなのか，ほかのことに気をとられていたからなのか，ショッキングなことに出会って気持ちが混乱していたせいなのか，実にさまざまなことが原因としてはありうるであろう。したがって，**精神障害**というのは，心理機能の面から見ると，人格の最も基本的な認識・統合機能が損なわれていて，客観的で適正な自他認識に困難が生じ（病識がないことやさまざまな妄想・幻覚などもここに含められる），いろいろな精神機能をまとめて効率的に働かせることが難しくなっている状態であると考えられるのだが，病因（ぐあいの悪さの原因）の面からは，次のようにさまざまな場合がありうるとされている。

第1は，身体的な（多くは脳の器質的な）変化に根ざしていたり，あるいはある種の身体疾患（バセドウ氏病のような内分泌疾患とか，進行麻痺などの感染症，あるいは脳動脈硬化などの血管病や中毒など）に伴って，上記のような基本的心理機能が損なわれる場合。

第2は，身体的基礎は不明だが，それがあると想定されていて，内因性精神疾患などと呼ばれている，統合失調症，躁うつ病，非定型精神病など（単に「精神病」と呼ばれることも多い）の場合。

第3は，アルコールを含むさまざまな薬物や毒物・劇物（最近では治療用のものと乱用されるものを合わせて「物質（substance）」と総称されることが多い）の広い意味での一時的薬理作用による場合。

第4は，身体的病変はそれほど問題でなく，遺伝負因に基づく生来性のものが多い，いわば生まれつきの変わり種とでも呼べる知的障害と人格障害（以前は，精神薄弱あるいは精神発達遅滞と，精神病質あるいは異常人格などと呼ばれていた）の場合。これは疾患（病気）ではないので，経過（状態像の推移・変容）がほとんど見られず固定した状態像を示すことが多い。

第5は，身体的基礎に根ざすことも遺伝負因によることもない，言うなれば環境への適応失敗に起因する心理機能の乱れの場合で，心因性の反応とか神経症などと呼ばれることが多かった。これは，上記4つの場合とは本質的に異なっていて，人格のもっとも基本的な認識・統合機能はそれほど損なわれることがむしろ少なく，それゆえ精神障害の体系の中にはこれを含めない立場もあるし，このような適応失敗を起こしやすい人格の異常性が恒常的に底在していると考えて，第4の人格障害のうちに含めてしまう立場もあるようである。とにかく，心理学が主としてかかわりを持つのは，この第5と第4であって，第1から第3の場合は主として医学の分野に属する事柄と言ってよいであろう。

粗暴犯の要因として精神障害がどのくらい関わっているかを，まず量的な面から見てみよう（**表3.3**）。「犯罪白書（2006年版）」によれば，2005年の一般刑

表3.3　一般刑法犯検挙人員（総数および精神障害者数）の罪種別内訳（2005）

		粗暴犯（含凶悪犯）	財産犯	性犯	その他
検挙人員総数					
実数（A）	386,955	48,595	298,184	5,676	34,500
%	100.0	12.6%	77.1%	1.5%	8.9%
うち精神障害者数					
実数（B）	2,411	781	1,148	79	403
%	100.0	32.4%	47.6%	3.3%	16.7%
$\frac{(B)}{(A)} \times 100 =$	0.6 %	1.6%	0.4%	1.4%	1.2%

法犯検挙人員総数386,955人のうち，精神障害の認められたもの（「疑い」を含む）は2,411人（0.6％）であった。この比率が高いのかどうかは明言できない。一般人口の中での精神障害者の比率が，1963年の厚生省による調査では1.29％と報告されているが，その後は調査が行われていないからである。しかし決して多くないことは確かであろうと，専門家は述べている。そして，やはり犯罪白書に示されている，検挙人員総数中と，その中の精神障害者総数中の，それぞれ罪名別の人数を3つの罪種にまとめてみてみると（ここでは，粗暴犯と凶悪犯を1つにまとめてしまっているが，少し広義の粗暴犯になると考えてよかろう），明らかに見てとれることは，一般刑法犯全体の中でよりも，精神障害と認められた刑法犯の中でのほうが，粗暴犯が多く財産犯が少ないということで，それぞれの構成比で比べると，粗暴犯は2倍以上，財産犯は6割ほどである。精神障害者数の罪種別分布を，検挙人員総数のそれと比べてみると，財産犯の割合だけが少なく，それ以外の多いことがわかる。つまり，精神障害の犯罪への関与は，財産犯においては少なく，それ以外の罪種（粗暴犯や性犯）で多いこと，とりわけ凶悪犯を含めた粗暴犯ではかなり多いことが言えそうである。

質的な面を考えてみよう。犯罪全般との関連を精神障害の種類別に見ていくことは，前述のような精神医学の専門家によるわかりやすい著書がたくさんあるので，ここではむしろ，症状や状態像といった表面に表れている諸特徴を，粗暴犯と結びつきやすいものを中心にまとめた形で示していくことにする。

3.3.2　精神障害による認識機能の障害

真っ先に挙げなければならないのは，統合失調症の場合の妄想や妄想観念・念慮などを中心とした**思考障害**，そして外界認知の異常である**幻覚**（“対象なき知覚”，エスキロル）であろう。思考障害を考えるとき，思考の出発点になっているいわば発想の異常と，思考の進み行き（過程）の異常とに分けて考えるとわかりやすいと考えているが（もちろん両者が一体となっている場合も多い），そうしたことを念頭に置きながら，暴力的破壊行動と結びつきやすいものを列挙してみよう。誇大妄想，関係妄想，被害妄想，追跡妄想，注察妄想，憑依（何かにとりつかれている）妄想などであるが，妄想は，自分を過大視する方向のものと過小視する方向のものとに2大別できるとも言われているように，基本は，客観的で適切な自他認知ができなくなってしまうことだと考えられる。思考過程に着目した場合の症状としては，思考奪取・吹入（自分の考えが誰かに抜き取られてしまう，あるいは誰かにある考えを吹きこまれる），思考途絶，そして躁病や躁状態のときによく表れる観念奔逸（さまざまな考えがまとまりなく過剰に湧き出てくる）や支離滅裂などである。

幻覚のうちで最も多いのは幻聴であり（頭の中に声が聴こえてくるとの訴えがよくなされる），妄想と結びつくことも多く，その声に命令されてある行動をとらせられたりする。幻視はアルコール中毒の場合に多いが，幻味，幻臭，幻触などとともに，粗暴犯の要因となることはむしろ少ない。

そのほか，知的障害や，危機的状況の中で起こるパニック状態，そして薬物などの一時的効果などによっても，認識機能が損なわれて粗暴犯にいたることがありうる。知的障害では，遺伝性の比較的に軽いものよりは，頭部外傷や脳炎などの後遺症，そして生来性ではあっても胎生期障害や出産時障害などによる重いもののほうが，知的障害の程度が大きく，しかも興奮して見境がなくなるといった性格・行動特徴を併せ持ちやすいため，破壊的暴力行動と結びつきやすい。

3.3.3 人格障害（性格の偏り）

統合失調症の諸症状のうちの興奮状態，躁あるいは軽躁の状態，てんかんの場合には，中心症状である意識障害とともに底在あるいは併行する性格の偏り（粘着性，頑固，爆発性，完全癖等）などが関連するが，何といっても**人格障害**（かつては精神病質とか異常人格と呼ばれることが多かった）が粗暴犯の要因としてまず第1に挙げられなければならない。前掲の②性格の偏りという要因もここに含めて述べることとする。

よく用いられるシュナイダー（Schneider，K.）の精神病質人格類型は，“無体系の”と言われているだけにかえって，日常的・臨床的に見られるすべてのタイプを網羅していて実用的価値が高い。しかも彼は，まずはじめに平均的な人格像からずれているものという，いわば価値概念を含まない基準によって「異常人格」というコンセプトを立て，その上で“その異常性のゆえに自らが悩むか，あるいは他を悩ませるか”するものという，社会的価値を含めた観点から「精神病質人格」概念を措定したのである。この点が，社会の見方や受けいれ方によってどうにでも変わってしまう非科学的な考え方として後に批判されたりもするのだが，所詮は社会的平準とか平均という基準は無視できないものであり，そのような批判は当を得ていないと筆者は考えている。ともかく彼の10類型を列挙してみると次のようになる。

1. 発揚情性型
2. 抑 う つ 型
3. 自己不確実型
4. 狂 信 型
5. 自己顕示欲型
6. 気分易変型
7. 爆 発 型
8. 情性欠如型
9. 意志欠如型
10. 無 力 型

これらのうち，粗暴犯ないしは破壊的暴力行動と結びつきの深いものを取り出してみると，7，6，4，8，そして5，1となるであろう。簡単に説明してゆく。

爆 発 型

怒りの感情を抑えることができず，すぐに激しい行動に表してしまうタイプであるが，怒りの感情だけに限られるのか，もっと一般化して感情のコントロールが難しいということなのか，シュナイダーの説明では，原始反応，興奮性，短絡反応などとの重複や類似を述べているので，不明であるが，怒りの場合が典型的であることはまちがいないし，こういう性格の偏りを持つ人に粗暴犯が多いのは，当然のことであろう。

気分易変型

いわゆるむら気，不機嫌になりやすい，といったことで，気分というのは本来は感情の持続状態であるにもかかわらず，それが変わりやすいということである。それが内発的なものか反応的なものかが問題になるかもしれないが，ここでは表面的な不安定さだけが注目されている。また，むら気で喜悦感にとらわれやすい（いわゆる“舞い上がる”）ということもあると思われるのだが，ここでは不機嫌ということが重要視されている。これも粗暴犯を起こしやすい性格特徴として容易に理解できよう。

狂 信 型

シュナイダーは，「過価的な観念複合体」，つまりある考えに普通以上に大きな価値づけをして持ち続けることという言葉を用い，しかもその結果として落ち込んでしまったりするのでなく，他者あるいは外界に対して闘争的・主張的になる場合を指すのだとしている。そして，妄想性とか誇大的あるいは頑固といった類縁的な特質にも留意して説明を加えているが，とにかく強力で能動的な人格というものをベースに置いていることは確かである。これも，自分の信念や主張を強く持ち過ぎて他者の考えや立場を無視するのであるから，粗暴犯と結びつきやすいのは当然であろう。

情性欠如型

ここでの情性とは，同情，羞恥心，名誉感情，後悔などであるという。要するに人間的価値を帯びた感情（「情操」という言葉に近いか）である。それが欠けているわけで，よく言われる“冷血あるいは冷情”に近い属性である。シュナイダーの説明では「道徳的無感覚」とか「道徳精神薄弱」，さらにはかつてモレルが用いた「背徳症」といった言葉が，類似のものとして挙げられているが，あまり「道徳」という語にこだわりすぎると儒教的ニュアンスが色濃くなってしまうようで，やはり“人間性や人間味を欠いた（薄い）”という受けとめ方のほうが適当のように思える。そして，この性格の人の行動は，“往々にして陰険，冷酷で，よく不平を言い，その非社会的行動は残忍”と述べられている。こうした性格偏倚の人の犯罪行動は，統制のきかない暴力的粗暴犯よりはむしろ，冷情的で残忍な（加えて冷静かつ計画的な）凶悪犯であったりするほうが多い。

発揚情性型および自己顕示欲型

この2タイプを並べてとりあげるのは，これらが複合的な形で表れやすいからではなく，どちらも，粗暴犯との関連性がそれほど密接ではなく，時折あるいは部分的に関連することがある程度だからである。

まず**発揚情性型**という聞きなれない言葉であるが，感情面では朗らか，行動面では活動的という2大特徴を示す。別の言い方をすると，刺激に対する反応性が高いということにもなるであろうか。とすればむしろ望ましい性格特徴のように思われるが，ただ程度が高すぎるのである。そこでシュナイダーが言うには，「……朗かな，親切なことも少なからず，活動的な，どんな経験にもめげぬ，常に楽天的な均衡のとれた人たちである。……（しかし）……彼らの多くは深刻性，徹底性を欠き，無批判，無分別，自信家で，決断が軽率ではなはだ頼りにならないのが常である」（『精神病質人格』より）というわけで，要するに他者のことをあまり考えず，自分勝手に思ったことをどんどんやってしまって，深く考えたり感じることが少ない楽天家ということになる。こうした傾向が著しければ，他人の領分に平気で踏み込んで乱暴な振る舞いに出ることも多くなるであろう。

自己顕示欲型については，コッホの言葉を借りて「不当なまでに中心へ押しやられている自我」，「内容空虚なのに思い上がっていて自分に注目させようとする欲求」と説明し，またいわゆる「ヒステリー性格」というものとの類似性についても述べている。要するに，社会的な成熟度の低い，そういう意味では小児的な自己中心性が大で，いつでも自分が中心にいてみんなから注目され誉められたいと望み，他人のことや自分のまわりの全体状況を考えて身を引くようなことができず，自分のことを常に優先させて出しゃばるし，そのためには嘘をつくことも平気といった傾向の強いタイプである。したがって，このような性格の偏りから，また前述の発揚情性の傾向と合して，他者への配慮を欠く暴力的侵攻そして粗暴犯罪へと向かわせることになりやすいのである。

3.3.4　情動面の機制，適応障害

ここでは，③不適応感の持続と，④劣等感情の補償の2つを，一括して述べ

ることにする。情動もしくは情緒とは，emotion（動きを作ること）というその語義からもわかるように，本来は動機づけの役割を果たす感情（意識の主観的側面）であり，激しく，一過性のもので，生理的次元に根ざしていて，発達的には原初的（primitive）なものである。そして，独立した要因というよりは，力動的（dynamic）な心理機制，つまり，時間的経過の中で複数の事柄が連動的に絡み合いながらある効果を発生させてゆくプロセス，と考えたほうがよい。その意味で，構造化とか変容ということを前提とするアプローチと考えることができる。このようなアプローチは，犯罪をも含めたさまざまな人間の問題の理解とそれへの対応を追究していく広い意味での臨床心理学の理論および実践に，測り知れないほど大きな寄与と貢献を果たしてきた。

さて，ここで不適応感というのは，人が生活の中で体験するさまざまな否定的感情をすべてひっくるめた総称であると思ってほしい。挫折感や自信喪失，周囲への違和感や不適合感，いらいらのような焦燥感やせっぱつまったという危機感，他者への不当な羨望や敵意，根拠の薄い悲観的気分や絶望感，つまりは内発的なものも反応的なものもすべてひっくるめた（なんとも乱暴ではあるが）総称である。誰しも日常生活の中では，こうした体験をしないわけにはいかないのだが，そのつど何らかの方法でそれを解消し安定を保っている（つまり適応している）。しかし，時として解消できず持続させてしまうことがあり，その場合，ある時点で暴発的な（目標指向的でない，統制をなくした，激しい）行動に出てしまうのである。まさに前述したような「暴力的」破壊行動となりやすいわけで，粗暴犯を起こさせる重要な機制の一つとみなすことができる。

劣等感の補償もこうした機制の中に含められる事柄なのだが，あまりにもよく知られている命題なので，あえて取り出して別の項目としたわけである。とにかくこうした情動面の機制は，おしなべて，満ち足りて安定したしあわせ（well-being）とは逆の「不遇感」とでも言うべき内的状態なのであるが，その中でもどちらかと言えば対他的次元での重要な要因として，劣等感ないしは自己卑小感というものがあることは確かであろう。それを，地道な努力による自己向上というようなまっとうな形で解消するのでなく，逆に自己を過大にするような形で一挙になくしてしまおうとする行動パターンが，粗暴犯と結びつきやすいのは当然である。このような機制による攻撃行動は，一見それらしくは見えるが，決して道具的な攻撃ではなく，純粋に語義どおりの暴力であると考えられる。攻撃か暴力かということは，瑣末な語義へのこだわりではなく，それへの対応を考える際に非常に重要になってくる事柄だと思われる。

3.3.5　人格の価値志向面

価値を含んだ，あるいは価値づけられた感情といえば，われわれは情操という語をすぐさま思い浮かべる。しかしその場合，普通は審美的あるいは対人的な意味で，たとえば“美しい”とか“思いやりがある”といった使われ方をすることが多いのではあるまいか。また“好きだ”とか“正しい”といった選好的または道徳的な意味で，価値づけられた感情を考えることも多い。しかしここでは，何かを“めざす”という志向的な意味での感情を，粗暴犯を結果させる要因の一つとしてとりあげる。いちばん近い意味の語としては“生きがい”とか“やる気”などを挙げてもよい。

自棄的感情というのは，平たく言ってしまえば“やけ”である。当て字として自棄という漢字を使ったりもするが，自分を棄てるというのは，この場合，心理学的説明としては次のようなことが最も近いであろうか。ロッターは，社会的学習理論における動機づけに関する重要な命題として「統制の所在（locus of control)」という概念を提起した（Rotter, J. B., 1966)。ここで「所在」というのは，単なる「場所」というよりは「在りか」，つまり“どこにあるか”という意味の語として受けとめたほうがわかりやすいと思うのだが，彼は，それが人の内部にあるか外部にあるかという対照的な位置づけを行い，内部にある場合を「内的統制所在（internal locus of control)」，外部にある場合を「外的統制所在（external locus of control)」と名づけた。内的統制所在というのは，ある事柄の成り行きが自分（の能力や努力）によってコントロールできるという認識や感情（つまりは認知)，外的統制所在というのは，それが自分ではできず外的な力（単に他者というだけでなく，運とか偶然といったことをも含む）によってコントロールされているという認識や感情を，それぞれ意味するし，結果させると考える。やさしく言ってしまえば，“自分で何とかできる”という構えか，“自分の手には負えず，運やツキに頼るしかない”という構えか，ということになるであろう。ここで「自棄的」と言ったのは，この後者，外的統制所在の行動パターンのことである。“ジタバタしたってだめさ。なるようにしかならないのだ”といった生活態度を思い浮かべればよい。これが，時として粗暴犯に結びつき，“やけのやんぱち，あとは野となれ山となれ”式の乱暴な逸脱行動になると考えるわけである。

自己確認という機制には，その根底に自己についての何らかの不全感といったものが存在している。それは，時には劣等感とか自己卑小感，時には周囲に対する違和感とか不適切感と，さまざまであるが，とにかく自分の存在が確固としていなくてあやふやであるような感じ，あるいは自己空虚感とでも言うべき，充実感や志向性を欠いた生産性のない内面である。そうした心情が，粗暴行為によっていわば救われるのである。盗みの場合にも，情緒的問題性に根ざしたものとして，不適応感から脱け出すとか，充実感や緊張感を求めてといった機制による場合があることを前に述べたが，粗暴犯についてもこれに当てはまることがある。たとえばバージェス（Burgess, A.）は，よく知られている『時計じかけのオレンジ』（1962）という著作の中で，人にはストレスや緊張の最適水準というものがあり，その水準に達していない生活状況の中では，その水準までストレスや緊張を高めようとして暴力を生起させるというパラダイムを描いている。これは，後に“倦怠の中での暴力（violence in boredom）”とか“スリルを求める衝迫（the urge to seek thrills）”といった語で述べられる命題と同じと考えてよかろう（Palmer, 1962；1972）。

3.3.6 状況的側面

⑦集団内での自我拡大感と⑧一過性の特異な状況を一括して述べることにする。

自我拡大感という言葉はあまり聞きなれないと思う。自我という概念を，その歴史的な由来とか，いろいろな学説や理論に基づいて詳しく述べようとしたら，それはたいへんな作業になってしまうので，ここではおおまかな説明にとどめておく。機能（はたらき）の面と，人格内容の面と，2つの側面から考えるとわかりやすい。人格内容というのも，ふだんあまり使われない妙な言葉だが，別に実体論のような立場に立っているわけではなく，社会の中での個人の価値志向を含めた生き方といったような意味である。

まず機能の面であるが，これはわかりやすい。さまざまな心理的はたらきをまとめて効率的かつ系統的に，外界への適応や自己実現（自分というものを生かし成長させること）をはかれるようにする，いわば交通整理のような調整役のはたらきである。適応とか調整というと受動的な構えだけを思い浮かべるかもしれないが，そうではなく，自己実現をめざすという能動的で前向きな面も持っているはたらきなのである。それだからこそ，社会的自立を遂げて一人前になってゆく青年期以降の自我形成が，ことのほか重要視されるわけである。

人格内容の面を考えるとき，いちばん近い語を探すとしたら「主体性」がそれに当たると思われる。人格の中核とか中心柱というと何かしら構造上のもっとも重要なところというニュアンスになってしまうが，むしろその人をその人たらしめている肝心な人格特質と考えたほうがよい。そうすると個性とか独自性といった語が類似のものとして思い浮かべられるし，“心の琴線”と言ってしまうと情緒的次元の事柄に限られてくるように思えるのだが，もっと価値的な面を強調したコンセプトである。

ところで，人は，自分以外の事物に対してさまざまな程度に自分の主体性をかかわらせて生きており，このようなかかわりを自我関与と呼んでいる。この自我関与の広さや強さあるいは深さが大きいことが，主観的にはそうではなくても客観的にそうであることが，自我拡大感が強いということになる。平たく言ってしまうと，人並み以上にいろいろなことを他人事（ひとごと）とは思えず深入りしてしまうとか，場合によっては，“出しゃばり”とか“おせっかい”と見られるくらいに気が大きいとかの傾向である。“赤信号，みんなで渡れば怖くない”というような言葉があるように，集団の中に入ると気が大きくなり，独りだったらとてもやれなかったであろうような逸脱的乱暴に及んでしまうという場合が，⑦集団内での自我拡大感である。

⑧一過性の特異な状況は，やはり，主として状況要因に支配されての粗暴犯罪ということであるが，その状況要因がもっと偶然的・一時的な場合である。

したがって，行為者の側には犯罪を起こさせるような人格要因はもとより行動傾向すら皆無と言ってよい場合がほとんどであるということで，まさに“もののはずみで”とか“折悪しくたまたま”といった起こり方を示す。普通は考えられないような特異な状況に遭遇して（たとえば，何のいわれもなく思いもかけない理不尽な仕打ちを受けたとか，突然の受けいれがたい逆境にさらされてというような），思いもよらぬ暴力が生起するといった場合，まさに“窮鼠（きゅうそ），猫を噛む”類いの行為である。

3.4 保護領域内暴力の生起機制

保護領域内暴力という聞きなれない言葉を使っているが，前にも述べたように，家庭内暴力と学校内暴力をまとめた総称である。粗暴犯の全体像とその生起要因・機制については前2節でおおまかに述べたので，ここでは本格的犯罪からは多少それるかもしれないが，その周辺に位置する犯罪類似の逸脱行動として，未成年者における家庭内暴力に重点を置き，学校内暴力については級友間暴力（いじめ）に限って，それらが起こるしくみを考察してみる。これらの行為を，本格的犯罪に対して周辺的で類似のものと位置づけたが，実は，暴力を道具的に用いるのではほとんどない，言うなれば内面的なメカニズムによって必然的・内発的に起こされることが多いこの種の暴力は，むしろ暴力犯罪の純型もしくは典型ではないかと，筆者は考えているのである。

家庭内暴力という言葉からは，家族成員間での暴力すべてを含めてもよいとの感じを受けるが，最近のわが国では，子どもの親に対する暴力に限って用いられることが多いようである。親の子どもに対する暴力は，児童あるいは幼児に対する虐待（abuse）と呼ぶし，夫婦間（多いのは夫の妻に対する）暴力は，ドメスティック・バイオレンス（domestic violence，略してD. V.と言ったりもする）と呼ぶことが多いようである。語の慣用という問題に過ぎない。

3.4.1 非社会的暴力の成因

1. まず，非社会的な人格特徴を行為者が持っていることが前提となる。ここで非社会的な人格特徴というのは，次のような意味である。いちばん基本的なことは，社会化が不十分であるという意味での人格の未成熟さである。社会に反発するのでなく，社会から退くというか，それとかかわりを持たないようにし，他者に対して無関心・無感動であり，それでいて幼児的な依存性は過大で，自分が傷つくことを極度に怖れ，内面的な希薄さゆえの衝動性が強いといった特徴である。内省とか共感といった，経験の内化による心のはたらきが乏しく，社会的対人関係からのひきこもりが顕著で，感情の変化や移りゆきが浅いところでめまぐるしいのだが，とにかく周囲に対して反発的ではないため，ある時点までは“従順なよい子”と見られたりすることも多い。それがある時点を境にして突然，狂ったように暴れ出し，それまではむしろ愛着の対象であった人物（多くは母親）に対して，陰湿で手の込んだ暴力を長期間にわたって固執的に行うのである。

2. 攻撃主体と攻撃対象との分離不全ということが考えられる。多くの場合，攻撃対象は母親なのだが，言うなれば精神的な自立（乳ばなれ）ができていないのである。前述の人格の未成熟さ（幼児性）ということを考えれば容易にうなずけるであろう。そのために，相手に暴力を振るって傷つけても，それは自分を傷つけたような気持ちになり，感情面でスカッとして安定するということがなく，かえって自分が傷ついたという気持ちが増幅され，その結果またその乱暴を繰り返すことになる。このようないわば自傷行為的エスカレーションによって執拗に陰険な暴行が反復され，相手がその暴行に対して怒ったり怖がったりなどの反応を示すと，なおさらそのひどさが増してゆく。ある対象に攻撃を加えて気持ちがスカッとする（情緒的に不適応感などが解消されて安定する）のは，攻撃主体と客体とが切り離されていてそれぞれ独立している場合に限られるのである。

3. 生活空間の狭さと状況の閉塞性ということが，次に考えられる。1で述べたような人格特徴（最近では特別な子どもだけでなく，かなり一般的な心性として広まっているように感じられる）から当然のこととして引き出されることだが，このような人格の持ち主は，全般的に友人が少なく，社会的視野も狭くて，知識だけは十分過ぎるほど多く持っているのに実感を伴うような生活体験が少なくて，適応行動の選択範囲を広く持てるような多面的な見方や考え方ができにくくなる。ことにのぞんで一種の視野狭窄のような危機的状況に陥ってしまうことが多く，いわば“思いつめて”のような行動傾向が大きくなるのであろう。

八方塞がりのような状況では，少ないエネルギーでも虚ろなままに増幅され，その結果，方向性を欠いた暴発行動が顕在化してしまうものである。このような行動特徴は，家庭内暴力よりはむしろ学校内暴力（それも級友間よりは対教師・対授業のそれ）に顕著に示されるようである。

4. 状況要因に規定される面が大きいことが，次に指摘できる。この節のはじめに，保護領域内暴力が道具的暴力ではなくて，いわば内面的メカニズムによって必然的・内発的に起こるものと述べたのと，一見矛盾するように思うかもしれないが，いじめではない学校内暴力などでは，このように考えることができる。たとえば，屈折して，重畳的に，深く絡みあった，固執的な要因が系統的に底在しているわけではなく，むしろ，はりあいとかやる気といった肯定面の希薄さ，いわば空虚感のような内面を想定するほうが当たっている。

したがって，はたから見ると，偶発的に起こったのかと思えるような始まり方をしたり，途中で，些細な事柄で意外な転回を見せたりといったことが少なくない。それゆえ，有効で適切な（的を射た）対処の仕方もないようであって，実際にはほとんど偶然のように好転することも稀ではないという，いわば易変的な形をとりがちなのである。

3.4.2 家庭内暴力（夫婦間，親子間を含めての）の成因

アメリカの社会学者ゲレスとストラウスは，家族成員間の暴力に関しては，通常の暴力の一形態としてよりはむしろ特別な理論構成による考察が必要であるとして，次のような成因を挙げている（Gelles & Straus, 1979）。列挙の順序を多少変えたり，わかりやすい表現に修正したりして，紹介してみる。

1. 成員どうしの接触の時間が長いこと。日常生活においてと，人生の中で長期間にわたることとの，両方の意味においてであろう。

2. 成員どうしのかかわり方が濃密であるため，他人どうしであれば見過ごせ

ることでも我慢できない。たとえば，テーブルマナーの悪さなど，レストランの隣のテーブルで他人が見せているのなら黙って見逃せるが，それが家族どうしであったら不快さを露呈させてしまう。

3. 家族は1次集団（プライマリーグループ，社会的に組織された機能的な集団でなく，自然なつながりや親しさなどで結ばれた集団）であるため，年齢や性別などは斉一でなく多種多様であり，活動や生活スタイル，趣味や期待や意見などもバラバラで，くい違うことが多い。とりわけ子どもがまだ小さくて養育過程にあるときはそれが著しく，大げさに言えば文化的葛藤の場と考えてもよいくらいである。

4. 家族成員どうしの間で影響を与え合う権利があると思い込みやすい。逆に言えば，家族成員間の独立性はとかく軽視・無視されがちである。特に親の子に対する躾においては，身体罰という暴力は許容されることが多い。いわば愛の鞭というコンセプトの普遍性。

5. 親子間だけでなく夫婦間も非意図的関係と考えてほとんどよいくらいで，葛藤が生じたり不満を持っても別れなければ，それらは持続するだけで解消はなかなか困難であり，それが暴力につながることは多い。

6. 結婚は“撲るライセンス”の取得と言うことすら可能で，他人に対してはできないことでも夫婦間ではできると考えやすい。親密さが暴力を許容すると考えられる。

7. 血縁的家族構造は，家族内の葛藤を処理する社会統制・援助を絶縁し，女性蔑視という性差別をはじめとする生物学的差異をむしろ露呈し優先させる。都市型の工業化された社会では，それは特に顕著となる。

8. 核家族の広がり・進展。二者関係はストレスの処理に不利であり，しかも子どもの出生，加齢，リタイアにより，家族構造は二者関係をベースとしながらより複雑化し，ストレス処理はさらに困難となる。

3.4.3　いじめ――定義と種類

「いじめ」は，言うまでもなく日常語であり，学校でも職場でも，およそ人がある程度長期的に作る集団であればどこにでも起こりうる事柄である。次のような5つの要件がその定義を構成すると言われている。①特定の集団内の人間関係の中で，②強者が弱者に対して，③身体的・心理的攻撃を，④継続的に加え，⑤弱者に苦痛を与えること。この5要件はいずれも重要で，どの1つが欠けてもいじめは成立しないと考えてよい。つまり，その時々で集団構成が変わるようであっても，また短期間あるいは一時的であっても，二者の相互間の攻撃であっても，いじめにはならないし，一方が感じる苦痛には身体的なものだけでなく，言葉だけによる心理的なものも含まれるし，加害者はそうは思っていなくても受け手のほうが苦痛を感じればその攻撃はいじめになるというわけである。

いじめは，よく言われるように，昔から閉鎖的な社会では必ずと言ってよいほどあったものだが，最近になって，社会全体では閉鎖性は薄れてきているはずなのに，学校などでは自殺者が出るまでに深刻な問題としてクローズアップされるようになってきた。これについては，もっと多くの事柄，たとえば，子どもの遊びや人格（耐性とか社会的視野とか志向など）の問題，家族関係や家庭生活の質的変化，そしてもっと大きな社会の風潮といった，さまざまな事柄との関連で，より深くより詳細に研究と考察を行うことが必要であろう。これまでにも多くの専門家や有識者がこの問題をとりあげてきたが，心理臨床の分野などでは，どちらかと言えば被害者のほうばかりに目を向けてきて，加害者の側の要因や学校風土の面はあまり考察されてこなかったように見受けられる。ここではそうしたことも踏まえ，2つ3つの所説を紹介してみようと思う。

東京都立教育研究所相談部では，1984年から1986年にかけて，いじめの意味から考えた多数の事例分析に基づいていじめの分類を行った（加室・飽田・多賀谷，1987）。以下のようなもので，非常に示唆に富む。

1. 不適応状態にある者が仲間を求めるいじめ

孤立しているあるいは周辺的位置にいる者どうしの間で，いじめたりいじめられたりしている場合と，そのような“はね出され者”がメジャーな集団に属している者をいじめる場合の2種類があるが，いずれも仲間欲しさの気持ちからという点で共通しているという。

2. 仲間どうしの葛藤からのいじめ

同じ仲間集団に属している者どうしの間での，リーダーシップの取りあいといった権力闘争のような形のいじめで，個人対個人のこともあれば個人対小集団（いじめられるのは個人）という形をとることもあるという。

3. 仲間内で自分の優位性を誇示するいじめ

上記2と似ているが，この場合は力関係がすでにはっきりと決まっていて，その上で上位者が下位者を統制・支配するための手段として，いじめを行うというもの。やはり個人対個人または小集団という形をとるという。

4. 仲間の結束をはかるためのいじめ

ある集団に属している者（たいていは複数）が，その集団のメンバー間の結束を固めるために，別の集団に属している者（たいていは個人）を標的として呼び出しいじめるというもの。

5. 違和感からのいじめ

学級集団内で，何らかの意味で劣っていたり異質であったりする者を排除しようとして，その集団成員の多数が行ういじめであり，いじめの典型と言える。

6. 学級全体の心情不安定に由来するいじめ

上記5のうちの特殊な場合とも見られるが，たとえば学校行事などが続いたりして学級全体の心情が不安定となったとき，安定化を求めて5の場合と同様に弱者を求めて標的とし，いじめを行うのである。

3.4.4　いじめ——動機別の考察

筆者は，加害者の犯行動機から見た分類を試みたことがある。以下の7類型であり，上述の6類型との対応も考えてみる。

1. 確信犯的異質者排除型

前述の「5. 違和感からのいじめ」と似ており，いじめの典型と考えられるもので，要するに異質な少数派の存在を許すことができないわけである。筆者は，いじめの加害者においてはこれがいちばん本質的で重要な心性だと考えているので，少し詳しく説明する。ここで「許せない」というのは，“いやだ”とか“ダサい”といった心情的な面と，“はた迷惑だ”とか“あるべきでない”といった評価的な面の双方を含んでいるが，中心は後者の評価的な面だと考えられる。

だから「確信犯的」という語を冠したのであって，加害者本人は正義漢のつもりになっているような，狭量さ，ある種の潔癖さ，個性無視，独りよがりなどの特徴が目立つタイプである。

そもそも人には，多数派を善しとしてそれに頼り，それから逸れることを怖れて大勢になびいて安心するという，悲しい習性があり，その意味では，前述の5（多数による異端の排除）だけでなく，4（仲間の結束をはかるための標的の選定といじめ）や6（学級全体の心情安定化のための標的へのいじめ）の一部なども，ここに含めることができよう。“あいつは変わってる”とか“あいつはつきあいのわるい奴だ”と言って，仲間はずれにしたりいじめたりということは，どんな集団にもある。その場合のターゲットは，多数派でなければ誰でもよいわけで，劣っている者，逆に優れている者，上品な者，下品な者，あるいは最近ほかから移ってきた転校生，みんなが観ているテレビ番組を観ていない子など，実にさまざまでありうる。以前に筆者がかかわりを持ったある男子の小学生について，その母親が次のように話していたのを今でも覚えている。夕方からの塾通いのために，その母親は毎日，丹精こめて夕食の弁当を作って持たせていたのだが，ほかの子どもたちはみんな塾へ行く途中のコンビニで弁当を買ってきており，手作りの弁当など持ってくるのはその子だけであったらしい。そしてなんとその子は，母が心を込めて作ってくれた弁当を，みんなと顔を合わせる前に捨て，みんなと同じコンビニ弁当を買っていたというのである。

2. 親和的遊戯型

加害者のほうは，いじめているのではなく，親しさの表現のつもりでからかったりふざけているのに，被害者のほうはいじめられていると感じ傷ついているという場合である。このタイプも非常に多く，しかもある所作や振る舞いについての送り手と受け手との間での認識の違いということで，不幸といえば不幸なことであり，とにかく気をつけなければならない。気がつかないうちに他人を傷つけているということは，いじめに限らずほかの場合でもありうるが，いじめというものが，前にも述べたように，受け手の主観的な感じ方だけで決まってしまうという本質を持っているだけに，“他人のことがわかる”という心情を育てることがことさらに重要になってくる。考えてみれば，ふざけやからかい以外でも，教育とか躾，親切とか気配り，どんなことでもいじめと受けとられかねないと言えるかもしれない。

3. 報 復 型

要するに“いじめられたからいじめ返す”というもので，被害者から加害者に転換するというか，場合によってはその間を往復することもありうるパターンである。実際，いじめの場合，被害者と加害者のそれぞれのポジションが個人個人で固定していることは，思ったほどには多くなく，むしろ上記のように流動的であることのほうが多いようである。しかし，自分をいじめたその当人を今度は自分がいじめの標的にするというように，正確な形で報復するとばかりは限られず，かといって“いじめられたのでムシャクシャして，その腹いせに”というのでもなく（その場合は後述の「不適応感補償型」），要するに被害者になったり加害者になったりという流動的なタイプである。

4. 回 避 型

これもやはり，加害者と被害者が時と場合によって入れ換わるタイプであるが，3の報復型と違うのは，その両者の所属している集団内での地位関係が上下に分かれていて，下位の者が上位の者にいじめられるので，それを避けるために下位の者がさらに下位の者をいじめるというものである。会社とか軍隊などの上下関係が厳しく固定的な場でよく見られるタイプである。そうした下位者のさらに下位の者に対するいじめによって，上位者からのいじめがほんとうに避けられるかどうかは疑わしいし，時として上位者からいじめられたことに対する“やつあたり”と見られることも多いのだが，とにかくよくあるいじめである。

5. 不適応感補償型

不適応感と一口に言ってもさまざまなものがあるので，このタイプは非常に広範囲なものとなる。前述の東京都立教育研究所の分類では，1（不適応状態の者が仲間を求める）と6（学級全体の心情不安定に由来する）の2つが，ほぼこれに該当すると思われるが，そのほかにもいくつかの場合が考えられる。主なものを3つ以下に挙げてみる。

(1) 孤立者・被疎外者どうしの傷つけあい

要するにメジャーなグループや場面からのはね出され者が，いわば腹いせとして，同じようなほかのはね出され者に対して行ういじめである。“目くそ鼻くそを嗤う”の類いとも言えるが，えてして多くのいさかいはマイナーどうしの間で起こりがちであるのも，人間の悲しい習性の一つであろうか。

(2) 教師や学校に対する不満の屈折した解消

学習と生活の両面にわたる学校側からの教育的働きかけに対する不満が蓄積され長びいた場合，よく言われる“荒れる学校環境”が現出してさまざまな逸脱行動が発生し，その中の一つとして，教師や学校に対するストレートな反抗ではなく，弱者に対するいじめというような屈折した形でなされるものである。

(3) おもしろがり楽しむためのいじめ

東京都立教育研究所による分類の中にはこれに該当するものは見当たらないし，娯楽のためというような動機と考えてよいのか，単に随伴される結果に過ぎないのか，やや不明確なところはあるが，後で述べる森田洋司の分析で重要視されている「観衆」の存在は，非常に大事な着眼点であると考えて挙げることとした。重要な点は，加害者にしても，いじめを目前にしてはやしたてたりそそのかしたりする「観衆」にしても，どうして被害者の痛みを感じとってやれないのかという冷たさ（共感性の薄さ）と，なぜ「いじめ見物」が楽しいのかという2点であろう。後者については，ふだんから劣位感や挫折感，自己不全感や空虚感，不満や焦燥感といった不適応感情が底在し持続しているからであろうと考えられる。なお，ここで言う“楽しむ”とは，2で指摘した「親和的遊戯」ということとは全く別の事柄であるのは言うまでもない。

6. 功利的他者操縦型

「**操縦**（manipulation）」という聞きなれない言葉を使ったが，これは後述するワレンという人の非行者類型論で用いられているところから援用したもので，自分は直接は表面に出ないで，他者を自分の意のままに操り，自分の身勝手な欲求を満たそうとすることを指す（Warren，M. Q.，1971）。よく言われる“他人を鉄砲玉に使って”というもので，こうした制圧や支配や使役が長期間続いたり酷薄なものになったりすれば，それはまぎれもなくいじめということになるであろう。

7. 優位性保持・獲得型

東京都立教育研究所による分類の「2. 仲間どうしの間での権力争い」,「3. 仲間内での自分の優位性の誇示」,「4. 仲間の結束をはかるため」の一部が，ほぼこれに該当する。優位性を得ようとしたり保とうとしたりするのは，個人であることが多いが，時には幹部グループといったような小集団となる場合もある。権力抗争となると，いじめではなくけんかとなることが多いが，いじめの場合には，被害者は，加害者である優位者の力あるいは強さの誇示のための道具とされてしまうわけで，生けにえのようなものである。

このような加害者の動機への着眼は，教育指導上欠かすことのできない視点であろうと考える。

3.4.5 いじめ――場面構造（参加者）

森田洋司は，社会学的見地に立って「いじめ」についての実証的調査研究を精力的に行い，いじめ場面についての 4 層構造という観点を提起した（森田，1985；1986；森田・清永，1994）。4 層構造というのは，いじめという場面について，誰でも当然のこととして挙げる，加害者と被害者のほかに，「観衆」と「傍観者」という二者の存在を重要な参加者として指摘する考え方である。**観衆**というのは，文字どおり，いじめを面白がって見物している連中で，確かに，必ずというのでないにせよ多くの場合，こうした連中は存在しており，いじめを容認する以上に促進する働きをしていると考えてよい。ある意味では加害者以上に“汚い”連中だと，筆者には思える。**傍観者**というのは，いじめが行われていることを十分に知りながら，いわば“見て見ぬふりをしている”連中のことで，観衆よりも参加度が低いとはいえ，いじめを容認あるいは黙認していることは確かである。仲裁や説得あるいはやめさせるための介入が怖いとはいっても，第三者への通報などを全くしないというのは，やはり人間味を欠く“冷たい”心性と考えざるをえない。加害者と被害者のほかにこの二者の存在をいじめの場面構造の中に加えたことは，いじめの分析だけでなくそれへの対応や対策を考える上で非常に重要な知見だと考えられる。

森田の説くところは非常に実践的というか現実的であり，いじめに対する認識的評価と感情的評価とのずれや関係，また根絶させることは不可能だが“歯止め”をきかせることの重要性，そして，そうした“歯止め”を機能させられるような仲間集団や学級集団の風土の重視など，傾聴すべき提言であると感じられる。

4 性　犯

「性犯罪」と言うほうが普通と思われるが，前二者（財産犯，粗暴犯）との並びで本書では「性犯」と呼ぶことにする。性犯というのも，そこにどんな行為が含まれるかはあいまいである。「財産犯」のような侵害される法的権益による名称ではなく，「粗暴犯」のような犯行態様に着目した命名でもない。狭い意味では，違法な形で自分の性欲を満たそうとする強姦や強制わいせつ（どちらもかなり攻撃的な行為）を指すのだろうが，少し範囲を広げてみると，とたんに“性に関連した犯罪”のように漠然とした概念になってしまって，そこには，他者の性的欲求を満たしてやってその対価を求める，いわゆる営利目的の，わいせつ文書・図画などの頒布・販売・陳列，公然わいせつ，売春などが含まれるし，“性的動機に基づく犯罪”とすれば，今度は，異性の下着の窃盗，車内などでの衣服汚しや衣服切りといった傷害，男女関係のもつれからの放火や暴行や殺人なども含めなければならず，明確な区切りなどとてもつけられなくなってしまう。ここでは，強姦と強制わいせつの２つに限って見てゆくこととする。

一方，性犯ではなく「風俗犯」と呼ぶこともあり，そうすると，財産犯，人身犯，風俗犯となって，侵害される法益対象による命名ということで統一がとれるようであるが，性犯には，強姦のように人身犯の側面を持つ犯罪もあるし，風俗犯（この場合の風俗とは「公序良俗」「淳風美俗」といった意味）とすると，そこには賭博のようなものも入ってきて，やはりすっきりとしない。

性犯についてもう一つ厄介なことは，そのベースになっている性行動というものが，非常にプライベートな（公共的な基準の設定が難しい）性質を持っていることである。普通性行動は当事者である二者の間だけで行われるものであり，その在り方とか行われ方は，食事の仕方などと同じように，当事者以外の者に迷惑をかけさえしなければ全く自由であって，公共的な基準とか平均的な姿というものは非常に希薄である。したがって，性行動の異常性といったことはとても規定しにくいし，しかも他害性をその本質とする犯罪を構成するかどうかの認定も難しいことがままあるのである。以下の論述で，性行動の異常性についていろいろと触れていくが，それらがすぐに犯罪に直結するとは言えないということになる。強姦とか強制わいせつが，被害者の告訴によってはじめて立件される「親告罪」であることは，被害者の名誉などへの配慮のほかに，こうした性犯の特殊性がかかわっているからであろう。

4.1 性行動の異常と性犯

性犯がどういう犯罪かを考えるには，やはり性行動の異常から見てゆく必要があると思う。正常か異常かを決めるのに，平均概念と価値概念のどちらを規準として用いるかがよく問題にされるが，ここでは前者，つまり“世間なみ”かどうかを規準にすることとなる。しかし上に述べたように，性行動の場合，本質的にプライベートな行動であるため，その行動様式が“世間なみ”でないからといって，それが直ちに他害性を持つとは限らないという面が大きいことは，常に念頭に置いておかなければならない。

本書では心理学の立場から犯罪を考えてゆくので，前述の「営利目的からの」性犯罪などは除き，行為者の人格面に何らかの問題があると考えられる事柄を中心に見てゆく。性行動というのは，言うまでもなく，財産犯における財物の取得とか，粗暴犯における対人問題の処理といった社会的行為よりも，身体的・生理的要因がずっと大きく関与するので，そうした面もかなり多くを省略することとなる。たとえば，異常な性行動についての非常におおまかな二分法として，①**性欲過剰型**（男子では satyriasis，女子では nymphomania），②**性行動様式不全型**（これがほぼ心理学的異常と重なる）といった分け方ができるが，前者①は，犯罪とかなり密接に結びつくものではあるが，生物学的あるいは生理的異常という面が大きいので，あえて無視するというかとりあげないこととする。また DSM－Ⅳ（*Diagnostic and Statistical Manual of Mental Disorders. Ⅳth edition.*；『精神疾患の診断・統計マニュアル，第４版』）では，「**性障害と性同一性障害**」の中の性障害として，①「**性機能不全**（sexual dysfunctions）」と②「**性嗜好異常**（paraphilias）」の２つを挙げているが，この前者①もやはり主として身体的な問題なので，同様にとりあげない。

このように整理してゆくと，ここで考察の対象とする異常性行動は，①**攻撃型**，②**性欲対象の異常**による倒錯型，③**性的満足手段**の異常による倒錯型の３類型に，おおまかにはまとめられる。これらについての説明を，それぞれに親近性を持つと考えられる個々具体的な性犯を添えて対応させながら，試みることにする。

4.1.1　性行動の攻撃型・倒錯型異常と性犯

攻撃型の異常性行動とは，端的には強姦と強制わいせつであり，どちらも他害性の大きな行為で，そのまま犯罪名となる。暴力を用いたりして被害者の自由を奪い抵抗を抑止するので，多分に粗暴犯の性格も持つことは前に述べた。また犯罪の場合には，強姦致死・傷とか強盗強姦とか集団強姦とか，ほかの語が付加されることも多いので，上述の2語はそれらを代表する呼称である。この2つをともに攻撃型としたが，強制わいせつのほうは，被害者として自分より年少の児童や幼児あるいは非力な者を選ぶことが多く，それだけ加害者が気弱な性格であると見ることができる。強姦の場合でも，加害者が単独である場合と複数の「集団強姦」の場合とでは，加害者のパーソナリティにしても犯行場面の構造や雰囲気にしてもかなり異なるのは当然であろう。ちなみに2004年以降，集団強姦に対する罰則は強化されている。また攻撃型の異常性行動は，DSM-Ⅳでは，「性障害および性同一性障害」の中にではなく，「他のどこにも分類されない衝動統制の障害」や「人格障害」あるいは「行為障害」の中に，ほかの犯罪行動といっしょに含められている。

倒錯（perversion）という語は，DSM-Ⅳにおいては，上述のカテゴリー中の「性障害」の中に，「性嗜好異常（paraphilia）」として述べられている。そして次の8つの行動が記されている。①露出症（exhibitionism），②フェティシズム（fetishism, 拝物症ともいう），③窃触症（frotteurism），④小児性愛（pedophilia），⑤性的マゾキズム（sexual masochism，被虐症ともいう），⑥性的サディズム（sexual sadism，加虐症ともいう），⑦服装倒錯的フェティシズム（transvestic fetishism），⑧窃視症（voyeurism，scopophilia という呼び方もある）。

倒錯というのは，語義としては，位置が転倒して逆さまになっていたりして普通の状態ではないということであるが，性倒錯の場合には，この語を使うのはまさにぴったりと適合しており，しかも対象と満足手段についての呼称だとしているのも適切なことだと考えられる。というのは，性倒錯は，性行動そのものの本質的異常（たとえば性欲の寡少とか過剰など）に由来するものではなく，前述のようにその様式が普通でないというものなのだから。上述の8つの具体的性倒錯を，対象の異常と手段の異常とに分けてみると次のようになろう。

1. 対象の異常

フェティシズム（下着などの物品は本来性的価値を持たないのだが，異性の性的身体部位に密着して存在しているために，代償的価値を持つようになってしまっている），**服装倒錯的フェティシズム**（上記とは異なり，その衣服自体に代償的な性的価値を見出すのでなく，それを身につけることで現実の自分を否定して虚構の異性に転換し性的満足を得るもので，一種のマゾヒズム的心性に由来していると説明される），**小児性愛**の3つが，主としてここに含められる。このほかにも，同性愛，動物嗜愛，死体愛などがある。

これらと犯罪との関連は必ずしも一義的な対応を示すものではないが，フェティシズムは，下着収集ということで窃盗と結びつくのは当然であろう。店舗から新品を盗むことも少なくないが，むしろ洗濯物干し場から中古の品を窃取することが多いのは，うなずけるところである。小児性愛は，かなり広範囲の犯罪と関連しうるわけで，たとえば，誘拐，強制わいせつ，暴行，時には傷害や殺人に及ぶこともある。

2. 満足手段の異常

露出症（これは言うまでもなく公然わいせつ罪となりうる），**窃視症**（のぞくために居宅の庭や浴室の窓下などに入り込むので住居侵入罪となることが多いし，もちろん軽犯罪法違反にもなりうる），**窃触症**（乗物内でなされることが多いのだが，軽犯罪法違反，迷惑条令違反，強制わいせつ，暴行などになりうる），**性的サディズム**（状況がさまざまであるため対応する犯罪も広範囲になりうる。暴行，傷害はもちろんだが，誘拐，監禁，時には殺人にいたることもある），**性的マゾヒズム**（これは犯罪場面では被害者になることが多いので，ここでは省いてよいのかもしれない）の5つが，主としてここに含められる。

4.1.2 性行動の生起プロセスと性犯

人間の性行動を成立させる柱として，愛，快楽，生殖の3つがあると，よく言われる。成立要件といっても，これらの3つが常に存在しなければ成立しないという必須要件であるかどうかは疑問であり，たとえば，生殖を目的としない，あるいは愛のない，性行動もあることは否定できないが，いちおう理念的には納得できる命題であろう。ところで，人間の場合，性行動の最終到達点(End としておこう）を，性器の結合という生物学的意味での性交とすることには問題があるかもしれないが，いちおうそうしておいて，両性の出会い(Start としておこう）から始まってその End にいたるまでの性行動のプロセスを考えてみると，次のようになるであろう。植物の受粉やアメーバの合体などとは違って，Start から End までの間に，いわば準備段階の行動としてのいくつかの性愛行動が連鎖する。たとえば，愛の語らい，お互いを見つめ合うこと，愛咬のような軽い苦痛の与え合い，じらすこと (teasing) などであるが，これらはそれぞれ，End での満足をより大きくすることをねらったもので，前戯などと呼ばれたりもする。つまりそれらはいずれも道具的あるいは手段的な行動である。もっとも，場合によっては，それらが独立して本来の性行動の代わり(つまり代償行動）となることもあるが，とにかく性行動そのものではない。

こうしたことを踏まえて，前に述べた異常性行動の類別とその性犯との関連を，多少心理学的な観点からとらえ直してみると，1. 短絡的，2. 倒錯的，3. 補償的という 3 種の性欲求充足様式に組み替えられると，筆者は考えている。以下にそれらの説明を，関連すると思われる性犯の類型をも書き添えて，述べてみる。

1. 短絡的欲求充足

言うまでもなく，上で述べたようなプロセスで，途中の踏むべきステップを踏まずに跳び越して，Start からいきなり End にいたってしまうような欲求の充たし方である。だから少しどぎつい言い方かもしれないが，人間味を欠いた動物的というか植物的というか，そんな性行動である。要するに，相手との親愛や合意を得ることを全くせず，加害者側の一方的な衝動にまかせての，相手の抵抗を時には暴力を用いたりして圧伏しての，欲求充足である。強姦や強制わいせつがこれに相当する。

行為者の特質としては，自己本位・身勝手，性衝動の昇華（社会的に望ましい形に変えて行動化すること）などができずに視野が狭くなってしまった状態，年少・経験不足（特に異性との交際などでの）といった社会的未成熟，内気・不安・恥ずかしがりやといった内向的性格，性についての罪悪感が強いこと，集団の中で一時的に気が大きくなったり抑制力が低下した状態などが挙げられる。もっとも，これらのうちで，社会的未成熟，内向的性格，性の罪悪視の3つは，この後で述べる倒錯的欲求充足の行為者の特質にも共通しているので，両者の間で相違するのはどういう点かを述べておかなければならない。一言で言ってしまうと，倒錯型の行為者がいわば歪んだ社会化の様相を示す（後述する）のに対して，短絡型のほうは，社会化それ自体の不十分さ，つまり社会的側面だけでなく心理面全般にわたっての幼稚さ・未熟さが目立ち，それゆえ衝動統制のできない点が何にも優先して目立つということになるであろう。

2. 倒錯的欲求充足

前にも述べたように，1. 性欲対象の異常，2. 満足手段の異常の2種類に分けて考えるほうがわかりやすいと思われる。性行動の生起プロセスの図式から考えると，満足手段の異常を先にとりあげるほうが説明しやすい。端的に言ってしまうと「手段の目的化」ということになろう。どういうことかというと，性行動の生起プロセスにおけるいくつもの道具（手段）的性愛行動が，前述の短絡的欲求充足の場合にはすべて省略されてしまったのとは正反対に，ここでは手段的意味を失ってそれ自体が目的化してしまい，End である性交がむしろ省略されてしまうのである（筆者は「途中下車」と呼んでいるのだが）。その結果，たとえば，見つめ合う（そのために見せ合う）→窃視，露出症。苦痛を与え合う→サディズム・マゾキズム。じらす（性的価値が転位しているさまざまな節片などの展示やそれに対する興奮）→フェティシズム，露出症，のようになると考えられるのである。

なぜこうなるのかを行為者の心理特性から考えてみると，とにかく基本的に，End としての通常的性行為（性器の結合）の忌避ということがあるわけで，前に述べた「性の罪悪視」が最大の要因と考えられる。加えて，内向的性格や社会的未成熟などのために，対人接触を通じての社会的スキルの学習や，ある事柄に直面した際に適切な行動を柔軟に選択できる広いレパートリーの確保などが，難しくなっているのである。そこで，上述のような「途中下車」（本来は手段に過ぎなかった途中の行動が，最終目的であった行動にとって代わってしまう）ということが起こるわけである。

性欲対象の異常も，基本的にはこれと同様の要因に基づくが，異なるところは，End としての性行為の忌避よりはむしろその相手に対する忌避あるいは畏怖，そしてそのベースになっている行為者の人格面での“弱さ”の2点であろう。2点といっても1つにまとめられるかもしれないが，ここでの弱さには，前述の6要因のうちの，自己本位・身勝手と集団内での抑制力の低下の2つを除く4要因すべて（性衝動の昇華不全による視野狭窄，社会的未成熟，内向的性格，性の罪悪視）が含まれ，その上に，身体的・心理的・精神的に自分よりも弱くて自分の意のままに支配できる者しか相手にできないという“弱さ”が加わっているのである。

3. 補償的欲求充足

これは筆者が新たに付け加えたものである。ここで補償というのは，性犯だけでなくほかの犯罪の場合にもありうるタイプだと思われるのだが，別の（この場合は性以外の）生活領域での欲求不充足を，性欲求の充足という行動で埋め合わせるというか代替させることで安定をはかるというものである*。たとえば，学業や仕事の面での失敗，対人面でのトラブルなど，深刻で重大なものからマイナーな事柄まで，また次に述べるような生活面での“なんとなく”といった不充足感や空虚感などの体験も含めて，さまざまな場合がありうるであろう。

これと本質的には共通しているのだろうが，表面的には少し趣を異にする場合がある。性行為によって（そのときだけということも多い）自分が“生きているのだ”という実感を味わえるとか，あるいは何らかの思想的・政治的な主張やプロテストの表明手段として性行為を行うというものである。昔から，何らかの社会変革とか思想的動揺の時代には，必ずと言ってよいほど過激な性解放とか性思想革命などの主張や運動が起こったものである。このタイプは，上述の「補償的」という場合よりもかなり能動的で，精神内容にも深いものがあったりすることが多いが，性行動がほかの生命活動の代替としてなされてい

---

*代償：ある欲求の充足を別の対象を用いて行い，安定をはかること。
補償：ある欲求の不充足を，別の領域での別の欲求の充足によって埋め合わせ，安定をはかること。

る点では，やはり共通していると考えられる。ここで「代替」といっているのは「補償」の意味をも含めてのことである。

このような2種類の「補償的」な性欲求充足のパターンがすべて犯罪になるわけではない。しかしながら，「代替的」な行動というものは，とかくその限度や境界があいまいになりがちなものである。一義的な定義や規定は動かしようがないので，わりあい容易に遵守されるが，それを援用もしくは準用するとなると，ともすれば拡大解釈に流れたりして，“このくらいまでならまだいいだろう”といった安易な適用に陥るようなことが少なくない。しかもそれが，肯定的で適正な（少なくとも行為者の主観において）事柄の表明や主張の手段として用いられるような場合には，なおさらのことであり，芸術家など優れた人にありがちな放恣や逸脱のように，許容されやすかったりしてくる。このような文脈中で，この種の行動パターンが性犯や未成年者の前非行的性逸脱行動の形をとることは，往々にしてありがちなのである。

4.2 性犯の種類と最近の傾向

4.2.1 性犯の種類

本章の冒頭でも述べたように，具体的にどのような犯罪をまとめて性犯としたらよいのか，ほかの犯罪・罪種との区分もしくは境界，性犯の中での類型化などは，かなりあいまいである。これまでの論述の中で，すでにある程度の具体化や類型化は試みてきたが，刑法犯以外の犯罪や法令違反の犯罪類似行為をも含め，現状分析や時代的推移の考察に役立てるため，いちおうの整理を行ってみる。罪名の表記に際しては，厳密さよりは日常的な理解のしやすさに留意した。

1. 刑 法 犯

(1) 狭義の（名称からして100％性的侵害である，本格的な）性犯，(2) 広義の（名称はほかの罪名であるが，行為内容はいろいろな意味で性に関連している）性犯の2種に分けられるが，それに重ねて，性欲求充足の主体やその手段，営利目的の有無などの視点も複合させる必要があると思われる。

(1) 自己の性欲求の直接的充足＝狭義の性犯

強姦：強姦致死傷を含む。

強制わいせつ*：強制わいせつ致死傷を含む。

上記2つは，前にも述べたように攻撃型（被害者に身体的侵害・圧伏を加えるタイプ）の性犯だが，後述の暴行や傷害と比べると，性的侵害の面を重視していると考えられる。

(2) 自己の性欲求充足を図るための手段の違法性に着眼する場合＝広義の性犯

窃盗：異性の下着窃盗である場合が多いが，時には性的象徴の意味を持つと解釈されるような品物（女性にとっての靴などであることが多いと言われる）の常習的盗みということもある。

住居侵入：窃視（いわゆる「のぞき」）のため。

暴行，傷害：多いのが乗物内での女性に対する衣服汚しや衣服切りなどだが，恋愛関係のもつれからの乱暴などもある。

誘拐：わいせつ行為などを目的とするもので営利目的のものはここには含めない。

このほかにも，いわゆる“痴情”のもつれから発した放火や殺人なども，性犯とみなすことが可能で，どこからどこまでを性犯とするかは，まことに範囲が広く明確に区分しにくい。また「公然わいせつ」とされる露出症は，その行為によって自己の性欲求を歪んだ形で満たそうとしているのであればこの範疇に含めてよいが，この行為は時として精神障害者が健常な認識能力や感情を損なわれて遂行されることもあり，その場合にはこの範疇には該当しないであろう。自分の裸体などの「わいせつ性」を営利目的で公衆の眼にさらす場合も同じである。

2. 特別法犯

ここには主として営利目的の行為，つまり他者の性欲求を満たしてやってその対価を得るという行為が含まれる。

(1) 売春防止法違反

---

*わいせつ罪には，強制わいせつ，公然わいせつ，わいせつ物（陳列，頒布，販売などと細分化される）の3種類が含まれると考えてよかろう。

この法律の名称からもわかるように，売春行為そのものを刑罰の対象として取り締まるというよりは，むしろその防止に力点を置くこの法の趣旨から，勧誘や周旋（せん），場所・資金の提供や管理売春を取り締まるものである。そして顧客に対し売春を勧誘した女子（つまり売春をしようとした者）に対しては，事案によっては補導処分（刑罰ではない）に付し婦人補導院という施設に収容することがありうるのである。

(2) 風俗営業等の規制及び業務の適正化等に関する法律違反

非常に長い名称なので，普通「風俗営業適正化法」とか，さらにつづめて「風営法」と略称したりするが，この法律の前身である「風俗営業等取締法」とまちがえたりするので，あまり短い略称は避けたほうがよい。これは，いわゆる「セックス産業」の野放図な広がりなどを抑えるだけでなく，青少年がよく利用するゲームセンターの規制なども行っているものである。ちなみにセックス産業とは，ストリップ劇場や個室型特殊浴場などのほか，個室ヌードやのぞき部屋，個室マッサージ，マントルやホテトル，また特定の場所ではなく一種のシステムである愛人バンクやデートクラブ，あるいはわいせつ図書・ビデオなどの製作・販売など，実に広範囲に及んでいる。

(3)「少年警察活動要綱」，「青少年保護育成条例」に規定されているもの

前者は警察庁通達，後者は各地方自治体がそれぞれ制定しているもので，前者においては不健全性行為（以前は「不純異性交遊」としていた），後者においては淫行，わいせつ行為，みだらな性行為などと規定されている。これらの条例では，認定基準なども含めてその運用について詳細に規定されているが，ここでは省略する。以上のほかにも，法律レベルでは，軽犯罪法をはじめとして，児童買春や児童ポルノに係る行為，インターネット異性紹介事業を利用した児童の誘引，ストーカー行為などを規制する法律もあり，また条例レベルでは，環境浄化，有害図書・広告・玩具などの規制など，主として未成年者の保護・健全育成を目的とした詳細にわたる規定があるが，ここでは言及を省かざるをえない。

要するに，性犯というものは，繰返しになるが，明確な構成要件をそなえた本格的犯罪から，主として未成年者の日常的な生活様式・態度の崩れ（つまり，

風俗面での乱れ）といった行為や状態，刑事司法的な言葉で言えば「不良行為」とか「虞犯事由」などに相当する前非行（predelinquency）にいたるまで，非常に広範囲にわたっていて，その行為内容は多様かつ多義的なのである。それゆえ，国家的規制や社会的制裁（societal sanction）については，主観的価値判断のくい違いから人権侵害に陥ったりしないよう慎重な配慮が必要とされることになる。

4.2.2　性犯の最近の動向

性犯のうち，本格的犯罪として統計的資料も整っている強姦と強制わいせつについて，対比的に最近の動向を見てみよう。なぜこの2つを対比的にとりあげるかというと，前にも述べたように，この2つはどちらも攻撃型の性犯ではあるが，強制わいせつのほうは，被害者として幼児や児童といった弱者が選ばれがちであり，加害者にはいろいろな意味での弱さがあると想定され，したがって，これら2種の性犯は“荒々しい”犯罪と“弱々しい”犯罪というように考えられるからである。

図4.1および**図4.2**は，それぞれ強姦と強制わいせつの双方について，認知件数（公的に認知された発生件数），検挙件数および検挙人員を，前者は1946年から，後者は1966年から，それぞれ2005年まで各年次ごとに示したものである（「犯罪白書　平成18年版」p.236から引用）。一見して明らかなことは，平成10年度（1998年）以降の強制わいせつの急増と，それにとって代わったかのような強姦の減少という，いわば逆転したような様相である。端的に言ってしまえば，“荒々しい”犯罪から“弱々しい”犯罪への推移ということになるであろうか。もっとも，少し詳しく見てみると，強姦は1998年頃から多少は増加傾向，強制わいせつは，2004年頃から少し減少傾向といった変化が見られ，予断を許さない状況ではあるが，おおまかには上述のようなことが言えるのではと考えられる。この“弱々しさ”ということの中には，普通の意味での弱さのほかに，成功率100％でなければ手出しをしないといった，冒険を嫌うというか，擬似合理的というか，そんな心性も多分にあると思われる。とにかく，強姦という犯罪は，1960年代の大きな山（認知件数のピークは1964年の

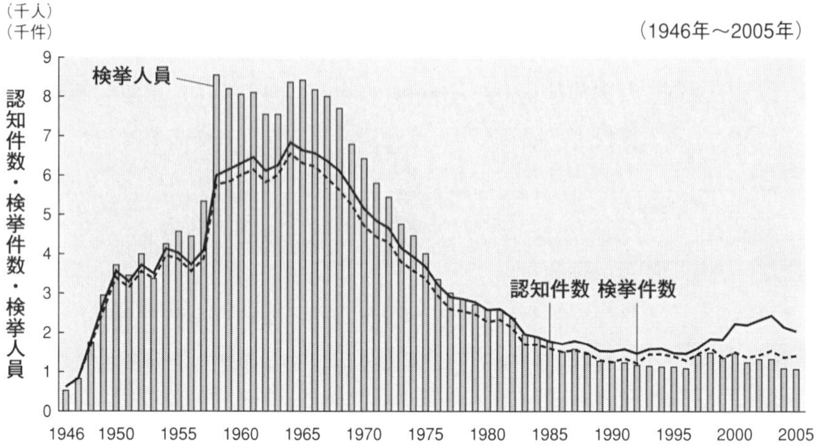

図 4.1 強姦の認知件数・検挙件数・検挙人員の推移
（犯罪白書，2006 より）

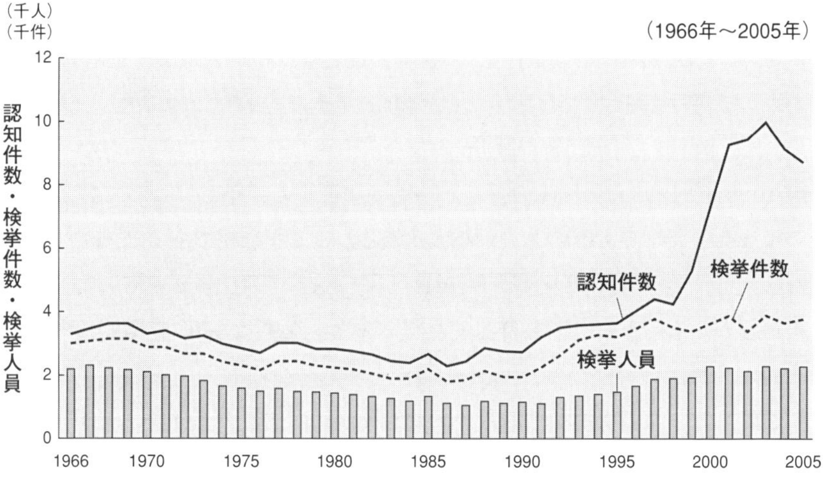

図 4.2 強制わいせつの認知件数・検挙件数・検挙人員の推移
（犯罪白書，2006 より）

6,857件，検挙件数・人員もほぼ同じ時期が最高）に比べて，3分の1近くに減ってきており，今後もこのような傾向は続くであろうと考えられる。そして気になるのは，ここ10年ほどの間の検挙率（＝検挙件数/認知件数×100）の低下である。犯罪白書（2006年）によれば，2005年の検挙率は，強姦では69.5％（以前は90％前後），強制わいせつでは43.4％（以前は70％以上）となっている。風俗犯罪としての性犯に対する規制の難しさが推測される。

2006年版犯罪白書では「刑事政策の新たな潮流」という特集を行っており，その中で性犯罪についてもかなり詳細な現状分析とこれまでの推移ならびに動向についての考察を試みている。上述のこともそれらに拠っているが，あと2, 3の点について簡単に触れておきたい。まず第1に，最近危惧されている，未成年者による，そして年少者に対する，性犯罪であり，第2は，諸外国でのその概況である。まず第1の問題をとりあげる。

以前（1960年代を中心とする10余年間）は，暴力犯罪と性犯罪は少年非行のいわば表看板であったのだが，暴力犯罪と同様に性犯罪も最近ではその傾向は薄れてきている。数値は省略するが，1999年以降は少年の強姦検挙人員は減少を続けている（強制わいせつは横ばいで不変）。少年比は30％強から半減している。一方，年少者を被害者とする性犯の認知件数も，上記と同じ時期に，女子に対する強制わいせつが2005年をピークとするわりあい大きな山を作った後は，減少を続けている。強姦は，全体として数も少ないが，年少者に対するものは微増ないしは不変と言ってよい。

第2の外国での概況であるが，当然のことながら国によってそれぞれ罪刑に関する法制が異なるので，国際比較というのは簡単にはできない。ここではやはり前述のところで行ったのと同様に，1995年から2004年までの約10年間の独，仏，英，加，米5カ国における推移を，国ごとに見ていくだけにとどめる。**表4.1**は，上記5カ国における最近10年近くの間の性犯の種類別認知件数の推移を，わが国のそれと対比できるように示したものである。はっきりしていることは，カナダでは全般的減少傾向，米国では不変あるいはわずかの減少傾向であろう。ヨーロッパでは，英国（イングランドとウェールズ）だけが激増，ドイツとフランスは中程度の増加であって，性的強要などより強姦のほ

表 4.1 欧米 5 カ国における最近の性犯の推移（認知件数，1995 → 2004）
（犯罪白書，2006 より作成）

国 名	性犯の種類	1995 → 2004	増減
ドイツ	重い性的強要（強姦等）	6,175 → 8,831	漸増
	性的強要	5,191 → 6,792	漸増
フランス	強姦	7,350 →10,506	漸増
	その他性的攻撃等	11,503 →15,732	
英 国	強姦	5,314 →14,042	激増
カナダ *1＜2＜3の順に重くなる。	総数	31,728 →26,159	漸減
	性的暴行レベル 1*	27,278 →22,966	
	性的暴行レベル 2	659 → 393	
	性的暴行レベル 3	297 → 175	
	その他	3,494 → 2,625	
米 国	強姦	97,470 →94,635	不変
日 本	強姦	1,500 → 2,176	漸増
	強制わいせつ	3,644 → 9,184	激増

うが増え方がやや著しいと読み取れ，“荒々しい”性犯から“弱々しい”性犯への変容もしくは推移は，わが国だけのことで，他国では見られないようであるが，断言は差し控えなければならない。

4.3 精神障害との関連性

4.3.1 精神障害者による性犯の全体像

精神障害と犯罪全般との関連性については，3 章の粗暴犯のところであらまし触れたが，そこで掲げた**表 3.1** に示したように，わが国（2005 年）での一般刑法犯検挙人員総数 386,955 人中の性犯 5,676 人（1.5 %）のうちで，その 1.4 %に当たる 79 人が精神障害者とみなされている。この数は，上記検挙人員総数中の精神障害者総数 2,411 人の内部構成比で見ると 3.3 %に当たり，財産犯 47.6 %，粗暴犯 32.4 %，その他 16.7 %と比べて非常に少ないと言える。もっとも，検挙人員総数の中では当然のことながら財産犯が圧倒的に多いので，罪種別に精神障害者の比率を見てみれば，粗暴犯 1.6 %，財産犯 0.4 %で，性犯は 1.4 %となり，必ずしも少ないとは言えないかもしれないのだが。

しかしながら，精神障害者による性犯というのは，数は少なくてもその罪質はきわめて悪質だったり特異だったりとなりがちである。それは何よりも，精神障害によって人間的感情（情操）が損なわれ希薄になっていることが，基本的要因になっているからだと言ってよかろう。精神障害は，症状に推移・経過が見られる精神病，知能の発達障害を主徴とする精神遅滞（かつては精神薄弱と呼ばれることが多かった），人格障害（かつては精神病質と呼ばれていたものにほぼ相当する）の総称であるから，損なわれる心理機能・状態は多岐にわたり，抑制・集中など統制の乏しさ，認知・判断・思考など認識の不全，感情表出の量的・質的異常など，実にさまざまな“ぐあい”の悪さを示すのは当然である。しかし何といっても，人間的に価値づけられた感情の希薄さ（日常生活ではよく“冷血”とか“冷情的”などと言われる）が，性犯の特異性の核心になっていることは疑いない。もっと具体的に言うならば，他人のことをその人の身になって考えることができず，だから他者理解，共感，思いやりや同情などができず，身勝手で他者との親密な関係などが作れないのである。こう書いてくると，読者はすぐ「自己中心性」ということを考えるであろう。全く的はずれではないのだが，上述の状態は性質がかなり異なることを述べておかねばならない。ふつうは自己中心性というと，幼児期や児童期の心性，つまり全般的な心理発達の未成熟がベースにあって，全体状況とりわけ社会的な自他関係の認知や自己の位置づけを適切に行うことが難しく，加えて自己の欲求充足を優先させてその抑制や延伸をはかることができないこと，つまり平たく言ってしまえば“年齢不相応な子どもっぽさ”ということになるであろう。だから，俗に「ヒステリー性格」などと言われる心理的未成熟さの基本的特徴とされたりする。ところが前述のような「人間的感情」の希薄さゆえの身勝手さは，自他関係の持ち方の不適切ではなくその不存在，つまり社会的対人関係からの隔絶に基づいているのである。

性犯への現れ方の最大特徴は，常識では考えられないような加虐症的犯行態様である。筆者が以前に扱った 18 歳の少年による女児への強制わいせつでは，被害者が怖がったり苦しんだりすればするほど楽しくて愉悦の薄笑いを止められなかったと，加害者は面接において供述していた。また，マスコミにも大きくとりあげられたある若者の，若い既婚女性ばかりを狙った連続殺人・強姦事件では，被害者の身体にとても正視できないような傷や変形を加えていたことが，調書には記載されていた。これらの加害者はそれぞれ，人格障害そして統合失調症と診断されていた。

4.3.2 性犯と関連の深い精神障害

1. 統合失調症

基本特徴の一つとされている，周囲との生き生きとしたかかわりを失い，それから遠ざかっていることから，前述したような他者への配慮や共感，親しさや同情などを持てない，冷たくて身勝手な，そして歪んだ欲求充足を遂げようとする行動に出ることは，当然のこととして理解できる。激情に駆られてというのではなく，むしろ冷静に奇矯な犯行態様で性犯を犯すことがよくある。感情の反応性が鈍っていたり，通常的でない興味や関心を持っていたりということも，関連が深いであろう。

2. 器質性の精神障害

内因性のものに比べて器質性の（身体とくに脳の病変によって起こる）精神障害は，性格面での歪みを結果させることが多いと言われ，実際のところ前述のように特異な内容の性犯にいたらせることが時折ある。

3. 人格障害

性犯，とりわけ犯行内容が特異・異常なものと最も関連が深いのは，人格障害であろう。以前によく用いられた名称の「異常性格」「精神病質」「社会病質」などの意味内容を考えれば，当然のこととしてうなずける。シュナイダーの「精神病質人格」10類型があまりにも有名であるし，またよく用いられるので，それをベースにして性犯との親近性というか対応をおおまかに見てみる。まず「情性欠如」型は，前にも述べたように，残忍で冷酷な性犯との結びつきが強い。次に，「発揚情性（感情や行動が活動的・明朗・楽天的・外向的）」型を中心として「自己顕示」型やときとして「意志欠如（周囲からの影響に全く抵抗することなく左右されてしまう)」型が加わるタイプは，多くの場合，集団かつ遊興的雰囲気の中で，ときには被害者が同意しているのだと勝手に思い込んだりして，といった犯行態様の性犯と結びつきやすい。ところで，それとはほぼ正反対と見られる「無力」型（精神的耐性が弱いということで，具体像としては，過感的：自己についての否定的感情ゆえの敏感さ，強迫的：過剰なこだわりなど，柔軟で幅広い適応的構えの乏しさ，の 2 種に分かれる）や，「自信欠如」型そして「抑うつ」型は，それらを 1 つの像にまとめてみると，神経質とか神経症傾向のようにみなすことも可能で，このようなタイプは，犯罪との関連は少ないと一見みられがちであるが，実は前述の「倒錯型」や「補償型」の性犯との結びつきは強いのである。

残りの 3 つ「狂信」型，「気分易変」型，「爆発」型は，ほかの犯罪（確信犯，衝動的犯行，攻撃型暴力犯など）との結びつきは強いが，性犯とは直接結びつくことは少ないと考えられる。

4. 知的障害（精神遅滞）

知的に劣っていることは，当然のことながら，社会で生きてゆく力がそれだけ弱いわけであるから，性行動の相手としていろいろな意味での弱者を選ぶことになる。幼児や児童，自分よりもさらに知能が低い者，体力的に弱い者，いろんな意味でステイタスが低くて対面状況で自分が容易に優位に立てるような相手などである。そして，行為遂行が比較的楽にできるわいせつ行為などがより多く選択されがちである。

5. その他一過性の状態

以上のほかにも，厳密には精神障害とみなすことはできないかもしれないが，一時的かつ反応的に精神的不安定に陥って，という場合がある。心因反応とか体験反応と呼ばれるものは，単なる不適応状態ではなく，妄想をはじめとするさまざまな認識面の障害や，退行的な反応形態であるパニックや原始反応など，かなり広範囲にわたる精神症状を呈するものであり，こうした状態が前に述べた短絡的欲求充足をはかる性犯と結びつくことは時折見られるし，またこのジャンルを少し広げて考えれば神経症などもここに含められ，やはり前述の倒錯的欲求充足型性犯との親近性が見えてくる。

4.4 性犯における状況要因

やや瑣末な事柄になるかもしれないが，ここでは性犯の犯行場面における**状況要因**（加害者がその場面や被害者との関係をどうとらえていたかという状況認知をも含めて）について述べることにする。これは，性犯の中核をなす強姦や強制わいせつが親告罪（被害者などの告訴があってはじめて公訴の提起が可能となる罪）であり，また罪種として風俗犯（侵害される法的権益が公序良俗といったような多分に主観的な犯罪）の中に含められるという，ある意味では当事者の主観的認識や判断に，犯罪としての成立までもが大きく左右される特質を持っているため，重要な事柄であると筆者は考えるからである。これは，今日深刻な社会問題となっている「いじめ」が，加害者の意図のいかんにかかわらず，被害者が「いじめ」と受け取って苦痛を感じるのであれば「いじめ」とみなされるということと本質的には共通すると，筆者は考えている。以下にこのような意味での状況要因をいくつか列挙する。4.1 や 4.2 で述べたところと多少重複するかもしれないが。

1. 集団の雰囲気・作用

未成年者の性犯で特に多い。単独の場合には抑制がはたらいてとてもできないようなことでも，集団の中では気が大きくなったり軽はずみな気持ちが高められて行動解発が容易となり，罪悪感が薄められて悪いことだとあまり思わなくなって，行為に及んでしまうわけである。これは，性犯に限らずほかの集団非行の場合にも広く当てはまることで，仲間への同調とか遊びへの志向や好奇心といった気持ちがむしろ強く，純粋な意味で性衝動に駆られてというためばかりではないとも考えられる。行為の後で冷静になり“どうしてあんなことをしてしまったのだろう”と悔やむこともしばしばである。

2. 被害者との面識，合意の錯覚

加害者が被害者と面識があった場合というのは，「犯罪白書　平成 18 年版」によれば，2005 年中の検挙件数のうちで，強姦は 34.5 %，強制わいせつは 17.6 %であり，これは，殺人，傷害，恐喝よりは低いが，かなり高い割合だと言える。未成年者の場合にはもっと高率になると考えられる。このことと，被

害者が行為について事前に合意していたとの加害者の主張（これはよく加害者の言い訳として供述されることも多いのだが，まず錯覚と考えておくのが妥当であろう）がよく見られる状況要因である。ここにもやはり遊びの雰囲気があるように思われる。

3. コミュニケーションの稚拙

「いじめ」において，加害者のほうは親密な遊びやふざけのつもりの所作が，被害者のほうでは「いじめ」と受け取ってしまう場合があることを，前に述べた。一種のコミュニケーションの齟齬とでもいうべきことが，性犯の状況要因としても存在する。上述の「合意の錯覚」もそれに当たると考えてもよいが，ここで指摘したいのはむしろ，前に述べた「性行動の生起プロセス」での途中におけるさまざまな，いわば準備段階としての性愛行動である。それらの省略やそこでの“途中下車（手段の目的化）”，平たく言ってしまえば“せっかち”や“ぶきっちょさ”が，短絡的あるいは倒錯的性欲求充足へ，そしてその一部が性犯へとつながってゆくことは，いわゆる社会的スキルの不足ないしは稚拙ゆえと考えることができるわけで，不幸なことと言わざるをえない。

4. 他者についての理解や洞察の不足

性行為は言うまでもなく相手との相互的な行動であるから，相手の気持ちを理解したり立場を思いやるのは必須のことであり，それらを欠くことから不幸な成り行きや結果が招来されるのは当然であろう。

5. 性に対する過度の禁止感情

社会的な未成熟さや内向的な性格，あるいは性についての不合理な罪悪感などから，性に対する過度な禁止感情や行動抑制がつのり，倒錯的な形の性犯やある時点での短絡的で暴発的な性行為に走ってしまうことは，よくありがちである。禁止や抑制は少なすぎても多すぎても望ましくない。

6. 性に対する心的飽和などからの異常志向

食物嗜好などでもよくあることだが，官能追求的（sensation-seeking）な行動では，いわゆる“凝る”といったような欲求充足型式の精緻化への歯止めのきかない深入りが起こるものである。性行動の場合にも，そうした推移の過程で“奇を求める”ような形で，加虐的あるいは被虐的，拝物症的あるいは窃視症的などの嗜好の偏向が進み，そのあげくに性犯にいたるようなことがときおり起こる。

7. 自己卑小感

少し奇妙な言葉だが，劣等感，不幸感，自己卑下など，自己について否定的イメージをぬぐい去れない感情の総称である。幼児や児童が落ち込んだ気分のときに行うオナニーまがいの“性器いじり”などは，決して快楽追求のためではなく，むしろ上記のような感情に根ざした代償的な行動と考えられるのだが，それと似た場合と考えてよかろう。

8. 全般的虚無感

これもあまり適切でない表現と思われるが，上記のような感情が内面に広くゆきわたり，長いこと居すわって根づいてしまい，自分を含めて対象全般が“灰色で無価値な”ものと感じられ，そのため意欲や能動性を欠き空白と無為の中に停滞してしまうといった，そんな状態像を示すのである。このような心性と人生態度が性犯と結びつき，多くの場合は倒錯的な，時には短絡的・暴発的な態様の性逸脱へと向かわせるのである。

4.4.1 性犯についてのしめくくり

新たに1節を立てるまでもないので，性犯についてのしめくくりを，本章の冒頭でも述べた「性犯の特殊性」，とりわけそれが社会的要因と密接に結びついている風俗犯である点に重きを置いて，行うこととする。

今から30年以上も前の1974年に，Glaser，D.（Univ. of Southern California）が編集した『*Handbook of Criminology*』の中で，Gagnon，J. H.（State Univ. of N.Y.，Stony Brook）は，「性行為と犯罪（*Sexual conduct and crime*）」という論文を書いているが，その中で次のような論述がなされている。

1. 現代における急ピッチの社会変動の中では，性行為と犯罪との関係について，何が正常（conventional）で何が異常（unconventional）かを決めるのは非常に難しくなっている。

2. その際に，これまでに集められてきたデータの多くがもう使えなくなっているとか，多くの新しいデータが集められなければならないとかの主張がなされがちだが，そうしたこともむろん大事だが，むしろもっと大事なのは，われわれがより確固とした理論や信念を持ち，それによって適切なデータを適切に選び出せるようになることである。

3. これは薬物使用についても言えることだが，性に関しては，たとえば，従来から考えられてきた心理性的発達過程が現在でも妥当なものかどうか，代替的な性行動の態様，性行動の正常と異常，ならびにそれらと刑事司法プロセスとの交差，社会・文化的脈絡あるいは背景としての脱犯罪化，開放的セックスグループの出現，セックスとジェンダー双方についての性差の消滅化などなど，考察すべき問題は山積していると言ってよい。

以上はかなり要約してしまった論旨であるが，風俗犯としての性犯（年齢や身分（たとえば既婚か未婚かなど）によってその行為の違法性が左右されるような行為内容の犯罪を「**地位犯罪**（status offense）」と呼んだりもする）から社会的逸脱としての非通常的性行動，そしてそれら（とくに後者）を規定する性についての社会的観念や感情や風潮ならびに多数派的（メジャー）な行動にいたるまで，考察すべき事柄の範囲の広さを感じさせられる論述と思われる。風俗犯というのはほんとうに難しい研究分野である。

そうした性犯の幅広さと奥深さを実感させられる考え方を，もう一つ紹介しておこう。North Dakota の Minot 州立大学の研究者 Ellis, L.（1993）が「生物社会現象としてのレイプ」と題してまとめている論文の中で，次のような考察を試みている（筆者なりの要約や言い換えを行っている）（Ellis, L., 1993）。

1. 生物学的かつ社会的という，いわば複眼的なとらえ方が，理解に役立つ。言い換えると，進化論的（evolutionary）かつ生理学的（physiological）な観点と，社会的・法的プロセス（socio-legal processes）な観点とを統合させたとらえ方で，彼女はこれを「生物社会的（biosocial）あるいは統合（synthesized）理論」と呼んでいる。なるほど性という事柄は，食とか疾病などと並んで，生物学的次元から社会的次元まで広範囲にわたり，しかも人類史の文字どおりすべてに及び，かつ日常的な生活や文化の中に組み込まれ営まれてきたものであるから，当然であろう。

2. 論文のはじめに，従来この問題を扱ってきた研究の略史が述べられているが，そこから3つの理論がクローズアップされてきたとしている。フェミニスト理論（政治的・経済的要因からの男性優位社会の継続という視点からの考察），社会的学習理論（刺激の反復提示による行動解発のプロバビリティが高められるとする考え方），そして進化論を主軸とした「生物社会的理論」である。

3. 生物社会的理論は，かつて「適者生存」とか「自然淘汰」といった進化論的観点（「社会的ダーウィニズム」という呼称もある）が直接かつ稚拙に社会現象に適用されて痛烈な批判を受けた歴史を持つが，ここではその失敗を繰り返すことは慎重に避けているようで，まず性行動パターンを生殖を中心にして進化論的に考えることから始めている。両性は，それぞれ生殖にもっともふさわしく有利になるように性行動を行うとの原理を立て，r選択とK選択という2つの性―生殖パターンを考える。r選択というのは，比較的たくさんの子孫を産み，そうすることによって子孫の個々についての養育に時間と労力を多くかけなくて済むようにするパターン，K選択はその逆である。そのために，雄は性のパートナーを多く持とうとし（つまりr選択），だからパートナーを獲得するための術策（tactics）に長(た)けるようになり，雌はその反対に性のパートナーを少なく限定して生殖を確かなものにしようとする（K選択)。いずれもそのほうが生殖に有利だからというわけだが，雄では，そうした性パートナー獲得のための多くの術策がうまくいかなかった場合に力の行使（つまりレイプ）に出るのだと考える。しかしこの考え方にはいくつかの弱点があることも指摘されている。たとえばレイプの相手は生殖可能な年齢に達していることが条件になるし，またそうした方法で生殖可能性が大きくなるとは限らないということもあるなどである。

ともあれこうした考え方は，自然淘汰が雌よりは雄に強く作用するとの前提に立つもので，雄では強いものほど性行動において有利ということで，その結果，雄は雌よりもセックス好きで複数の性パートナーに対して所有・支配を行おうとし，雌は子育て支援の同意を雄から得られるまでは雄との交尾を避けようとするのが，生殖すなわち種の保存にとって合理的と考えるわけである。

4. 性的攻撃への動機づけが本質的には生得的なものであるとはいえ，その周辺のいわば道具的な行動は学習的なものである。社会的学習理論はもちろんのことフェミニスト理論でも経験学習がいちばん重要であるとして，主観的な成功確率から罰の予期などを差し引き，かつ嫌悪刺激への感度で除してといった，一種の損得勘定をベースにした“だましがよいか”“押しの一手がよいか”などの選択がなされ，レイプが水路づけられると考えるが，これは生物社会的理論でも同様である。

5. 脳が男性ホルモン（アンドロゲン）にさらされることが増すと，性衝動を高め，罰の脅威や他者の苦痛に対する感度を低め，その結果としてレイプの生起確率を上昇させるという，基本的に生物化学的見解をとる点が，この理論のユニークな点である。この点については，脳の組織化（organization）と活性化（activation）という2側面が考えられている。組織化は，胎児期における男性と女性への分化ということで，哺乳動物では基本型はよく知られているように女性型なのだが，ある時点で多量の男性ホルモンの産出そして作用によって男性へと分化していく（それがなければ女性として成長する）というパターンである。活性化は，これも周知のように思春期以降成人期いっぱいまで性ホルモンが急増し，それが性衝動を強めるということである。これら2側面の特質から結論づけられるのは，男性は，女性に比べてより多く脳が男性ホルモンにさらされるということで，それが性犯の主たる原因であると考える（性犯のほとんどすべては男性によってなされるわけであるから）。ちなみに次のような傍証的裏付けも引用されている。①男性は女性よりも苦痛に耐える力が強い，②脳へのテストステロンの作用を下げると（実験動物を対象として，しかも組織化が進行する大事な時期であればいっそう）性差は消滅する。③視覚における省略と同様に，雄は雌よりも周囲への感度は低く周囲への配慮などが劣る。

ここには，性についての，あと一歩で「社会的ダーウィニズム」に陥ってしまいかねないギリギリのところでの生物学的観点から，生殖についてのコスト/ベネフィットといった経済的観点にいたるまでの，また，性についての本能理論から，行動生起についての心理学的な決定理論（decision-making theory）もしくは理性的選択理論（rational choice theory）に及ぶまでの，幅広い視野で性犯罪を考えていこうとするスタンスの提起あるいは提起可能性が示されていると感じられる。問題は，こうしたスタンスなりとらえ方を，ただの評論的考察の枠組みに終わらせず，実証研究に利用することができるツールとしてどう開発・整備していくかということであろう。性犯についてはまだ多くのことが論じられなければならないのだが，これで打ち切ることとする。

ここまでの本書の前半では，犯罪各論として財産犯，粗暴犯，性犯の3罪種をとりあげたが，これら以外にも，殺人，放火，薬物犯罪ないしは物質乱用，暴走行為など，考察しなければならない問題はたくさんある。しかし紙幅の関係もあり，割愛することとする。この後は，犯罪理論を主たる内容とする「総論」となる。

5 犯罪・非行理論の前提と先駆的犯罪観

この5章から後は本書の総論部分となる。犯罪・非行の行為と行為者についての理論的理解のための概念枠組みが提示されるが，本章ではまず，犯罪と非行およびそれらの行為者というのは，それぞれどういう概念なのか，それらにはどういうアプローチがなされるのかを述べて，犯罪心理学の定義と学問的性格などを明らかにし，その上で，総論部分のメインであるさまざまな犯罪・非行理論を作り上げるための前提となる，重要命題や犯罪観などを解説することにする。

ここで理論というのは理解のための概念枠組みであると述べたが，ふつう，「理解と実践」とか「診断と治療」といった論述がよくなされる。しかしここでは，そうした2部構成のような述べ方はせず，理解枠組みの中にできる限り実践的事柄も取り込むようにするつもりである。また，本書では前半に各論を置く構成にしたため，いくつかの類似の犯罪・非行をまとめた「罪種」を設ける必要から，本来は総論部分で述べなければならない犯罪および犯罪者の分け方や種類については，すでに冒頭の「まえがき」と1章の中で簡単に触れたが，本章では少し深めた形で，犯罪心理学の学問的性格として述べることとする。

5.1 犯罪心理学の定義と学問的性格

5.1.1 犯罪心理学の定義

筆者が以前，ある事典に執筆した「**犯罪心理学**（criminal psychology）」の解説（『心理臨床大事典』培風館，1992，pp.1166－1169）の一部に多少の追補を行うと，犯罪心理学の定義になると考えられるので，以下に引用・叙述してみる。

「犯罪心理学は，個々の行為としての成人犯罪や少年非行，それらの行為者である個々の犯罪者や非行少年，ならびに，それらを集合体としてとらえた犯罪・非行現象やそれらの行為者（例えば「財産犯」とか「高齢犯罪者」など）について，それらの諸特質，形成過程や成立機序，関与する諸要因，解決あるいは予防のための諸方策を，心理学的知見や技術によって解明しようとする心理学の一応用分野であるが，他方，犯罪精神医学，犯罪社会学，刑法学や刑事政策学などの関連諸科学とともに，犯罪学（criminology）という学際的研究分野の中で，上記の諸命題についての理論化や法則化を試みてゆく理論科学の性格も持っている。応用科学としての犯罪心理学の目的は，個々の犯罪者や非行少年の健全な社会復帰であるが，理論科学としてのそれの目的は，上記の個別的施策を引き出すためのステップとして役立てられる理論化と，理論化すなわち一般化の本質からの当然の帰結である全般的適用可能性ゆえの，まだ犯罪・非行に陥っていない一般の人びとへの予防策の実施，ならびに，犯罪・非行という否定的事象の側面からの人間存在や人間性の本質の解明という3つであると考えられる。」

この定義には，犯罪心理学の学問的性格を考える際に欠かすことのできない3つの事柄（対象，接近（アプローチ），目的）が含まれているので，それらを項目化して以下に示し，それらの説明は次節の「学問的性格」において少し詳しく述べることとする。

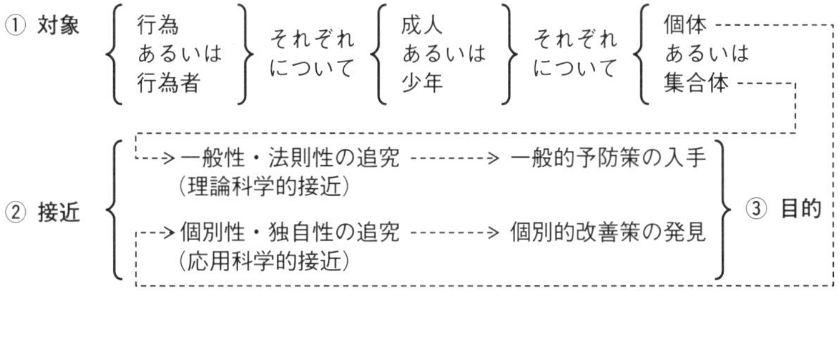

5.1.2　犯罪心理学の学問的性格

以下に示すような3つの命題について，いくつかのキーコンセプトをとりあげ，対象，接近，目的の3つを複合させ，また多少の歴史的系譜も踏まえながら，犯罪心理学の学問的性格を考察してみよう。

1. 行為か行為者か

これは，犯罪と刑罰の研究史において，ほとんどその出発点になったと言ってもよい重要な意義を持つ命題である。どういう行為が犯罪で，それに対してどういう刑罰が与えられるべきかを，恣意的にでなく法によってきちんと定めておくべきだという「罪刑法定主義 (legalism)」が確立されたのは，18世紀半ばである (Beccaria, 1764)。そこでは行為への着眼が優先された。人間科学といった学問がまだ生まれる前，少なくともその萌芽がやっと見られた頃であるから，行為者に目を向けることは刑罰の恣意性を高めるだけで，決して望ましいことではないと考えられていた時代の，いわば刑罰改良思想として誕生したと言ってよかろう。人間は自分の意思により主体的かつ自由にある行為を選択して行う存在であり (意思自由論)，犯罪という行為もそうした主体的選択の上で快楽を得ることを求めてのものであるから (快楽説)，それに対する刑罰はそれによって得られたであろう快楽と量的に均衡するものでなければならない (恣意的刑罰の否定) という考え方である。当時の素朴な人間観に立脚した犯罪・刑罰論ではあるが，それまでの権力者による恣意的刑罰観から脱却した，当時としては合理的な考え方であったと言えるであろう。しかし行為者への着眼は全くなかったわけで，「**行為主義** (刑法論的には行為責任主義)」と呼ばれている。

行為者に目が向けられるようになったのは19世紀後半であるが，ダーウィンの進化論の影響を無視することはできず，生物学的ないしは人類学的視点に立つロンブローゾ (1876) の「犯罪人」は，犯罪心理学をも含めて，犯罪者を対象に据えた人間諸科学 (犯罪精神医学や犯罪社会学など) の原点 (ルーツ) とみなされている。詳しくは後述するとして要点だけを摘記すると次のようになる。①意思自由というような先験的命題から出発するのでなく，あくまでも経験的実証主義に徹する (現代の科学的接近に比べれば対象者のサンプリングなどは不十分であったが)。②事物を静止的にでなく，生成発展という時間的経過の中での動態の形でとらえる (後の力動的観点へ発展してゆく出発点とみなすことができる)。③素朴な合理主義的因果論に立脚するため，生物学的 (後には心理学的) 決定論を展開することとなり，“生来性”といった点が強調される

（その意味では宿命論的である）。④決定論という理論構成のためには，複数要因よりは単一要因を提起するほうが便利というかなじみやすい。身体的変異，性格の偏り，知的に劣ることなどのいずれか1つが採りあげられ強調されやすく，多面的・構造的な見方は育まれにくい。このようなアプローチは「**行為者主義**（刑法論的には行為者責任主義）」と呼ばれる。

刑罰論との関係で見ると，行為主義は応報刑と，行為者主義は教育刑と，それぞれ親近性を持つと考えられている。

2. 個体か集合体か

対象として行為と行為者のどちらをとりあげるにせよ，それを個体とするか集合体とするかの違いは，学問的な接近や目的に本質的な差異を生じさせる，きわめて重要な命題である。単に一つひとつを丁寧に見てゆくか，全部をまとめて大づかみに見るかというような単純なことではない。対象を個体とする場合と集合体とする場合のそれぞれについて，接近方法と目的ないしは目標がどのように異なってくるかを，対比的に示してみよう（**表5.1**）。前述の「犯罪心理学の定義」で指摘した応用科学と理論科学の二面性ということがよりたやすく理解できると思う。

対象に個体としての行為もしくは行為者を据える応用科学的接近は，言うまでもなく実践的な学問となるが，集合体としてのそれらを据える法則性探究のための理論科学的接近は，人間研究をいわば裏側から行ってゆく学問ということになる。かつて，ヨーロッパにおける人間研究の学問的思潮の中で，「病理的方法」（méthode pathologiqu；これは単なる「方法」というよりは，「学問的接近あるいは思潮」とでも呼ぶべき基本的立場である）と呼ばれる考え方があった。人間の本当の姿は，人間が壊れたときにはじめて明らかになるもので，健常なときに表れている姿は，人間の成り立ちや日常的営みをあらかた決定している社会的要因の姿に過ぎないのだとする考え方である。こうした考え方の出発点となったのは，クロード・ベルナール（Bernard, C.；1813−78）*が『実験医学序説』で述べている“病いというのは自然が人間に対して行う実験であ

*医学者，生理学者。この命題を心理学で樹立したのがリボー（Ribot, T. A.）であり，「病態心理学」などと呼ばれるが，その基本的視座が前述の「病理的接近」である。

表 5.1 個体か集合体か

対　象	接　近	目　的
集合体	個体間の共通性に主として着目し，一般性や法則性を探究する。理論科学的接近。	一般的・普遍的な犯罪原因の解明と，特定個人でなく全般の人びとに対する斉一的な予防策*の入手。
個　体	一般性や法則性による解明の末に，なお解明しきれない特質（個性）を浮き彫りにし，それの理解に努める。応用科学的接近。	行為者個人個人の健全な社会復帰のための方策**の入手（個別的な改善策は斉一的ではありえない）。

*刑法論では，これを「一般予防」と呼ぶ。
**同じく，前者に対して「特別予防」と呼ぶ。

る”という命題であるとされている。上述の“人間研究をいわば裏側から行ってゆく”アプローチというのは，これと共通するものと考えることができる。

3. 犯罪か非行か

犯罪とは，実定法に違反する有責可罰の行為であるというのが，法律上の定義である。学問対象とするのだから何も法律上の定義に従う必要はないのでは？と思うかもしれないし，また実際そのように主張する学者もいるけれど，筆者は，やはりはじめは法律上の定義を確認し，その上でそれにどのような加工を行って学問対象とするかという命題を，明確に示す必要があると考えている。安易に「反社会的行為」とか「逸脱」といった言い換えをしたり，非行とは未成年者による犯罪であると単純化してはならないのである。上述の犯罪の定義を構成する3要件について考えてみよう。

(1) 実定法への違反

単に道徳的あるいは常識的に“悪い”行為というだけではなく，そのときその場所で定められている刑罰法令に違反する行為でなければ，犯罪とはみなせない。そして非行というのは，国によって呼称や認定方法は多少異なるものの，単に未成年者が犯した犯罪だけではなく，現時点では刑罰法令に違反する犯罪を犯していなくても，社会的に見て望ましくない行為を行っていたり，望ましくない状態にあったりして，放っておいたら近い将来に犯罪を犯してしまう危険な状態にある場合（わが国ではそうした状態を「虞犯（ぐはん）」と呼ぶ）をも含むのである。未成年者に対しては早いうちに手を打って犯罪を未然に防止しようとの意図に基づくものと考えてよかろう。

(2) 有 責 性

ある行為を犯罪と認定する場合には，行為者が自らの主体的判断や選択の上でその行為を行ったのであって，その行為者はその行為に対して社会的責任（「刑事責任」という）を負うということが要件となる。しかしながら，行為者が精神障害者である場合と並んで未成年である場合にも，正常な思考や判断が困難もしくは不可能とみなされ，その責任が減免されるのが普通である。非行というのは，そのように行為に伴う社会的責任という面で限定的であると言うことができる。

(3) 可 罰 性

上述の有責性と不可分の関係にある事柄であるが，犯罪に対してはふつう刑罰が加えられるのに対して，非行に対しては原則として行為者に対する再非行防止と健全育成のための取扱い（「保護処分」と呼ばれる）がなされる。つまり犯罪と非行とでは，それに対する社会の側からの反作用（制裁あるいはサンクション）が原則的に異なるのである。

5.1.3 犯罪心理学の存在意義

本書の冒頭「まえがき」でも多少は述べたが，それにつけ加えて，犯罪研究になぜ心理学が登場しなければならないのかを，もう少し深く考えてみる。犯罪は，言うまでもなく，人間社会における対人的トラブルの一つである。たとえ対面する他者が明白な形では存在しなかったとしても，それは変わらない。そうした対人的なトラブルは，裁判などの場合によく言われるように，民事的（civil）なものと刑事的（criminal）なものの2種類に分かれる。そしてその解決の仕方は，いささか乱暴な決めつけ方ではあるがわかりやすく言ってしまえば，民事的なトラブルの場合には，当事者主義（加害者と被害者といったような，そのトラブルに直接かかわっている人どうしの間だけで処理する方式）と，原状回復（弁償などの方法でなるべく損害発生以前の状態にまで戻すようにすること）という，2つの原則に基づくのだが，刑事的なトラブルの場合にはそれでは済まないという差異が，両者の間には存在する。それでは済まないというのはどういうことかと言うと，もっと広い社会と，そのベースの上に築かれた法規範というものとの関係が問われるようになるということである。

つまり刑事的トラブルの場合には，当事者だけの満足や納得だけではなく，社会全般に対する，そうした行為の将来における**抑止**（deterrence；前述の「一般予防」に当たるものと考えてよく，法の「威嚇効果」とややどぎつい言葉を使うこともある）の必要性と，原状回復が難しかったりできなかったりということが非常に多い（粗暴犯や性犯，そして殺人などを考えてみればよい）ことの2つが，その理由と考えられる。

これを心理学の枠組みの中に置いてみると次のようになろうか。刑事的トラブルというのは，全体（社会）と個体との間の背馳もしくは不整合の状況で，そこでの全体は変動が少ないというか言ってみれば独立変数的なもの，個体は従属変数的なもの，それに対して民事的トラブルというのは，相互交渉的に影響し合いながら双方ともに変動するものということ。したがって，民事的トラブルというのは，小集団や対人関係などを対象とする社会心理学の土壌になじみやすく，刑事的トラブルというのは，社会学的な視点に立って社会要因を考えてゆく社会心理学がその考察にはふさわしいと考えられるのである。そのような社会要因を考えた上での個体に対する社会復帰そして再犯防止のための働きかけが，前述の「特別予防」の方策となるわけである。

一つ付言しておくと，歴史的には，原始時代のような昔の共同体社会だけの時代には，当然のことではあるが，民事的な処理であらかたのトラブルは解決されていたわけで，国家社会の成立に伴ってより広く永続的な規模での秩序維持が必要となり，いわば民事責任から派生・発展する形で刑事責任というコンセプトが生まれてきたのだと言われている（団藤，1957）。犯罪研究における心理学の役割，したがって犯罪心理学の存在意義を考えるとき，このことは常に念頭に置いておく必要があると思う。

5.2 犯罪研究の前史における犯罪観

5.2.1 科学以前の超自然観

人は，思いもかけない不幸や災難に見舞われたとき，そしてその原因が何だかわからないとき，その否定的事象の原因というか由来というか，それを自分からなるべく遠いところへ引き離し，ときには非現実の世界の不可思議な力のせいにしてしまうような操作をするのではなかろうか。たとえば，火山の噴火や日食などを，昔は“神の怒り”と考えたり，関係のある複数の人々がたて続けに死去したりすると“怨霊のたたり”と信じ込んだりして，納得し，諦め，怖れを消していたのであろう。科学以前の，合理的な知識や理解がまだ不足・欠乏していた時代には，犯罪についてもそのような考え方がなされていたと思われる。鬼神論とかもっと後になると魔女観などと呼ばれる考え方に立つものであり（Vold，1958），両者をひっくるめて超自然観に基づく犯罪観と呼んでよいと思う。ここで言う「超」とは，最近の日常会話でよく用いられる“とても”とか“非常に”ということではなく，“その範囲を超えている”とか“そういうことから全く離れてしまった”という意味であるし，「自然」とは，“自然の風物”などと言うときの自然ではなく，naturalistic な事柄つまり客観的実在の意味である。したがって超自然観とは，アニミズムがその典型例であるような，科学的合理主義に基づかない感覚的な把握・理解の仕方と考えてよかろう。

このような犯罪観には，時代を異にして次のような2種類があったと考えられる。一つは，国家社会成立以前の原始的な地域共同体の時代*の，前にも述べたように，当事者主義と原状回復という2つの原則で，あらかたの対人的トラブルが解決されていた，いわば民事的処理をベースにした犯罪観である。ある意味では合理的でもある“目には目を”といった応報的反作用や，盗んだ者は手を切り落とすといった単純な予防措置あるいは身体刑的処理によって，狭い共同体社会の秩序が維持されていたと推測される。そして理解できないほど

*マリノウスキー，B.K.（著）青山道夫（訳）『未開社会における犯罪と慣習』新泉社。

の大きな侵害をもたらす他害的行為は，霊的な別世界での恐ろしい力に支配された結果として日常生活から遠ざけられていたのであろう。もう一つは，国家社会が成立して国家権力が生まれ，ほとんど同時に宗教が発生して宗教権力がそれに合体し，共同体社会よりはずっと広いその国家社会の秩序と宗教体制の維持の必要性が生じてからの犯罪観である。ここではもはや前の時代におけるような「特別予防」的処理では済まなくなり，一般民衆への威嚇による「一般予防」の必要性が増大して刑罰が発生する。しかもその刑罰は残酷なほど威嚇効果は高まるし，そうした残酷な身体刑の執行を一般に開示することで威嚇効果の拡大と徹底化を図っていたと考えられる。換言すれば，当事者主義では済まされないということで，刑事責任なるものが民事責任からいわば脱皮する形で生まれてきたわけである。付言すると，精神障害者の取扱いに関しても同様のことが，安息日に精神障害者を広場などで市民の見物用に展示するなどして，行われていたようである。またここでの刑罰が，公正に法定されたものでなく，権力者の恣意に委ねられたものであったことは，いうまでもない。

5.2.2　超自然観からの脱却——古典主義

犯罪に対する考え方が，ヨーロッパで1,000年以上にもわたった超自然観から脱却し，素朴ではあっても理性的な犯罪研究を開始するようになった背景には，トーマス・ホッブス（Hobbes, T.；1588－1678）に始まる「社会契約説」などを支えた合理主義・主知主義・啓蒙主義の思想があったと言われている。ホッブスの考え方は，非常に素朴ではあるが，快楽説や理性主義の犯罪観（一種の性悪説のようなもので，最近になって再び力を得てきた考え方）の源流ともなったもので，骨子は次のとおりである。人間というのは，本来的には他人のことを顧慮せず自分だけが得するように振る舞う利己的な存在なのだが，しかしみんながそうすると世の中は衝突（彼はこれを「だれしもが他者全部を相手にする戦さ（war of each against all）」と呼んでいる）だらけになって誰もが得することができなくなってしまうので，いわばやむなく休戦協定を結ぶようにして取り決めるのが社会契約なのだという考え方である。ホッブスのほかにも，ジョン・ロック，モンテスキュー，ヴォルテール，ルソーといった思想家たちが，この系譜に含められると言われているが，前にも述べたように，人間を快楽追求の存在とし，その規制は処罰によるしかなく，人間はいつもその両者の均衡を理性的に行っているのだとする考え方へと進んでゆくわけである。

このような思想的基盤の上に立ち上げられたのが，ベッカリーア* (Beccaria, C. B. M.；1738－1794) による**罪刑法定主義**という法理論的・刑罰論的な改革システムであり，それが明示された彼の著書『犯罪と刑罰』が発刊されたのが1764年つまり18世紀半ばである。前述のように，この時点で超自然観からの脱却がなされ，これ以降の時代が，行為に着目して犯罪と刑罰は法に明定されたものとすべきこと，そしてその際，罪と刑とは均衡を保っていなければならないという近代法制がスタートしたわけである。約100年後に行為者に目を向けるような思想の変革が起こり，それを「実証主義」と呼んだのに対して，このいわば理念的な思想は**古典主義**と呼ばれている。

このような思想とそれに基づく法制・行政面の事柄が，なぜ犯罪心理学のルーツとして意味を持つのかと，疑問に思うかもしれないが，それは，人間というものを主体的かつ自由に行為できる意思を持った存在と考え** (後の実証主義はこれと反対に科学的な「決定論」)，その前提の上で犯罪と刑罰の概念を明確化し，むしろそのことによってこの研究領域への科学の参入を可能にしたからだと考えられる。

5.2.3 行為者への着目——実証主義

古典主義の時代から約100年後に，はじめて行為者に目を向けた**実証主義**と呼ばれる犯罪研究が始まった。ロンブローゾ (Lombroso, C.；1835－1909) というイタリアの医師が『犯罪人 (*The criminal man*)』を発刊した1876年が，その開始の時点とされている。この100年の間に，当然のことながら学問の世界におけるものの観方は大きく様変わりをしたが，何といってもいちばん大事な

---

*本来は数学者，経済学者，主著は『犯罪と刑罰』(1764)。

**前にも述べたように「意思自由論」と呼ばれこうした先験的命題をまず前提におくことには反対論が多いが，考えようによっては，そこに刑罰の存立根拠があり，決定論では刑罰不要論になってしまうとも言える。

ことは，長い時間的経過の中で対象の変わってゆく姿をとらえるという，ダーウィン*の進化論に触発された観方への転換であろう。ロンブローゾは，明らかにこのような当時の学問的思潮としての時代精神の洗礼を受け，監獄医として各地の刑務所で多数の犯罪者について身体計測を中心とした綿密な調査を行い，**アタヴィスム**（atavism；隔世遺伝とか先祖がえり遺伝などと意訳される）という中心命題を柱とした**生来性犯罪者説**なる学説を提起したのである**。このアタヴィスムというのは次のような概念である。ヒトは，その長い進化の過程において，さまざまな形質を自らの個体が環境によりよく適応して生きていけるように改変してゆくものだが，ときとして突然変異のように，その進化とは逆の方向に（いわば退化させた形で）不適切な形質を発現させてしまう。いわば，先祖がえりのように，あるいは，とうに退化し消滅してしまっていたはずの原始的な形質が，あたかも伏流水がある地点で突然ふき出すみたいに，出現することがありうるのだと考え，犯罪者とはそういうヒトであると推論したわけである。彼はそうした原始的特徴をもっぱら犯罪者の身体的側面に求め，当然のことながらそうしたヒトは生来的に犯罪者たるべく運命づけられたものとみなしたのである。つまり，犯罪者たる素質は生物学的に生来性のものだとする決定論である。もっとも彼は，前掲の著書を初めて発刊してから第5版を刊行した1896年までの20年間に，その著作量を約4倍に増やし，身体面の特徴だけでなく多くの人格的あるいは社会的特徴をも取り入れていったのであるが，この20年間に彼が創設した学会やそれ以外のところで，激しい批判にさらされてやむなくこのような修正を行ったのだとも言われている。

このような考え方は「**犯罪人類学**（criminal anthropology）」と呼ばれており，

---

*ダーウィン（Darwin，C.；1809－1882）。『種の起源（*On the origin of species*）』（1859），『人類の起源（*Descent of man*）』（1871）が主著。精神分析学などへの影響については，丹治　愛『神を殺した男――ダーウィン革命と世紀末――』（講談社，1994）などに興味ぶかい解説がなされている。

**しかしながら，彼は人間の進化についての彼の人類学的研究関心から，たまたま犯罪者をその素材としてとりあげたのであって，いかなる意味でも彼の学説は犯罪学的ではなかったと主張する者もいる（Garland，1997（The Oxford Handbook of Criminology，pp.30－31））。

今日ではもちろん否定され，はじめて犯罪者に着目した犯罪研究という歴史的意味しか持っていないが，それでもこの後しばらくの間は着眼点を身体的特徴から心理的特質に置き換えた形で提唱されたりした。そのうちの一つが，ビネ（Binet，A.）の知能尺度を米国に紹介したことで知られるゴダード（Goddard，H. H.）の「犯罪者精神薄弱説」であり，「アメリカロンブローゾ学派」などと呼称されているが，これもやはり知能という単一要因だけで犯罪を説明しようとした決定論である。

5.2.4　多因子論の萌芽――心理面への着目

実証主義の立場に立ち，しかも犯罪心理学の先駆けとも見られる犯罪者研究を行った理論家を，もう一人挙げておこう。イタリアの貴族で司法官，後に国会議員となって刑事手続法の改正にも取り組んだガロファロ（Garofalo，R.；1852－1934）である。1章で「自然犯と法定犯」という命題に触れたが，この「自然犯」の概念を提起したことで知られており，それ以外にも多くの事柄について精力的な理論構築を行ったと言われている。ここで彼の犯罪者論をとりあげるのは次の2つの理由による。一つは，当時やっと科学的なアプローチが試みられるようにはなったものの，単一要因による素朴な観点しか取れなかったのが，後の多因子論や構造論の萌芽とも見られる複数要因論を彼が唱えたから。もう一つは，ロンブローゾが提起した身体特徴に基づく人類学的・生物遺伝的見解に対して，犯罪者とは「あわれみ（pity）」と誠実（probity）を欠く者であるとする，行為者の道徳面（心理面）に目を向ける考え方を展開し，それに基づく犯罪者の類別を行ったからである。彼はその主著『犯罪学』において，犯罪研究に携わる諸科学のうちでは犯罪心理学が最も重要であると述べている。彼の考え方の基本を，フランスの刑事学者ピナテルの叙述によって，以下に記してみよう（Pinatel，1963）。

1. 臨床医学にならって，犯罪学の中に「臨床犯罪学（la criminologie clinique）」と呼ばれる応用分野が作られ，そこでは個々の犯罪者について診断―予後―処遇という一連の手続きについての意見提出がなされるが，そこでの中心命題は，犯罪者の「**危険状態**（état dangereux）」の判断である。それは，今日「犯罪性（criminality）」と呼ばれている，人をして犯罪を行わせるような人格・行動の傾性（propensity）とほぼ同義の概念と考えられる。ガロファロはそれを，「**犯罪遂行能力**（capacité criminelle）」と「**適応可能性**（possibilité d'adaptation）」という，いわばマイナスとプラスの（犯罪促進要因と犯罪抑止要因の）両面から認定すべきであると考え，それらのどちらも弱い，どちらも強い，促進要因が強くて抑止要因が弱い，といったような，それぞれ異なる組成で危険状態が作られるのだと想定した。昔からよく言われる"悪にも強いが善にも強い"といった考え方と似ているが，彼は次の2種の危険状態を指摘している。一つは，慢性化した恒常的なもの（chronique et permanent），もう一つは，差し迫ったもの（imminent）で，たとえばアクティング・アウト的なものや興奮状態（état de fièvre）のような場合（言い換えると急性のものということになろうか）である。

2. 犯罪者について，あわれみと誠実のそれぞれの多いと少ないの組合せによって，①どちらも欠けている「重い犯罪者」で殺人犯がその典型，②あわれみだけを欠く「軽い犯罪者」で暴力犯がその典型，③誠実だけを欠く「軽い犯罪者」で窃盗犯がその典型，④性犯（基本的には②に属するが，ほかの諸要因も関与する）の4類型に類別している。

今日の犯罪学や犯罪心理学のレベルから見れば，非常に単純で稚拙な考え方と言わざるをえないが，前述したように，複数要因を考え，犯罪者の類型化を行為者の内面に目を向けて試みたという点で，その後の犯罪心理学的考究の端緒を開いたと言ってよかろう。もっとも，ガロファロは犯罪者の改善処遇という点では否定的であったと言われているが，そして確かに悪質で生来性の負因を持つ者は死刑にすべきだというような主張を堂々と行ってはいるが，これは彼が割り切った明確な言い方をするからであろうと，筆者は考えている。実際には，彼は，科学的な見究めを的確に行った上で，希望がまだ持てる者などに対してはコロニーのような施設での改善処遇を施すことを主張したりしているのである。

5.3　社会・文化的観点からの犯罪観

ここで「社会・文化」というのは「環境」のことではない。「環境」という語は，あくまでも人間を中心に置き，それを取り巻く世界という意味であろう。もちろん社会にしても文化にしても，人間が作り上げたものには違いないのだが，いったん作られてしまうと，それらは1つのまとまりを持った独自の存在として，一見して人間からは離れたようにその存在を主張したり機能していくことがありうる。というより，そのようにとらえることが可能もしくは必要ということかもしれない。端的に言ってしまうと巨視的にとらえるということになろうか。それに対して，個人を取り巻く世界を「社会環境」としてとらえれば，個人と個人との相互作用とか個人とその環境との相互関連といった視点が，その視野の中に入ってくる。いわば微視的なとらえ方である。具体的には，前者は，社会の生産形態，政治体制，人種構成，あるいは，異文化とか中流階層文化といった構造，後者は，社会的学習，上昇志向，同一視などのプロセスが，それに当たる。

次の6章では，前者を「**社会構造**（social structure）」，後者を「**社会過程**（social process）」と呼ぶことにして，それぞれのパースペクティブに基づく犯罪理論を概観し，とりわけ後者の社会過程論的考究は社会心理学の分野に属するので，やや詳しく述べるつもりであるが，ここでは，前者と後者を含めた社会・文化的観点からの犯罪研究の端緒となった（前節で述べた「前史」の中に位置づけられるような），いくつかの考え方を挙げて説明することとする。

5.3.1　社会統計の誕生と犯罪研究

社会資料の統計が生まれたのは16世紀のはじめで，出生・死亡そして人口の統計が最初であったと言われている。17世紀に入ると，人口に限らず各種の社会事象についての公式統計が作られるようになり，それらに基づく社会科学的研究がヨーロッパで盛んに行われるようになる。今日でも生命保険業務の基礎資料として使われている「余命表（life expectancy table）」などが，ハレー彗星で有名なドイツのハレー（Halley, E.；1656－1742）によって作成されたのも，この頃であり，アダム・スミス（Smith，A.；1723－1790）の国富論やマルサス（Marthus，T. R.；1766－1834）の人口論（いずれも英国）が現れたのは18世紀から19世紀はじめにかけてである。

犯罪についての公式統計が作られるようになったのは，フランスのゲリー（Guerry，A. M.；1802－1866）（弁護士であったが後に司法省刑事統計局のチーフとなる）によってで，1827年のことである。彼はその後，年齢，性別，季節，教育程度などと犯罪発生との関連を考察した著作を発表している。これ以降，フランス以外の国や地方でも次々と犯罪についての公的な年次統計が作成されるようになり，犯罪発生の地域分布，課税額から推測した経済的貧富の差，読み書き能力から見た教育程度など，さまざまな社会的因子を関連させた犯罪の社会科学的研究が進展していったようである。

犯罪を専門的に研究したとは言えないが，ベルギーの天才的数学者であり天文学者でもあったケトレー（Quetelet，A.；1796－1874）は，30歳にもならないのにこの領域ですばらしい業績を挙げ，ロイヤルアカデミーからパリへの留学を命じられ，「天文工学（celestial mechanics）」という学問分野を開いたが，彼はそのアプローチを社会現象にまで広げて適用し，「社会工学（social mechanics）」という新分野を開拓して，犯罪分布，未成年者犯罪の特質，職業犯罪など，多くの社会的視点からの犯罪研究を高い学問的レベルで行ったとされている。今日の「マッピング」と呼ばれる地域分布の図示方法や罪種別（とりわけある職種に必然的に発生しやすい犯罪）の研究などの，先駆となった業績とみなすことができる。

イタリアのフェルリ（Ferri，E.；1856－1929）は，犯罪社会学という学問分野の創始者として知られているが，彼もやはりフランスでケトレーやゲリーの後継者として刑事司法統計を使った犯罪研究を行い，非常に幅広い活躍と多彩な研究成果を示しており，それらは犯罪の社会的要因だけに限られず犯罪者の分類や刑事政策そして矯正処遇の実際面にまで及んでいる。彼は，普通ロンブローゾの高弟と位置づけられることが多いのだが，その主張はむしろロンブローゾのそれとは反対であったと見ることができる。たとえば，ロンブローゾが犯罪は自然による必然性の産物と考えたのに対して，犯罪を社会的所産と考え，そこから行為者の道義的（moral）責任ではなくて法的責任を重視する考え方を導き出す。前にも述べた「自然犯 v.s. 法定法」のような命題や，刑罰の目的を社会防衛と割り切る考え方，そして犯罪の増減は自然的・人類学的要因でなく社会的要因によってのみ決定されるのだとする考え方などが，そこから帰結されるのである。

5.3.2　社会現象としての犯罪という考え方

19 世紀後半から 20 世紀初頭にかけて，上述のような先駆者たちに引き続き，前節で述べた行為者の個体要因に目を向ける立場ではなく，犯罪を純粋に社会現象と考える学問的系譜が，現れてくる。ここでは，デュルケーム（Durkheim，E.；1858－1917），ラカッサーニュ（Lacassagne，A.；1843－1924），タルド（Tarde，G.；1843－1904）の 3 人だけをとりあげる。

デュルケームはフランスの社会学者であり，彼の「自殺論」はあまりにも有名であり，個人を社会に結びつけておく力が強すぎても弱すぎても自殺が増えるという彼の所説は，自殺以外の社会病理現象にも適用することができる説明原理に基づいているが，その中核に置かれるのが「**アノミー**」（anomie；「無規制」とか「無規律」などの訳語が与えられる）という概念である。彼はこの概念を 1893 年に発表した「分業論」の中で提唱しているが，その要点は次のようなものである。西欧の近代社会は個人の尊厳と独立を至上の原理として発展してきたが，いくらそれが確立されていこうと，人間が社会的存在であることにはいささかの変わりもないわけで，したがって人格の社会的発達のプロセスでは**社会化**（socialization）ということが何よりも大事なわけである。社会化とは，一言で言うならば人間が生物学的存在から社会的存在になってゆくことだが，それは，個人が社会との調和的な結びつきを築き上げてゆくこと，つまり，個人が社会からの規制や制限などを忌避することなく，むしろ能動的にそれらを受け入れて社会との関係に参画することが，長い目で見れば個人の真の幸福に役立つのだと確信し，そうした行動パターンを体得してゆくことだと言ってよかろう。しかし近代社会の発展に伴うさまざまな局面の細分化によって，個人はそうした社会化の達成に努めず，社会からの拘束を嫌って社会から離脱してしまい，その結果，社会秩序が保たれず無規制の状態に陥ってしまう，そうした状態がアノミーと呼ばれるもので，デュルケームは犯罪現象をこのような状態から発生するものと考えたのである。したがって彼は犯罪を病理的あるいは異常な現象とは考えず，正常な社会的産物とみなす。ちょうど，正規分布の両端は，考えようによってはその分布を成り立たせる必須の部分なのであるから，一方の端である犯罪を消滅させることは不可能だとするような考え方である。

ラカッサーニュはリヨン大学の法医学教授であったが，やはりロンブローゾとは対極的に位置づけられる立場で，社会要因だけに着目した犯罪論を展開した。犯罪はある特殊な社会条件の直接的表出であり，社会が犯罪を用意し，犯罪者はそれを実行に移す道具に過ぎないとか，犯罪の培養基は社会であり，犯罪者はそこで培養されるばい菌であって，その菌がいつ発生したかの日付くらいの重要性しかない一つの要素であるに過ぎないといった所説を披瀝している。ずいぶん極端な考え方という印象を受けるが，犯罪カレンダーの作成（季節別分布），犯行時間の特徴や風俗犯罪の地理的分布の調査などの実証的研究を行ったとされている。

タルドは司法官としてフランス各地での任務につき，それゆえ犯罪の地域別差異などに興味を持ったようであり，とりわけさまざまな階層の間での犯罪の伝播を研究したことで知られている。しかし彼は，司法官であると同時に社会学者でもあり心理学者でもあって，犯罪についてそれほど専門的に関心を持っていたわけではなく，むしろ社会の中での人と人とのかかわり合いや，その上で人が相互に類似した行動をとることなどに興味を持ち，そこから『模倣の法則（*Les lois de l'imitation*）』（1890）*という著作をあらわし，その中で，いわばその命題を論証する素材として犯罪現象をとりあげたのだと言われている。たとえば対人接触が密であれば模倣が活発に行われ（流行），疎であればその反対となる（慣習行動）とか，社会の中で優勢な階層の行動パターンが劣勢な階層により模倣され伝播してゆくという方向性などの検証である。彼のこうした

*ちなみに，彼は，学問研究は多くの事象の間の類似性を発見することだと，考えていたようである。ちょうど，「理性」とか「合理性」という語が「比べる（ratio）」という語幹に導かれていることを考え合わせると，興味ぶかい。

アプローチは，後に“シカゴ学派”と呼ばれる都市社会学者たちによる犯罪研究（マッピングなどによる犯罪発生の地域別分布など）の先駆けになったという点で，重要な意義を持つものと考えられる。

5.4 犯罪理論の多面性

5.4.1 多面性を構成する軸

グレイザー（Glaser, D.）という学者は，犯罪学者が犯罪や犯罪者を分類するときの**説明次元**（explanatory dimensions；「理論」とほぼ同じ概念とみてよかろう）として，①**個人性**（individuation；犯罪原因を個人内のものと考えるか人間集団にかかるものと考えるか），②**情緒性**（emotionality；犯罪行動をほかの目的を達成するための手段とみるかそれ自体が目的であるとみるか），③**包絡性**（commitment；犯罪をその行為者の人生 career の一部とみるか，その時その場の状況要因に規定されたものとみるか）という3つが用いられるとしている。これらを含めて，犯罪・非行理論構築の軸とすべき事柄を，筆者なりに次のようにまとめてみた。

1. 犯罪原因に着目するか犯罪者処遇に着目するか

犯罪原因を理解できたとしても，その延長上に必ず犯罪者改善方策が見えてくるとは限らない。たとえば，幼少期の親の育て方が不適切であったために人格形成に歪みが生じ，そのために犯罪や非行に走ったからといって，現時点ではその原因はどうにも変えられるものではなく，改善方策は別途考えられなければならないであろう。もちろん原因と改善方策が直結する場合もあるにはあるが，しない場合もたくさんあるわけで，前にも述べたように，原因の解明から直接引き出されるのは一般予防策であって，個別改善策のための「処遇理論」というのは，原因論とは別の次元で考えられなければならないことが多い。

2. 個体要因に着目するか社会・文化的要因に着目するか

100パーセントいずれかの要因だけでしか考えられない場合（たとえば統合失調症の妄想に100パーセント支配されての殺人といったような）と，いずれの要因からも考えることができるが，分析・究明する側の立場上いずれかの要因だけに立脚する場合とを，混同することがあってはならない。この点は非常に重要であり，専門家といわれる人たちでもうっかり混同してしまうことがありうる。たとえば，統合失調症という精神障害の病因として社会的要因が関与しているからといって，それの症状として現れる犯罪行動を社会的要因もその組成にかかわっていると考えてはならないのである。同様に，後述する「文化葛藤」(相互に異質である複数の文化が急激に出会い衝突した際に起こる社会的混乱）によってある種の犯罪現象が急激に発生するような場合には，個体要因をかかわらせて考察してはならないのである。

3. 単一要因を考えるか複数要因を考えるか

われわれの生活感覚に由来するのであろうが，単一要因だけですべてを割り切って考えたほうが“歯切れがいい”などといって歓迎する向きがある。確かに説明要因を多くするほど不確実度が増してゆくということにはなるが，かといって少なすぎても，説明できる事柄の範囲は狭くなってしまって望ましくない。注意しなければならないのは，意味内容が広い（つまり，抽象性が高くて説明力が低い，それだけに適用可能範囲は広い）概念を1つだけ説明要因にするという方法の，少し冗談めかして言えば“狭さ”である。たとえば「統制不良」を犯罪原因とするといった考え方がそれで，説明力の足りない“同語反復”に近い言い換えに過ぎないと考えられる。

4. 形態面に着目するか機能面に着目するか

前にも述べたように，学問的観察がより単純で素朴な外面的特徴の把握にとどまっていた時代（たとえば顕微鏡などが発明される以前）には，形態面の特徴への着目が主流であり，その後の観察方法の進歩に伴い，肉眼ではとらえられないような内面的特徴の把握が可能になっていくにしたがって，機能面への着目が生まれてきたと考えられる。この推移・発展はきわめて重要であり，人間の心理現象というような，まさに内面的な事柄の理解はこうした学問思潮の進展によって可能になったのだと考えられ，次に述べる動態観察による力動論的把握の途を開いていったと見ることができる。

5. 静態的にとらえるか動態的にとらえるか

これは上記4と連動する事柄である。静態的把握は表面に表れた形態特徴についての主に分類学的とらえ方（taxonomy）につながり，動態的把握は内面的な機能特徴についての力動的とらえ方（dynamics）につながると考えてよかろう。

5.4.2 犯罪理論の多面性の意味

犯罪理論の多面性ということの意味を，誤解を招かないように述べておく。ここで「多面性」というのは，単に“いろいろな理解の仕方があるので，いちがいには決められない”ということではない。次のような考え方が必要と思われる。

1. 理解の仕方の違いというのは，それぞれの理解の仕方が拠って立つ視点・立場の違いに由来するわけで，次の2種がある。一つは，ある視点・立場がほかの視点・立場の存在も許容する場合であり，もう一つは許容しない場合である。

2. ほかの視点・立場の存在も許容する場合というのは，平たく言ってしまえば，“このようにもとらえられるし，あのようにもとらえられる”ということである。たとえば，「この犯罪は彼の欲求不満耐性の弱さによる」という理解も可能だが，見方を変えれば，「この犯罪は，彼が新しい生活環境に移ったばかりで，彼がまだ，それまでとは異なる新しい文化や規範になじんでおらず，以前からの身についた文化や規範との間に不整合（文化葛藤）を来して，犯罪に至ったのだ」という理解も可能である，のような場合である。

3. ほかの視点・立場の存在を許容しない場合というのは，上記とは逆で，たとえば，「この時期の財産犯の急増は，明らかに戦後の物質的窮乏と社会規範の混乱に基づく」という理解と，「この殺人は，彼が持っていた精神障害の症状としての妄想に100パーセント支配されてのものだ」という理解のような場合である。前者では「この時期の財産犯」というように集合的な社会現象として対象が設定されているので，その理解の視点からは個体要因（たとえば欲求不満耐性の弱さといったような）は閉め出されなければならないし，後者では，たとえその精神障害の成因に社会的要因が関与していたとしても，彼の犯罪行為の原因は，その精神障害による妄想つまり全くの個体的要因とみなさなければばならないのである。このような場合によく，“社会が病んでいるから”などとわかったつもりのような決めつけ方をすることがあるが，それは誤りである。

4. 以上から結論として言えることは次のようになる。犯罪原因というのは，単なる列挙的記述や，前にも“奇妙な取り違え”として述べた見当はずれの指摘（たとえば決まり文句のように言われる“社会のひずみのせい”とか“大人が悪いから子どもが非行に走る”など）であってはならないのである。犯罪原因の特定は多くの場合限定的なものであり，その限定は，前にも述べたように対象・接近・目的をどう設定するか（どういう視点・立場に立つか）によって決まってくることを銘記しておかなければならない。換言すれば，多面的な複数要因の構造化が必要なのである。

6 社会・文化的要因からの犯罪・非行理論

この章では，社会・文化的要因からの犯罪・非行理論のいくつかを，「社会構造論的接近」と「社会過程論的接近」の２種類に分けて紹介する。ここで社会構造（social structure）というのは，社会を１つのまとまりを持った有機体のようなものと考える巨視的な視点からのとらえ方であり，社会過程（social process）というのは，あまり聞きなれない言葉かもしれないが，社会という文脈の中での個人あるいは個人どうしの行動の経過という，微視的な視点でのとらえ方である。したがって，前者は，社会体制・制度・階層・組織といった要因から直接に犯罪や非行を考え理解してゆく理論，後者は，社会的対人関係や，社会的要因の個人行動への影響など（つまり「文化」という側面）から交絡的に犯罪や非行を考察してゆく理論ということになる。本論に入る前に，前提となるいくつかの事柄について解説しておく。

1．文化の意味

これまで何度も「社会と文化」という形で述べてきたのでやや遅きに失するが，ここで「文化」の意味を明確にしておきたい（「社会」については上述したので解説を繰り返さない）。「文化遺産」などと言うときとは違ってある時代のある人間集団において，多くの人々に定着している共通の価値規準と行動様式のことを，人間科学では「文化」と呼ぶ。つまり，「若者文化」などと言うときの文化であるが，その空間的な広がりは，風潮とか流行などのように広いこともあれば，対面的あるいは身辺的な狭い範囲に限られている場合もある。

2．社会構造と社会過程

本章の前半部分である「社会構造論的接近」では，したがって，上述のような巨視的視点からの社会全体の歪みから犯罪・非行を考える「社会解体論」を中心としたいくつかの社会学的理論，後半部分の「社会過程論的接近」では，社会の中での対人関係や価値規準などの交絡から生じる行動態様の面から犯罪・非行を考える社会心理学的ないくつかの理論を，それぞれとりあげることにする。前半は概括的に，後半はやや詳しく述べるつもりである。端的に言ってしまえば，「社会構造」は「社会」を，「社会過程」は「文化」を，それぞれ意味していると考えてよい。

3. 理論のおおまかな発展の姿

社会・文化的要因からの犯罪・非行理論の発展がどのような形で進んでいったかをおおまかに見てみると，巨視的→微視的，直観的→分析的，静止的→力動的，記述的→説明的という4つの特徴が浮かび上がってくる。そしてこれら4つの特徴に通底しているのは，直接観察的な全体観から分析解釈的な個別観（やがては構造化）へという思潮の推移と考えられる。社会構造論的犯罪理論がすべて巨視的・直観的・静止的・記述的だとは言いきれないし，逆に社会過程論的犯罪理論がすべて微視的・分析的・力動的・説明的だと割り切ることもできないが，おおまかな推移・発展の姿は構造論から過程論*へというものであったと考えられる。

4. 対象は集合体

こうした接近が対象とするもの，そして引き出される従属変数は，個々の犯罪や犯罪者というよりはむしろ集合体としてのそれら（つまり犯罪現象や犯罪者群）の特質であるのだが，それにしても個に対する関心（したがって個どうしの間の相互関係への着眼）が視野の中に取り込まれるようになってきているのは明らかである。

5. 非行理論の優先

この種の接近が考察の対象としたのは成人犯罪よりはむしろ少年非行であった。前にも述べたように，成人犯罪に比べて少年非行のほうが，生起要因や成立機制を純化させやすく理論化しやすかったからだと推測されるが，もう一つ“子どもは社会を映す鏡”などと言われるように，社会や文化の影響は大人によりも子どもに対してよりストレートに及ぶものである。わが国のように民族・人種の多様性があまり大きくない状況の国家ではなく，民族や人種の問題をはじめとして工業化や都市化の進展とそれらの不均衡が著しい米国で，この種の研究が主に少年非行について実証的に行われたのは十分に納得できる。やや古典的とも言える文化葛藤説や文化遅滞説そして非行文化伝達論を概観し，その上でアノミー理論とサブカルチャー論をとりあげることとする。

---

*ギルバート（Gilbert, J.；メアリランド大学）という歴史学者は，その著『*A cycle of outrage：America's reaction to the juvenile delinquent in the 1950s*』（1986, Oxford Univ. Press）の中で，「非行理論――ストラクチャーからサブカルチャーへ――」と題した章を執筆しており，ほぼ似た趣旨のことを述べているが後述する。

6.1 社会構造論的接近による犯罪・非行理論

社会解体論（social disorganization theory）を中心に述べるが，これは，社会が，それを構成する個人にそれとのつながりを保たせてゆくだけの利点や魅力を失い，そのために彼らが社会の規範や価値を尊重せずに社会から離れていってしまうような，いわば色褪せてタガがゆるんだ状態となり，そこからさまざまな社会問題が起こってくるとする考え方である。したがって，人種・民族・宗教などの構成が複雑で多岐にわたっていたり，経済発展のピッチが不安定で社会構造が不均衡であるような社会であればあるほど，そうした状況に陥りやすいわけで，わが国などよりアメリカのほうがずっと社会解体が起こりやすかったと考えられる。実際に，このような理論が1910年代から20年代にかけてアメリカで提起されたとき，その創始者であったトーマスとズナニエツキ（Thomas & Znaniecki，1927）によるポーランドからの移民についての調査研究などが，その理論の実証的根拠となったことは非常に有名であり，また象徴的でもある。

また，同じくこの理論の提唱者であったパークやバージェス（Park & Burgess，1925）は，植物生態学になぞらえた**人間生態学**（human ecology）という発想で，シカゴという大都市の社会学的調査研究を行い，その延長上に後述するショウとマッケイ（Shaw & McKay，1929）の「非行地域論（非行文化伝達論）」などが現れてくるのだが，その学問的性格は，生態学というジャンルの意味あいからしても，説明的というよりは記述的である。しかし記述的だからといって実用的でないとは言えない。もっと後の章で触れることになるが，わりあい最近になって再び，行為者よりも行為に着目する「理性的選択理論」という生態学的理論が現れてくるが，これはスーパーマーケットなどでの万引き予防といった実用的観点から作られた考え方と言ってもよいのである。

6.1.1 非行地域論または非行文化伝達論

ショウとマッケイは，シカゴ大学の社会学者であったところから「シカゴ学派」と呼ばれているが，犯罪・非行研究におけるシカゴ学派というのは，もっと後になって登場してくるいくつかの理論をも含めたより広い学問的系譜についての呼称である。彼らは，1920年代の終わりから30年代にかけて，大都市（彼らの場合はもちろんシカゴであるが，それ以外の大都市にも適用できるとされる）の**同心円状地帯論**（the concentric zone theory）*という考え方を提起した。大都市の中心部から同心円状に辺縁部にかけて次のような地帯に分化しているというものである。一般には**非行地域**（delinquency area）という呼び方がなされるが，zoneの訳語としては地帯のほうが適当であろう。少なくともcommunityでないことは確かである。この理論を理解するための前提となる事柄をも含めて，簡潔な説明となるよう以下に箇条書きの形で述べてゆく。

1. この理論は，前述のように巨視的な視点に立つ社会構造論としての社会解体論，そして植物生態学から発想した人間生態学という，2つの立場を交絡させた犯罪理論の典型である。

2. 社会解体論についてはすでに述べたので，植物生態学という考え方について，犯罪の同心円状地帯論と関連する特質に限定して説明しておく。たとえば，何も生えていない更地があったとして，まずそこに丈高の雑草が生えるが，しばらくするとエニシダのようなものにとって代わられ，さらに後になると松の木が，そして最後にはカシクルミが生えてくるというような，植生の変化ないしは交代の例をパークスは引用し，そのプロセスを，侵入（invasion）→支配（dominance）→継承（succession）という推移モデルでとらえる。パークスの共同研究者であったバージェス（Burgess, E. W.）はこのモデルを都市発展の姿に適用し，シカゴという大都市の同心円状5地帯論を提起したのだが，その概略は次のとおりである。

3. 地帯Ⅰ……中央の商工業地帯。今日では公害などの問題もあり，工業地域が大都市の真ん中にあることはまずないであろうから，商業だけの地帯と考えたほうがよかろう。要するに居住区域ではないということ。

地帯Ⅱ……推移地帯（zone in transition）とか介在地域（interstitial area）と呼ば

---

*この考え方は，後述するように，本来はパーク（Park, R.）が植物生態学の「共生関係（symbiosis）」というコンセプトから着想し，ショウとマッケイはそれにならって彼らの犯罪理論を構築した，そのベースとなったものである。

れる，地帯Iより1つ外側の同心円地帯。「介在」はともかく「推移」という言い方はややわかりにくいと思われるので少し詳しく説明するが，ショウとマッケイの調査研究ではここが非行多発地域とされる。多くの都市では，この地帯がもっとも古い街でありold townなどと呼ばれたりするが，中心部の地帯Iでの商工業の発展・拡充により，前述の“侵入→支配→継承”という社会変動（とりわけ人口流動）が絶えず起こってきた。建物は古びている（だから今日では観光対象にはなるだろう）が，修理も増改築もなされず，しかも地帯Iに近いため，そこで働く人々をはじめとして外国からの移民や貧しい人々が密集して住むようになっている（しかし定住や永住はしない）。シカゴの場合，初めはユダヤ人移民が入ってきたが，裕福になってゆくにつれてもっと外側の地帯ⅢやⅣに移ってゆく，そのようないわば“定まらない”姿から「推移」という呼び方がなされたのであろう。ショウとマッケイが調査研究を始めた1920年代はじめは，有名な禁酒法が行われていた頃で，少年非行に限らず成人犯罪が頻発しギャングが活躍する犯罪都市であったことは有名である。

地帯Ⅲ……勤労者家族の居住区域。地帯Ⅱから移ってきた人たちが家族とともに住む比較的質素なアパート形式の住宅地域。

地帯Ⅳ……わりあい裕福な単一家族が多い居住区域。やはりアパート形式が多いものの，地帯Ⅲよりは高級で，独立した家族が1世帯として居住しているような地帯。

地帯Ⅴ……郊外の高級住宅地。都市のいちばん外側というか周辺部であり（場合によっては都市からはずれた衛星都市であったりもする），よく映画などに出てくる広くて立派な庭のついた一戸建ての家屋が並ぶ区域。

4. この理論は，小見出しにも記したように「**非行文化伝達理論**」*と呼ばれることも多い。普通の社会の普通の家庭においてすら，行動様式・規範を次世代に伝達し継承させてゆくことは難しい。“親の言うことをきかないのが子どもだ”と言ってもよいくらいである。それなのに「非行的な生き方」がなぜ世代

* 「文化伝達（cultural transmission）」は，「文化伝播」と訳されることも多いが，要するに，価値規準や行動様式の，世代から世代への継承と，ある時点・時期での横への拡延（模倣や流行のような）との，2つの意味を含めた事柄と考えてよかろう。

間や世代の中できちんと伝達されていくのかは，考えてみれば不思議な話である。そこでクローズアップされてくるのがストリートチルドレンなどと呼ばれる仲間グループである。健全な社会であれば，遵法的（conventional）な価値規範や行動様式は，大人（とりわけ親）から子どもへと継承されてゆくのだが，社会（とりわけ家族）の崩壊によってそうしたチャンネルが不全となっているためストリートチルドレンのように群れて遊ぶ仲間とのふれあいが，子どもたちの行動様式を形成する上での重要な影響源として意味を持ってくるのである。つまり仲間うちでの学習というプロセスの重要性である。年長者からの非行的価値・行動様式の学習が多いが，本格的な犯罪行動への進展は，より年長の段階になってからであったり，施設経験を繰り返したり，健全社会からの排斥や**烙印**（stigmatization；「非行少年」とか「犯罪者」といったレッテルを貼ってしまうこと）が重ねられたりした上であると，彼らは主張する。なお，文化の伝達とか伝播というのはプロセスであるから，むしろ「社会過程」とみなすべきで，「社会構造」理論に含めるのはおかしいと思うかもしれないが，前述のように，これは非行地域論のいわば副題的な意味内容と考えるほうがよいと思われるのである。

5. ショウとマッケイによる非行地域論は，社会構造というマクロな視点からの非行理論ではあるが，前に5.3で述べたフランスのラカッサーニュ説のような“ある特殊な社会条件の直接的表出”として犯罪をとらえる考え方とは，かなり様相を異にしている。より実証的に複数の要因や犯罪・非行以外の社会病理現象にも目を向けている。かなり詳細な人口構成の推移したがって人口流動の実態，生活保護家庭の割合，家賃や間代，一戸建て住居の割合そして乳幼児死亡率，肺結核や精神障害の罹患数などである。

そうした綿密な調査研究の結果から彼らが引き出した結論は，地帯Ⅱは確かに経済的貧困が著しく人口構成も複雑だが，それらが非行多発の直接的原因であると考えるべきではなく，それらのために社会的に不利（the least privileged）であり，前述したように世代間でまともな行動規範・様式の継承が不全になるという，いわば媒介変数を介在させての理解をすべきであるとの主張であった。

6. このように見てくると，この理論には，次に述べるアノミー理論における「社会的に不利なステータス」とか，文化葛藤説における「複数の価値規範の不整合なままの並存」とか，非行下位文化論における「親しい仲間どうしの間での学習」といった命題がすでに萌芽の形で取り込まれているように見受けられる。したがって，この理論が後続のさまざまな犯罪・非行理論の先駆けとなった考え方とされるのは，十分に納得できるのである。

7. しかしながらこの理論は，そうしたいわば生成のメカニズムには深く立ち入らず，あくまでも生態学的な構造論として地域の構造特徴を犯罪原因に結びつけている点に特色があると思われる。チャイナタウンとかリトルイタリーといった地帯は，植物生態学における「自生地（natural areas，あるいは habitat）」になぞらえたとらえ方で，人種・民族的な集まりという点もさることながら，むしろ経済収入や商工業的職種という点でその地帯の有機的統一性（organic unity）を保っている功利性に着目した**共生関係性**（symbiotic relationship）が主な特色と考えられるのである。

6.1.2 アノミー（社会的無規制）理論

犯罪や非行を，生物的・自然的な個人の欲望に対する社会的統制の不全の結果と見るのでなく，そうした欲望自体も社会的に作られたものとみなし，だから，異常な社会条件に対する，正常な個人による正常な反応なのだと考える犯罪原因論の2番目として，マートンの**アノミー理論**，そしてその系列内に含めてもよいと思われる，文化的要因からの二，三の考え方をとりあげる。

マートンの業績は1938年から世に出されてきたが（Merton，1938），その基本命題は，米国社会において人々が持っている生活目標（**文化的目標**）が，順法的で社会的に容認されている道筋（**制度的手段**）で，どう実現されあるいは阻止されるかという，それら二者間の関係から個人の適応様式を類型化してゆくものであり，**表 6.1** のようにまとめられる（Merton，1949，森ら（訳），1961，p.129 から引用（説明は，pp.130－162 から））。なお，この理論の呼称に用いられている「アノミー（anomie）」は，前にも述べたように（5.3），19 世紀末にフランスの社会学者デュルケームが提起した概念である。社会変動の急速化や社

表 6.1　個人的適応様式の類型

	適応様式	文化的目標	制度的手段
I	同　調 (conformity)	＋	＋
II	革　新 (innovation)	＋	－
III	儀礼主義 (ritualism)	－	＋
IV	逃避主義 (retreatism)	－	－
V	反　抗 (rebellion)	±	±

＋：現存のものを承認 (acceptance)。
－：現存のものを拒否 (rejection or elimination)。
±：現存のものを拒否して新しいものに代替させる (rejection of prevailing values and substitution of new values)。

会構造の細分化により，個人の欲望が社会によって実現・達成されないため，社会が個人を係留しておくことができず，個人をばらばらに離脱させてしまうという意味での「社会的無規制」であった。ショウとマッケイは，こうした理論化の焦点を社会から近隣へとシフトさせたのだが，マートンは再び社会に焦点を移し替えたわけである。そして，文化的目標と制度的手段との齟齬のパターンの差異から，さまざまな態様の非同調・反社会的行動が生まれると主張したのである。

表 6.1 について，わかりにくいところと，社会的逸脱行動に焦点を絞り，簡単に説明しておく。

1. **同調**以外の 4 つの様式はすべて「**非同調**」となるわけだが，おそらく数の上では同調が世の中でいちばん多く，それ以外は質的に分けるから 4 つになるのであって，その意味ではこの類型は「非適応」あるいは「非同調」の類別と見てよかろう。

2. **革新**は，原語の意味からわかるように，革命のように根底から変えてしまうことではなく，「技術革新」などと言うときのように，本質は変えずに，その実現手段 (効率など) や利用目的 (応用範囲の拡大など) をよりリーズナブルにすることである。

3. 儀礼主義とは，いささかこなれの悪い表現だが，要するに形式は整っているが実質的内容は空疎であるような，よく言われる（悪い意味での）「お役所仕事」のような意味である。

4. 逃避主義は，主義という語が3の場合よりもさらに不要ないしは不適当であり，かといって「逃避」としてしまうとエスケープの意味が前に出すぎて不適当さがさらに増してしまうのだが，要するに形式面でも実質面でも本質から離れて生産性が全くなくなってしまうことである。課題に向き合わず背を向けてしまう退却と考えてもよかろう。

5. 反抗は，革新と異なり，実現手段や利用目的だけでなく，それが対象とする本質的価値それ自体をも新しいものに変えてしまうことで，単に楯突いて刃向かうということではなく，時には破壊的な行動に出ることもあるが，本質的には（少なくとも主観的には）生産的なパターンである。

非同調的行動をこのように類別したことは，犯罪・非行を含む社会的逸脱行動の理解やそれへの対応にとって，非常に有意義であり有用性が大きいと考えられる。後にこのような枠組みに対する反対命題も提起されるが，それだけこの理論の持つ意義が大きかったと見ることができよう。また，この考え方の中で，文化的目標として，具体的には個人的富の獲得と社会的成功の達成の2つを考えた点も，非常にアメリカ的であって興味ぶかいが，国や社会の違いによってここを別の事柄に変えることも可能であろう。たとえば学校教育場面でこのモデルを考えてみれば，勉学や学習の意義には無頓着で，ただ言われたとおり一所懸命に勉強しているというような振る舞いは，常識的には“まじめ”な態度とみなされるであろうが，このモデルでは“儀礼主義”という非同調的な姿勢になるし，未成年者の非行において革新と反抗とを区別することや，一見何の他害性もないようだが逃避主義的な逸脱にも目を向けることなど，大事な視点だと思われる。

6.1.3 文化のくい違いに着目した理論

「文化」という観点からの犯罪・非行理論にも，文化を1つの構造体としてその特質を巨視的にとらえ，犯罪や非行との関連を考えてゆくものから，ある文化の中での，対人関係を中心にした人間の振る舞い方をかなり微視的に考えてゆくものまで，さまざまな種類の違いがあるが，ここでは，前者の巨視的な考え方はごく簡単に触れるだけにして，後者の代表的なものとして非行副次文化説をとりあげ，やや詳しく述べることとする。

1．文化的遅滞（cultural lag）説

1920年頃にオグバーン（Ogburn，W．F.）という人が唱えた考え方で，物質的文化と非物質的文化との進展の違い（前者は速く後者は遅い）を問題にするもので，そこからさまざまな社会問題が生まれるとする。非物質文化（精神文明）の進展が遅いのは，①物質文化（工業生産によるものが主体）における「新製品」開発のような革新や発明が稀であること，②あってもそれらの採用・伝播が遅いこと，③あってもそれらは特定階層内に限られがちであることなどによるとされる。遅滞というよりはむしろギャップと呼んだほうがよいと思われるのだが，人間の社会的行動が主として非物質文化に左右されると考えることからの発想であろう。

2．文化葛藤（cultural conflict）説

1930年代末にセリン（Sellin，1938，“*Cultural conflict and crime*”『文化葛藤と犯罪』（小川・佐藤訳，1973））により提起された考え方で，平たく言ってしまえば複数の文化のぶつかりあいが文化葛藤である。ぶつかりあいとあえて書き直したのは，「衝突（collision）」よりもさらに“出会った上でのいざこざ”という不整合性を強調すべきであろうと考えたからである。「葛藤」にはまさにそのいざこざのニュアンスがこめられている。

セリン自身も，また多くの解説書なども，**文化葛藤**を1次的なものと2次的なものの2種類に分けている。端的に言ってしまえば，1次的な文化葛藤とは，複数の文化が，それぞれ1つの有機的な構造体（つまり異質な文化）として，たがいにぶつかりあっていざこざを起こし，その結果，犯罪や非行を含めたさまざまな社会的混乱が生じるというもので，セリンは次の3つの場合を挙げている（前掲書 p.75から，多少言い換えて引用）。

①それぞれに異質な複数の文化コード（コードは綱領であるから「文化規範」と言い換えてもよかろう）が，隣接する文化圏の境界線上で衝突したとき，②法律規範の場合に起こりがちであるが，1つの文化集団の法律が他集団の領分を覆うほどに拡張されたとき，③1つの文化集団のメンバーが他集団のもとに移住したとき。実際に彼は，移民，外国生まれの者，2世などについて，かなり具体的な考察を行っている（前掲書 pp.74－101）。

2次的な文化葛藤というのは，いわば個人のパーソナリティの次元での行為規範の乱れである。文明の発展に伴う社会や文化の細分化，そして個人が所属する集団（したがってそこでの文化）の多様化が進むにつれて，個人の価値規準や行動様式がやはり細分化・多様化し，内面において整合性を保てないままに乱立してしまい，その結果として社会的逸脱に走ってしまうという考え方で，こちらのほうは，社会や文化の中での個人の人格形成や行動様式に目を向けているということで，むしろ次の節で述べる社会過程論的接近に含めることができるかもしれない。しかし対人関係という観点はとられていないし，発想の源である“複数文化のぶつかりあい”という命題はまぎれもなく巨視的なものであろう。

6.1.4 非行副次（下位）文化説

コーヘンらによって1950年代の後半に提起された理論（Cohen，1955）であり，以下に箇条書きの形で説明を試み，その後で，筆者はこれと同類と考えているミラーの「下流階層文化論」（Miller，1958）について述べる。

1. 副次あるいは下位文化（subculture）というのは，たとえば，若者文化の中の「大学生文化」というような，ある大きな文化の中の一部分であって，その大きな文化の特質は保持しながらも，その一特殊型とみなされる特質を明示しているような小文化のことである。したがって**非行副次文化**（delinquent subculture）というのは，非行の遂行に対して抑止的あるいは否定的でなく，逆に促進的あるいは肯定的であるような行動傾向および価値規範ということになろう。それが具体的にどういう実質内容のものなのかについての理論化および理論枠組みが，非行副次文化説ということになる。

2. この理論は，社会構造論ではあるが，個人の社会適応という事柄も視野の中に入れており，それゆえ巨視的な観点と微視的な観点との橋わたし的考え方であると言われたりもする。アメリカ社会で一般的となっている個人の生活目標は，前にも述べたように，個人的富の獲得と社会的地位の達成であって，中流階層以上の人々にとっては努力と能力がありさえすれば到達可能なものであるが，下流階層の人々では（人種的な問題も絡んで）困難なことが少なくない。その困難さには，努力と能力があってもそれらを生かしきれない機会の不平等をはじめとする多くの要因が関与しているであろう。このモデルの入力と出力の変数を入れ替えれば，身分制が支配的であった中世にまで遡らなくても，またアメリカ社会だけに限らなくても，今日のわが国などにも広く当てはまる事柄であろう。とにかく下流階層の者にとっては不利な文化的状況であり，とりわけ未成年者にとっては，将来へ向けての志望や希望を失わせて閉塞状況に陥れ，刹那的・快楽追求的な行動様式を根づかせる土壌となるであろう。

3. そこで彼らはどうするか。前述のマートンの「適応様式」における「革新」に当たると思われるのだが，中流階層に一般的となっている生活目標は変えず，その実現手段を変えるのである。バイパス経由で目的地に到達するのに似ている。よく言われる“○○がダメなら□□があるさ”というのは，目標自体を替えてしまうのでこのパターンとは異なる。このバイパス経由というのが非行副次文化への依拠と考えてよいと思う。

4. そのバイパスとしての非行副次文化の性質については，「**補償的文化**」と考えたり，「**対抗文化**（counter-culture）」と呼んだりして，評価が少し分かれたりするが，補償というのは上述した目標の代替という意味あいからして少しふさわしくないように思えるし，対抗というのは次に述べる非行副次文化の諸特質の1つだけを強調しているようで，これもピッタリではないように感じられる。

5. 非行副次文化の特質については次のように指摘されている。

(1) **非功利的**（non-utilitarian）

それが欲しいから・それが必要だから盗むとか，あいつが憎いから・あいつは怪しからんから殴るというのでなく，盗むことあるいは殴ること自体に目的や意味があるということで，その場合の目的や意味は，本人がはっきりと意識していたり自覚しているわけではないことが多いということ，つまり犯行は手段でなく目的だということだが，その目的は第三者が見てそう考えられるというに過ぎない。ある時期よく言われた“遊びとしての”非行というようなものがこれに該当するであろうか。

(2) **悪意的** (malicious)・**拒絶的** (negativistic)

他者全般に不信感や意地悪さの気持ちを抱いており，だから他者が困ったり苦しんだりすることがむしろ楽しいということ，そして社会全体に対しても不信感・反発心・拒否感を持っていて，だから社会秩序を無視したり嘲笑的であったり反発的であるということ。(1) と合わせて考えると，街中でよく見られるペンキなどによるいたずら描きや，新築だったり綺麗にしたばかりの建造物に心ないダメージを与えるような所作などが思い浮かべられ，今日のわが国の社会でも十分に当てはまることと考えられる。

(3) 行為が**浮動的** (versatile)

思いつき，気まぐれ，移り気といったような，易変的で，一貫性や原則性を欠いた振る舞い方ということで，わが国でも 1970 年代以降，はじめの頃は「遊び型」，後になって「初発型」と呼ばれたような非行 (2.3 で述べた) が多くなり，当時“根が浅く，いわば軽症”とか“すぐに悪くもなるが，すぐに善くもなる”などさまざまに論議されたが，それと似た特質と思われる。

(4) 目先の欲求充足を求める (the desire for immediate than deferred gratification) **快楽主義**の傾向

これは説明を要しないと思われるが，(3) で述べた特質と重複するものであろう。しかし一つだけ補足するとコーヘンの考えでは，このような非行副次文化に依拠する下流階層の少年たちは，仲間たちと深く結びついていて上述のような価値規準や行動様式を継承したり広げたりさせており，また，彼らが作る集団は閉鎖的で，その少年たちのその集団への忠誠は強いとされる。これは，順法的・慣習的な教化が家庭でも社会でも不十分で，仲間との結びつきが最優先ということであって，集団の組織性が強固ということではないと思われる。

6.1.5　下流階層文化論

文化人類学者であったミラーは，説明的というよりは記述的なエスノグラフィ*という方法を用いて下流階層少年の非行を観察し，コーヘンとはかなり異なる興味ぶかい非行理論を提起した（1958）。彼は，価値（value）の代わりに**焦点的関心**（focal concern）という概念を用いるが，その意図は，価値という概念がどうしても“望ましい”とか“望ましくない”というニュアンスを伴ってしまうので，時と場合によってどちらにも価値づけられる中立的概念をあえて使ったのだと考えられる。なぜそうしたかを理解するためには，彼の基本的な研究態度が記述人類学の立場に立脚するものであったことを承知しておく必要がある。

彼は，非行少年が低所得の下流階層家庭から多く出ることや，彼らが行う非行の特質が，前述したコーヘンの指摘する非行副次文化が示す非功利性，悪意性，拒絶性などであることには，格別異を唱えない。しかしそうした非行が，中流階層文化の目標への到達・達成が阻まれているからだとすることには賛成しない。つまり，中流階層文化というものは確かに米国社会において支配的に優勢ではあるが，かといって下流階層の者までを含めたすべての人々がそれに志向しているわけではなく，それぞれの階層にはそれぞれの文化が固有にあるわけで，したがって下流階層文化は中流階層文化の歪められ敵意的となった一バージョンではないとする。彼は，ハーバードにいた頃，マサチューセッツの少年たちについての特別調査研究をその責任者となって遂行し，そこから「階級不満」とか「対抗文化」といったコンセプトを提起するが（1958），その直後の著作ではコーヘンとの距離をさらに広げ，上述のような基本視座から，下流階層少年が頻発させる非行は彼らが組み込まれている階層に固有の文化に合致した適応的な行動なのだと規定する。そこで，あえて価値を捨象した中立的な「焦点的関心」というコンセプトを採用するのである。次の6つに要約さ

---

* ethnography（民族誌学，記述人類学などと訳される）：特定の民族を対象として，その起源，慣習，生業，文化などを，その生息地と関連させたり，ほかの民族と比較したりして，記述する。自然観察を基本とし，仮説検証や理論構築を急がない，生態学的接近が特徴的。

れる。説明は筆者なりの理解によるものである。

1. めんどう (trouble)

“うちの若いもんがめんどうを起こしまして” などと言うときの「めんどう」と考えてもよかろう。要するにごたごたとか厄介ごとのような意味で，何らかのポリシーや原則があって，それと抵触するというのではなく，あえて言うならば事勿（ことなか）れ主義の次元での平穏無事の対極概念ということになるであろうか。したがって「めんどう」を起こすことと起こさないことは，必ずしも良いことや悪いことにつながらない。

2. タフネス (toughness)

たくましさ，男っぽさ（通俗的な意味での），マッチョ (macho) といった性質と類似のことと考えられる。ミラーは，下流階層家庭の多くが父親不在（出奔，服役，正規の結婚でないなどによる）の母親中心 (female-centered) 家族であり，そのため男児は生育過程において同一化対象としての男性像を欠いており，いわば反動形成としてことさらに荒々しく男っぽい振る舞い方を身につけてゆくのだと主張する。めめしさは何よりも恥ずべき行動パターンとみなされるわけである。

3. かっこよさ (smartness)

外見的におしゃれということではなく，最小の努力で最大の利得を入手するような，いわば額に汗して働くことを侮りかっこわるいとみなすような生きざまである。一攫千金の詐欺師やギャンブラー，あるいは懐手をして人を働かせたり女のヒモになったりという遊び人の生活態度を良しとしあこがれるのである。“手を汚さない” 生き方と言ってもよい。

4. 興奮 (excitement)

刺激を求め，スリルを楽しむような，官能的で刹那的な快楽追求のライフスタイルである。当然のことながら，長期的な見通しや，それを踏まえた堅実で計画的な生き方とは対照的なもので，飲酒や性行為への耽溺などもこの典型。

5. つき (fate)

言葉どおりとすれば宿命とか運命にまかせるということであろうが，心理学で「外的統制所在 (external locus of control)」と呼ばれていることと類似であろう。つまり，自分のこれから先の成り行きに自分の能力や努力は全く関係しない，だからそのときどきのつきぐあいですべてが決まってゆくので着実な努力なんかは無意味，“人事を尽くさず天命を待つ”のがよいといった無気力な生き方と言えよう。

6. 放っといてくれ（autonomy）

これも直訳すれば自律であろうが，要するに外部や他者からの干渉や規制を嫌うということで，望ましい行動特徴として現れれば「自律」となるが，そうでなければ「放縦」ということになる。しかし行動の中核となる自我がしっかりと確立されていないので，時と場合によっては，強く画一的な規制の下にいたほうがかえって気楽でよいといった処世態度になる場合もありうるであろう。

以上の6項目は1つの大きな特質の諸側面を指摘しているのだから，当然のことながら相互に関連し合っていたり，時には重複していたりするが，前に述べたように，それぞれは，時と場合によって望ましい性質となったりその逆となったりするような中立的特徴であると見られる。

ミラーの理論にはもう一つ重要な意義がある。「**青年文化**（youth culture）」という考え方を提起して未成年者の非行をそれと関連させ，非行を必ずしもネガティブな行為とばかりはみなさない後続のいくつかの理論を導いたことである。アイデンティティの理論を体系化したことで有名なエリクソン（Erikson, E. H.）は，非行をも含めた青少年のさまざまな社会的逸脱行動が，自我形成のための一つの試み（役割実験など）である場合が多いと考えたが，それとやや似ている。つまり，非行を頻発させる下流階層少年というのは，その階層に固有の文化に合致させた適応行動としてそのような行為を行っているのであるから，それが病理的成因に基づくものでない限り，むしろまっとうな行為とみなすべきではないかとの主張である。そもそも下流階層文化と言っても，ジャズやロックンロール，青いジーンズや独特のヘアスタイルなど，むしろ下流階層から中流階層への上向きの広がり（upward mobility）を示して米国社会における主流の文化や風俗となっているではないかと主張するし*，社会が非行や非行者を難詰しすぎるとも論断する。この論旨は，後に「ラベリング理論」や，生活目標達成のための「機会構造」に目を向ける理論へとつながってゆくが，それは次節で述べることとする。

さらに付言するならば，このように主流化した青年（あるいは若者）文化は，それに大きな市場価値を見出したマスコミと商品市場によってさらに肥大化・精妙化され，今や下流階層とは全く訣別した形での快楽・官能主義と，親を含めた大人社会からの離反を作り出し，そこから普通の行為としての非行という現象が現れてくるのである。いわば「脱犯罪化（decriminalization）」の趨勢であり，ミラーの考え方とそれに促されて発展してきたこのような思潮は，1960年代に入ってからの米国全体に及ぶ教育行政施策にも大きな影響を与えたと言われている。

6.2 社会過程論的接近による犯罪・非行理論

この節では，社会的脈絡の中での個人間の相互交渉という，前節よりは微視的だが，やはり主として犯罪・非行現象に眼を向ける，いわば社会心理学的視点に立ついくつかの理論をとりあげる。

最初に，やや古典的ではあるが，その後の犯罪・非行研究に大きな影響を与え続けたサザランドの「分化的接触理論」をやや詳しく紹介し，続いてそれと関連の深い（いわば姉妹篇のような）理論を二，三とりあげるが，これらの理論にはいずれも「分化的（differential）」という語が冠せられているので，その意味をここで述べておく。分化的のほかにも選択的とか差異的とか応差的などと訳されることがあり，いずれもなんとなくこなれが悪いようなピンとこない言葉である。意味は“いくつもある選択肢のうちからあえて意図的にどれか特定のものを選んで”ということである。したがって分化的接触というのは，“つきあうことが可能な相手は大勢いるが，その中の特定の者（必ずしも1人でなく複数でもよい）を意図的に選んでつきあうこと”を意味する。

続いてとりあげるのは，前節で若者文化と非行との関連について述べた際の

*この点については，5章で述べたタルド（フランスの社会学者・司法官）などは，逆に下向きの広がり（上流から中流・下流へ）を主張していたのだが，それとは反対で興味ぶかい。

最後に言及した「脱犯罪化」の観点に通じると感じられるいくつかの理論，すなわち，潜在価値説に基づく漂流（ドリフト）非行論，ラベリング（あるいは烙印）説，統制系としての自己観念の理論などであるが，これらには心理学的命題がかなり強く絡んでくることになる。この節の全体を通じて基本となる事柄は，伝播とか継承ということから「学習（必ずしも心理学的意味に限定されない，より広義な事柄としての）」，そして，人と人あるいは人と社会・文化ということから「関係性もしくは適応態様」という，2つの主題になるであろうから，これらはまさに心理学の分野に踏み込む理論と考えることができよう。

6.2.1　分化的接触（differential association）理論

この理論を提唱したサザランド（Sutherland，E. H.；1883－1950）は，シカゴ大学で社会学と経済学の博士号を取得した後，40歳を過ぎてから，イリノイ大学でしばらく教鞭をとり，ここで『犯罪学（*Criminology*）』という標題の著書をはじめて出版したが，数年後にシカゴ大学に戻り，そこで数年を過ごしてから再び今度はインディアナ大学へ移り（1935，52歳），そこに新設された研究施設の長となる。そして1939年に，彼の主著である『刑事学原論（*Principles of criminology*）』（Sutherland & Cressey，1960；日本語訳の代表者である平野竜一教授が，本著には刑罰学（penology）の意味も含まれていることからcriminologyをこのように命名）の3版の中で，はじめてこの理論を提起したのである。「分化的接触」の意味についてはすでに述べたので，その内容を以下に多少の説明を付して紹介する。ふつうは9項目にまとめられるが，ここではさらにまとめて提示する。

1. 犯罪行動は学習されるもの。逆の言い方をすれば，それは遺伝されるものではないということ。機械工学の訓練を受けたことのない者が機械の発明をすることはないのと同様に，犯罪の訓練を受けたことがない者は犯罪行動を考え出すことはないのである。

2. 犯罪行動は，コミュニケーションというプロセスの中での他者との相互作用の中で，学習される。このコミュニケーションは，多くの面では言語的なものであるが，動作によるコミュニケーションということもある。

3. 犯罪行動の学習の主要な部分は，親密で個人どうしといったグループの中で行われる。逆に言えば，映画とか新聞といったような，個人どうしではないコミュニケーションの働きは，犯罪行動を起こさせるのにさして重要な役割を果たさない。

4. 犯罪行動が学習されるときの学習内容には，犯罪遂行の技術（非常に複雑なものもあれば非常に単純なものもある），動機や衝動や合理化そして態度の特定の方向性も含まれる。

5. 動機と衝動の特定の方向性は，法規範を自分にとって都合のよい（favorable）ものとみなすか都合のわるい（unfavorable）ものとみなすかという意味付与（definition）から学習される。ある社会では，法規範は遵守すべきルールであると一貫してみなす人々に個人は囲まれているが，他方それと別の社会では，法規範への違反は自分にとって都合がよいとみなすような人たちに，個人は囲まれている。米国社会ではこのようなさまざまの意味付与が常にと言ってよいくらい混然としており，その結果われわれは法規範に関しては文化葛藤の状態にある。

6. 法への違反を都合よしとする意味付与が，それを都合わるしとする意味付与を凌駕するので，人は非行者となるのである。これが分化的接触の原理であり，それは，犯罪的と非犯罪的のどちらの接触とも関連するので，拮抗する複数の力というものを扱うこととなる。人が犯罪者となるときは，犯罪的パターンとの接触のゆえにでもあり，また非犯罪的パターンとの隔絶のゆえにでもあるわけ。どんな人でも，自分の周りの文化がそれと異なる文化と葛藤状態にないのだったら，その人はその周りの文化に否応なく同化してしまう。南部の人が“r”の発音をしないのは，ほかの南部人たちがその発音をしないからである。逆に言えば，分化的接触というこの命題は，犯罪に関して中立的でプラスでもマイナスでもないような接触は，犯罪行動の形成にほとんどあるいは全く影響しないことを意味している。人の経験の多くはこの意味で中立的である（たとえば歯みがきの学習など）。こうした行動は，法規範と関連するような接触であれば別だが，犯罪行動にはプラスにもマイナスにも効果を発揮しない。このような中立的行動というものは，子どもの時間つぶしとしてはことさらに重要であろう。そうした中立的行動をしている間は，その子どもは犯罪行動とかかわりを持たないわけだから。

7. 分化的接触は，その頻度，持続度，開始時期，接触強度の点でさまざまに異なる。ということは，犯罪行動にしても非犯罪行動にしても，それらとの接触はさまざまだということになる。接触態様としての頻度や持続度は明白なことで説明する必要はない。開始時期の早いことは，遵法的な行動や非行的な行動が，それぞれ子ども時代の早いうちに作られ一生を通じて続くという意味で，重要だと考えられる。しかしこうした傾向はこれまでのところ適切な形では示されてこなかったわけで，このことの影響は，“場合によっては”という選択的なものであることが多いのだと考えられる。接触強度というのは正確には定義されていないが，犯罪的あるいは非犯罪的なパターンの源泉が持つ威信のようなもの（たとえば，接触する相手が大物であったり魅力的であったりというようなこと），とでも言えばよかろうか。そうした接触には当然のこととして情緒的反応（たとえば，尊敬の念とか自分もあのようになりたいとの願望とか）が伴うであろう。ある人間の犯罪行動をきちんと述べる際には，このような諸態様が量的な形で（数学的比率を示すまでにして）述べられることになるのであろうが，そのような公式化はまだなされていないし，その作業はきわめて難しいものであろう。

8. 犯罪的および非犯罪的の両パターンとの接触による犯罪行動学習のプロセスには，ほかのどんな学習にも含まれるメカニズムのすべてが参画している。逆の言い方をすれば，犯罪行動の学習は模倣のプロセスだけに限られるわけではないということになる。たとえば，悪の道に誘いこまれる者は接触によって犯罪行動を学習するわけだが，こうしたプロセスは通常は模倣と呼ばれないであろう。

9. 犯罪行動は一般的な（特殊ではなく普通の）欲求や価値の表現であるが，非犯罪行動も同じく普通の欲求や価値の表現であるから，犯罪行動はそうした欲求や価値によっては説明されないものである。盗っ人は多くの場合は金銭を手に入れるために盗むのだが，正直な勤労者も同様に金銭入手のために働く。多くの学者が，幸福になりたいという願望や，社会的地位を得ようとする志望や，金銭動機や，場合によっては欲求不満といった，一般的な衝動や価値によって説明しようとしてきたが，彼らは遵法行動をも犯罪行動と全く同じように説明するので，そうした試みはこれまでずっと失敗してきたし今後も失敗し続けるであろう。それは呼吸することと似ている。呼吸はいかなる行動にも必要であって，それで犯罪行動と非犯罪行動とを区別することはできないのだから。

6.2.2　分化的接触理論の評価とその修正

サザランド理論のポイントをまとめると次のようになろう。

1.　犯罪原因としての内的要因の排除

犯罪行動も非犯罪行動も一般的な普通の欲求や価値を実現させようとするものであるから，犯罪・非行を行為者の内的要因の特異性で説明することはできない。それを実現させる手段もしくは筋道が順法的な日常行動の場合と異なるのだということ。

2.　理性的認識による功利的判断

どう異なるのかというと，法の遵守と法への違反のどちらが行為者の欲求・価値の実現にとって都合がよい（favorable）かの判断において，法遵守を都合よしとすれば非犯罪行動が選択されるが，法違反を都合よしとすれば犯罪行動が選択されるということ。

3.　他者との接触からの犯罪行動の学習

ここで犯罪行動と言うのは，単に遂行技術だけでなく，犯罪への動機や衝動，犯罪に対する合理化や態度なども含むのだが，それらは，行為者にとって個人的で親しい人々との接触におけるコミュニケーションの過程で学習され獲得されてゆくものだということ。その際に，犯罪的行動型だけでなく非犯罪的行動型への接触も見逃すべきではないとしている点は，非常に大事なポイントの一つと筆者は考えている。サザランドは，犯罪行動の学習と獲得の強弱もしくは確立度が，犯罪的と非犯罪的双方の行動型への接触の頻度，持続期間，開始時期が早いか遅いか，接触した行動型の源泉が持っていた威信などの程度によって決まってくると述べ，いずれはそれらが変数化されて比率のような形で示されなければならないと主張するのだが，それは犯罪的と非犯罪的双方の行動型についてであると考えられる。そうでなければ一方が他方を凌駕するかどうかという考え方は出てこないであろう。このようなプラス面とマイナス面の双方を視野のうちに入れるという考え方は，後述するクラワードとオーリンの「分化的機会構造論」ではいっそう鮮明に提起されることとなる。

4. 文化の細分化，文化葛藤そしてホワイトカラー犯罪

レィニエとヘンリーは彼らの著作（Lanier & Henry, 1998, p.138）の中で，サザランド理論の特色の一つとして“社会解体論から社会体制細分化論への推移”ということを指摘している。上でも述べたように，サザランドの考え方には，マートンのアノミー理論，コーヘンの下位文化説，セリンの文化葛藤説などと，相通じる論点が見られ，非常にスケールの大きい理論という感じがするし，実際にほかの学派や研究者たちに与えた影響は大きかったのだが，ここでとりあげる事柄は，彼の理論が持つクールな感じを如実に示している特質の一つではないかと思う。つまり社会解体論では，社会の主流になっている文化から隔絶され，やむなく貧困と荒廃の状況に置かれてしまっている人々が犯罪に走ると考えるのに対して，**社会体制細分化論**（differential social organization theory）では，社会の複雑化が進むにつれて相互に衝突し合うような多くの文化が，それぞれに異なる規範や価値を持って乱立し，その中に社会全体の法規範と合致する文化や背馳する文化が形成され，したがって，自分が所属するマイナーな文化には適合しているのだが社会全体のメジャーな文化には背馳しており，それが犯罪とみなされてしまうということが，いくらでも起こってくるとされるのである。その典型例が企業犯罪ないしはホワイトカラー犯罪*であり，これらを含めてこのような犯罪を行う人々には罪悪感が希薄になりがちとなる。さきに“クールな感じ”と評したのは，このような一種の生態学的観点，つまり階級不満とか階層間のあつれきとか，あるいは目標実現の阻止とか挫折とか，そういったネガティブなとらえ方でない中立的視座の感触ゆえなのであろう。サザランドがホワイトカラー犯罪に関心を持ったのは当然のことと考えられる。

---

* white-collar，つまり blue-collar とは反対の知的労働者で中上流階層の人びとによる犯罪の意味。ふつうは犯罪に陥りにくい人びとと考えられていた。

サザランド理論にはいくつかの批判が加えられている。たとえば，学習という命題について受け身的な面ばかりを強調していて能動的な面を無視していること，犯罪行動の伝播には目を向けているが，その発生源については考察を加えていないこと，意味付与の量的把握は可能なのかという問題，それをも含めて実証可能（testable）と言っているが果たしてそうなのかという問題，暴力とか破壊といった非理性的な行為は説明できるのかという問題などである。詳述することは割愛せざるをえないが，この理論を一部修正もしくは補足したものと見ることができるグレイザー（1956）の「分化的同一視（differential identification）説」を挙げておく。彼は，サザランド理論の心理排除主義に対して，「接触」というのはいかにもメカニカルだとして，その代わりに「同一視」の語を用い，犯罪行動が学習されてその行動型が獲得され強化されてゆく際の人間関係を重視した。つまり，学習者が被学習者（その行動型が強化子となる人間）に対して“気心が知れている”“心を寄せている”“他人とは思えない”“ああいう人になりたい”といったような心情を持っていることが重要だと考える。

6.2.3 社会的学習理論への広がり

エイカーズらは，**社会的学習理論**（social learning theories）の立場から，サザランドによる前述の9命題を次のようにとらえ直す（Akers，1977；Burgess & Akers，1966）。整理・要約して示すと以下のように4つの命題にまとめられるであろう。

1. 犯罪行動の行動型は，オペラント条件づけの原理にしたがって学習される。

2. その学習は，犯罪行動の行動型が非犯罪行動のそれとは異なる弁別刺激となり，かつそれに対する反応に，学習者にとって正の強化（reward）が与えられるような強化随伴性（contingency）をそれが持つとき，その犯罪行動型は学習者に定着する。

3. こうした学習は，対人接触の中でも，また対人接触がない非社会的状況の中でも，起こる。

4. 強化の量・頻度などによって犯罪行動型の強度が決定され，強化子の質，つまり弁別の際にどういうルールや規範が適用されるかによって，犯罪行動型の質や方向性が決定される。言い換えると，弁別刺激として選択されたあるタイプの犯罪行動型に対する強化が，ほかのタイプの犯罪行動型および非犯罪行動型に対する強化を凌駕するとき，そのタイプの犯罪行動型が定着する。

バージェスとエイカーズ（Burgess & Akers，1966）は，上述のようにサザランド理論を社会的学習理論の中に位置づけ，「分化的接触」の代わりに「**分化的強化**（differential reinforcement）」という命題を立てたのだが（Jeffery，1965），そこでは当然のこととして対人関係の中での反応に対するフィードバックということが重視されるわけで，罰や賞の役割についての考察もなされるようになる。たとえば，行為の直後の罰が効果的であること，マイナーなルール違反が見逃されて結果的に賞が与えられたことになると，後に重大な法違反を引き起こしてしまうこと，関心を持ってもらいたくてあえて罰せられるような行為に出ることもあること，賞の出し惜しみのようなことはかえって効果をネガティブにしてしまうことなどである。

このような考え方は，サザランド理論の単なる修正というよりはむしろ，今日では犯罪心理学の重要な一つの理論分野になっているとみなすことができるのだが，その広がり方は，上述のようなスキナー流のオペラント条件づけの枠組みを超えて，さまざまな社会的認知論や役割理論あるいは自他関係論や集団力学などの領域にまで広がっているのである。

ところで社会的学習理論に対しては次のような2つの疑義が提起されることとなる。一つは，人間を全く受け身的な存在とみなし，善にも悪にもすぐ染まってしまう白紙のようなものと考えてよいのかということ，もう一つは，社会の主流をなしている支配的文化と，社会の辺縁に位置している非行的下位文化とを，あまりにもきっぱりと隔絶・対立させ過ぎているのではということである。マッツアとサイクスは，このような批判を踏まえて，この後に述べる「潜在価値説」と「漂流（ドリフト）非行論」を立ち上げる（Matza & Sykes，1961）。

6.2.4　潜在価値説と漂流非行論

マッツアとサイクスは，上述の2つの批判の後者を踏まえ，どんな社会にも，そこで主流となっている支配的文化の裏側には，それと背馳あるいは対立するような下位文化が潜在しており，それは，ときにはその支配的文化を少しずつ変えてゆく動因となったり，またときには，日常その支配的文化に準拠している人々がときおりそこからはずれ，一時的にそれに拠っていわばカタルシスをはかる枠組みを提供する役割を果たしたりしていると考える。このような下位文化を「**潜在価値** (subterranean value)」と呼び，支配的文化と逸脱的下位文化とを完全に分離したものとはみなさない立場をとるわけである。そして非行少年のうちのかなり多くは，完全に支配的文化から遊離してしまっているわけでも，また完全に逸脱的下位文化に浸りきっているわけでもなく，むしろ大部分のときは支配的文化に所属し，ときおり逸脱的文化の潜在価値に準拠して行動するのだと考える。このような一時的準拠とその上での逸脱行為を，“ふらふらと立ち寄る”ようなその様子から「**漂流** (drift) **非行**」と呼ぶのである。そして，その際に感じる罪悪感などの負の心情を和らげるために「**中和化** (neutralization)」という意識面での操作を行うとし，次の5つのタイプを挙げる。心理学的には合理化 (rationalization) と類似の事柄と考えられる。

1. 責任の否定

自分の意思ではなく，自分ではどうしようもない事柄，たとえば，悪い環境，自分の人格面の欠点とか知能の低さ，周囲の人々からの逃れようのない影響などによって，やむなく非行に走ったのだとするような，いわば言い訳や正当化により自分の責任を否定すること*。

2. 加害の否定

風俗犯などの場合に多いが，誰にも迷惑をかけていない，たいした損害ではないなどと，非行による加害を否定もしくは過小評価すること。

3. 被害者の否定

被害者のほうが悪かったのだ（たとえば，先に手出ししたのはあいつだ，と

---

*考えてみれば，このような犯罪原因や犯行にいたったプロセスやメカニズムの科学的解明は，個々の犯罪者や非行少年に対してなされた場合には決定論となって意思自由（つまりは責任）の否定につながるわけである。心理学の問題としてとらえ直せば，人間の主体的選択 v. s. 客観的要因の必然的帰結という問題になろうか。

いったような），あんな奴にはこれくらいの仕打ちを加えたほうがいいんだなどと，被害者をおとしめて自分の行為を正当化しようとすること。

4. 非難者への非難

教師や裁判官や警察官など，非行を咎める立場の人びとに対して，“あいつらだって陰では悪いことしてるじゃないか”といったような非難を加え，自分の非行に対する咎めだてを逃れようとすること。

5. より高い忠誠の訴え

“仲間のためにやったんだ”とか，“会社を守るためにやむをえなかったんだ”といったような言い訳や正当化をすること。

このような操作が中和化であるが，要するに，本筋のところでは悪いという違法性を認識しているが，具体的状況では仕方がなかった，あるいは正しかった（“総論賛成，各論反対”のような）と考えたり感じてしまうようなことで，違法性と遵法性の意識面での不分明さを現している事象である。彼らが「漂流」という場合，このような行為態様を指している一方，刑罰の量定や執行の面での，たとえば情状酌量とか執行猶予のような一種の緩和のための余地あるいは裁量の幅といった，ゆるみもしくはあそびにも通じる概念と考えられる。

この節ですでにいくつかの犯罪・非行理論を，ほぼ年代順にとりあげてきたが，その中で読者は一つの大きな特徴（脱犯罪化という特質がしだいに顕著になってきていること）に気づかれたことと思う。犯罪や非行という行為や事象についての観方から，“悪さ”という属性が薄くなり消えようとしてきているという趨勢である。この点は前にも少し指摘したことではあるが，要するに科学的な考え方がだんだんと精緻になってくるにつれて，当然のことではあるが，どんなことでも必然という論理で解明できる部分が多くなり，その分だけ決定論（ひいては宿命論）に傾いていくからであろう。こうしたことを踏まえて，もう一つ，これまでとは観方を逆転させていると言ってもよい考え方を紹介しておこう。

6.2.5 ラベリング理論または烙印説

これは，“犯罪があるから法規制するのではなく，法規制をするからそれが犯罪になる”といった命題に近い考え方である。**ラベリング**（labelling）とは，文字どおりラベル（レッテル）を貼ること，つまり「逸脱者」とか「犯罪者」というレッテルを貼ることで，これを「**烙印づけ**（stigmatization）」とも呼ぶ。したがってこの立場は，犯罪行為とか犯罪者には目を向けず，ある行為を犯罪とみなす側にもっぱら目を向ける。従来の犯罪研究とはその視座を全く逆転させたもので，その理論的ルーツはミード（Mead，G. H.）らによる象徴的相互作用論*に求められるとされるが，犯罪研究ではタンネンバウム（Tannenbaum, 1938）が創始したと言われている。

犯罪行動の考察において他者とのかかわりを重視するのは他の理論でも同様だが，この立場の理論家たちは，ある行為を行う人とその行為を犯罪と名づけて規制する人がいるのだから，その両者を含めた全体の構造を研究すべきであるのに，これまでの犯罪研究では，その行為者つまり犯罪者と名づけられる人にばかり目を向けてきたのは，不思議なことだと考える。そして，そのように名づける人たちは名づけられる人たちとは異なる文化に依拠していて，そう名づける（ラベルを貼る）ことでその文化に適応できるからそうしているのだと断定し，「悪の演出（dramatization of evil）」と呼称する。

とはいえ，この立場が，犯罪と名づけそれを規制する人たちだけを考察の対象にした，とするのは正しくない。名づける人たちと名づけられる人たちの双方に目を向けてみると，前者からは「定義もしくは意味付与」，後者からは「1次的逸脱と2次的逸脱（事後の成り行き）」という事柄が浮かび上がってくる。前者は，前述した文化の細分化とそうしてできた下位文化間のくい違いや衝突という命題，後者は，象徴的相互作用論に基づく自己イメージ（概念）の形成と定着，そしてそれに沿った役割取得・行動（下位文化への適応）という命題である。基本的視座は従来のそれと180度の転回をさせてはいるものの，論じていることはこれまでと大きく隔たるものではないと考えられる。

この理論は，民族的構成や経済的階層など種々の点で複雑な米国社会での法規制におけるさまざまな問題に関連して，ただちにとりあげられて，体制批判

* symbolic interactionism：普通は個人の内的要因とされる自己意識なども，社会的対人関係の中で作られるとする考え方。

の論拠とされたことも多かったようである。わが国でもある時期，少年司法手続きの存在自体がむしろ少年非行を作り出す源であるかのような論議がなされたりしたが，麦島文夫・田村雅幸（1972；1973）や西村春夫などによる実証研究によって，わが国でのそうした法規制の偏りなどの存在はほぼ否定されていると見られる。しかしながらこの理論は，その裾野が非常に大きく，ここでの詳述は割愛せざるをえないが，自己観念（イメージ）論，役割理論，集合行動論など多くの重要な犯罪理論と密接に関連し合い影響を与えてきたと言うことができる。それというのもこの理論が象徴的相互作用論に根ざしているからで，たとえば，従来は怒りの感情といった内的要因に基づく考察が常識となっていた暴力場面の分析においても，「過程としての自己（self as process）」と「対象としての自己（self as object）」といった概念を根底に置く対面状況での役割取得という切り方で分析を行ってゆく認知的なアプローチが，最近では盛んになってきている。

6.2.6　分化的機会構造論

この節で最後にとりあげるこの理論は，「社会構造論」の一つとしたほうがよいのか「社会過程論」の一つと考えたほうがよいのか，両方の橋渡し役を果たしていると見る論者もいるのだが，そうした位置づけにはあまりこだわる必要はないわけで，むしろそれだけ多面性と統合性を持ち説明力が豊かなのだと考えたほうがよいと思われる。この**分化的機会構造論**（differential opportunity structure theory）はクラワードとオーリンによって1960年に唱えられたものだが（Cloward & Ohlin，1960），彼らもシカゴ学派に属し，シカゴの非行少年集団についての実証的調査研究に基づいて，アノミー論，非行地域（文化伝達）論，そして分化的接触理論の3つを統合し，非行下位（副次）文化論の精緻化を企図した理論と考えることができる。彼らはまず，マートンらと同様に，人生における成功（とりわけ金銭的な）を，社会構成員の誰もが共通に持つ生活目標と考えるが，その実現手段として従来の諸理論が合法的手段にばかり着目してその不平等さないしは偏在を指摘してきたことを批判し，非合法的手段を手にする機会にも目を向けるべきだと主張する。そして，合法的と非合法的双方の機会*が，個人の行動空間においてどのような布置（たとえば，どちらが多いか，利用しやすいかなど）を示しているかを「**機会構造**」と呼ぶ。つまり目標ではなく実現手段の相違を問題にするわけで，これを指標として次のような3種類の下位文化を設定し，その種類別によって犯罪・非行の種類もある程度異なってくると唱える。

1. 犯罪的下位文化（criminal subculture）

窃盗をはじめとする物質的利得を中心とする財産犯系（禁制の薬物の売買，当たりくじ番号の偽造や詐欺，いかさま賭博など）。近隣社会に根ざしたグループ作りが特徴的だが，それは慣習的行動の中でのほうがそうした稼ぎがしやすいからで，いわば合法的機会構造の中に非合法のそれが組み込まれてしまっている形で，若者たちにとって大人の犯罪行動スキルは継承され，その意味で大人は若者にとっての行動モデルとなっている。マートンの類型では「革新（innovation）に相当し，目標指向的に振る舞い，暴力は，本来の物質的利得を目的とする犯罪を阻害するので嫌われることとなる。

2. 闘争的下位文化（conflict subculture）

1とは逆に，安定した組織的な犯罪活動はなされにくい。その理由は，人口流動のめまぐるしさといった生態学的要因にあり，若者にとっての大人の役割モデルは稀少であって，合法的機会構造とは疎遠である。マートンの類型では「反抗（rebellion）」に相当し，コーヘンのいう非行下位文化の行動パターンに類似している。目標指向的というよりは表出的（expressive）な粗暴行動を頻発させる。社会に対して敵意的であり，正義に反することは承知で縄ばりや自分の名誉・評判の保持と増大のために侵害行為に出る。挑危険性，頑固さ，マッチョ的な荒々しさが重んじられる。言うまでもなくさまざまな暴力非行の累行が特徴で，合法的，非合法的どちらの機会構造とも無縁であり，成功目標の達成は困難もしくは不可能である。民族的あるいは階層的な不満が定着していることが多く，実際にそうした面での構成も複雑だったりする。マイノリティの犯罪などがこの典型。世代間のつながりは薄く，若者にとっての年長者

---

*機会はopportunityの訳語だが，日本語ではむしろ“チャンス”という言い方のほうが，偶然性という意味を抜き去れば，より適当なように考えられる。

のモデルは欠けていることが多い。

3. 逃避的下位文化 (retreatist subculture)

アルコールや薬物への耽溺，性的放縦などが典型であるような，けじめのなさ，抑制のきかなさ，周囲への安易な同調，目標や志向の欠如などを特徴とする，いわば後ろ向きの無力な生き方に由来する逸脱である。やはり合法的・非合法的どちらの機会構造からも隔絶してしまっているドロップアウトで，「二重の脱落 (double failures)」者と名づける人もいる。

6.2.7 社会的絆理論

ハーシーが1969年の著作で提起した**社会的絆理論**(social bond)で，彼はマッツアとサイクスの中和化理論をしりぞけ，社会の誰もが社会的同調に向けて社会化される中で，いくらかの者がたまたまずり落ちるようにして非行に走るのではなく，その者たちは人生の早期において社会化 (socialization) が適切に行われなかったのだと主張した (Hirschi, 1969)。このような社会化重視論の根底には次のような考えがある。

1. 法を守る者も破る者も，潜在的には逸脱や犯罪への傾性を同様に持っていたと考えるべきで (その意味では性悪説であり，後述する統制理論*の典型である)，だから“人はなぜ法やルールに従うのか？”という問いから考察を始めるべきである。

2. 社会化の究極の目標は「自己統制 (self-control)」の達成である。

3. そのような意味の社会化の形成にかかわるもっとも重要なことは，周囲の重要 (significant) な他者，すなわち親とか教師といった人々，との間に社会的絆 (social bond) が築かれることである。

4. その内容もしくは要素として次の4つが重要である。

(1) 愛着 (attachment)

重要な他者との情愛的な結びつきであるが，心理学の領域では，この語はボ

---

*次の節の「まとめ」で少し詳しく説明するが，ここでは，人間の本性として逸脱や悪への傾性はあるので，それが行為として顕在化しないように「統制」しておくことが必要と考える観点，くらいに理解しておいて欲しい。

ウルビィの有名な「母性剥奪（maternal deprivation）」の理論によってよく知られており（Bowlby, 1953），ハーシーも明らかにそれを意識してこの概念を使っていると考えられる。したがって，単に情愛的な次元だけでなく，caring for というような感受性の事柄も念頭に置き，精神病質にも言及している。

(2) 関与（commitment）

訳しにくい語であり，人によって，「係留」とか「関与」とか「コミットメント」とかいろいろに言われるが，ハーシー自身も言っているように「投資（investment）」という言い方がいちばんわかりやすいと思う。つまり，慣習的・遵法的な世界でこれまでにどれくらい努力し，業績など失ったら損なものを築いてきたかである。彼はこのことの説明で，「法を破ることを人に思いとどまらせる最大のものは恐怖である」との叙述から始めている。サザランド理論の命題の一つ，法の遵守と法への違反のどちらが行為者にとって都合がよい（favorable）かという事柄と類似であると考えられる。

(3) 包摂（involvement）

これも訳しにくい語で，「包み込み」「巻き込み」「忙殺」などと訳されるが，これは単純なことで，“小人閑居して不善をなす”の意味だと思えばよかろう。つまり，慣習的・遵法的な世界のこと（いわば正業）に没頭していれば，逸脱的・違法的なこと（いわば悪事）にかかずらう暇はなくなるというだけのことである。単純なことではあるが，しかしこのことは非行者に対する改善のための実践的な取組みにおいては意外と盲点になっていることも多い。犯罪や非行というネガティブな事柄に向き合っていると，そのネガティブな面にばかり気をとられがちになるが，いっそのこと眼を転じてポジティブな面にかかわるようになると，いつの間にか改善が果たされているというようなことはままあるのである。

(4) 信念（belief）

一言で言ってしまえば遵法的な規範意識を根づかせ内面化させることであろう。この点はハーシーの中和化理論に対する批判の切り込み口となる点でもあり，また認知と情動との乖離という難しい問題を含んでもいるのだが，詳述は控えることとする。

6.3 「まとめ」と考えられる2つの理論

これまで，社会・文化的要因からの犯罪・非行理論のいくつかを，構造論的接近によるものと過程論的接近によるものとに分けて紹介してきたが，ここでは理論内容に着目して多くの理論を類型化し体系化していると考えられる2つの理論を挙げてしめくくりにしようと思う。一つは，筆者が重畳的と名づけているもので，単なる列挙的網羅でないのはもちろんとして，かといってあえて総合的な枠組みを立てるのではなく，○○があった上で□□があると……，その上で△△があると……といったぐあいに，いわば重ねていくようにして全体像を組み立てている理論枠組み，もう一つは，ふつうよく行われる，個々をいくつかの独立した（したがって相互に対比させられる）大きな分類項目の中に横ならびに所属させていって，全体像を築き上げている理論枠組みである。前者の典型としてスメルサー（Smelser，1963）の「価値付加過程論*」を援用した大村英昭・宝月　誠（1979）の「逸脱理論」を，後者の代表としてハーシーの「緊張・統制・文化的逸脱理論3分類説」をとりあげる。

6.3.1 価値付加過程論

大村英昭と宝月　誠は，次に示すような興味ぶかい逸脱行為の重畳的な形成過程を，スメルサーの論理を援用して説明している。まず基本に置くのがスメルサーが示す次のような命題である。「ある事態の存在と，その事態が規定要因として活性化することとを区別する。そうすることで，ある単一の事態がいくつもの規定要因として活性化しうることを認め，分析を経験的に開いておく」ことができる（前掲書，p.230から引用）というもので，非常に示唆的な指摘であり，言われてみればわれわれの周囲にいくらでも見られる事柄である。路上にある単なる石ころが，場合によっては武器となったり，砂漠で火を吹いている“燃える水”が，ときには国家間の紛争のきっかけともなる重要な意味を持つ資源になったりと，例を挙げればきりがない。要するに，Start から End に

---

*これは，本来は非行をとりあげた理論では全くない。ここで集合行動というのは，たとえばパニックやクレーズのような，いわゆる群集心理的行動を指す。

いたるまでの「要因連鎖」の流線図式において，各要因を，それぞれの中ではかの要因を活性化してゆく点に着目し，その順序に従って配列したものが「**価値付加過程**（value-added process）」である。たとえば，鉄鉱石から銑鉄，そして鋼鉄さらに鋼鉄線，最後に刃物というような流れを考えれば，だんだんと価値が付加され，それに伴って用途は限定されてゆくという過程がそこに見て取れるわけで，それを上記のように呼ぶのである。こうした流れを考える場合に大事なことは，その活性化の順序であって，基本的には最も原初的な（したがって用途などの価値が広きにわたっている）状態から，最も洗練された（したがって価値が現実化しているが限定されている）状態へという順序性の見究めであろう。

大村と宝月がスメルサーのこの考え方を援用して組み立てた逸脱（非行に当てはめることも可能）の形成過程は，次のようなものである（前掲書，pp.230－232，少し言葉を換えて示す）。

(1) **構造的誘発性**（structural conductiveness）

職場や学校（第2空間）と住居（第1空間）との分離に伴う第3空間（たとえば，歓楽街とか商店街などの消費地域，あるいはパック旅行とか娯楽施設などの余暇利用システム）の拡大，階層分離というよりはむしろ平準化による微細な差異に一喜一憂するような「地位社会化」の傾向，そして道徳的意味空間の動揺，たとえば，「平和と民主主義」とか「愛情と信頼」といったような実質的内容を伴わせない美辞麗句の頻用による，それらの意味の空洞化あるいは多義性の広がり（と理解できる），あるいは，“忙しく働いていれば有意義なことをしている”といった思い込みに見られる本質的意義への無頓着などが該当すると考えられる。

(2) **構造的ストレイン**（緊張，この概念についてはすぐ後で説明する，structural strain）

アノミーなどに限定すべきではなく，“中心的諸制度*から人を離脱させるすべての傾向”（「疎外（alienation）」に近い概念と思われる），学業不振や職場での地位不満，家族の孤立化や崩壊，役割葛藤による不安や逸脱的な若者文化など，これも広汎な意味の広がりを持つコンセプトである。筆者が「重畳的」と名づけた価値付加のロジックを，大村らは次のように説明している。“……たとえば「学業不振」があっても先行要因（1）の「第3空間」の拡大がなければ，それは非行誘発要因として活性化しない（つまり学業不振は非行を促す要因ではない）ということを指示している。逆に次の（3），たとえば非行サブカルチャーが一部にあっても，成績不振など中心諸制度からの離脱要因が活性化しなければ，非行誘発要因としては発動しないということを指示している。つまり尊敬できる仲間が非行少年であっても，本人が学校に「愛着」していれば，この仲間の影響は非行を促すかたちでは作動しない。”この分析ないし視点は，実に明快であり，しかも，少しでも非行の臨床をはじめとする実務に携わったことのある人ならば容易に納得できるロジックであろうと，筆者は考えている。こうした重畳的な連鎖が最後の（6）まで続くわけだが，先へ進むとしよう。

（3）サブカルチャー**

スメルサーの枠組みでは「一般化された信念の成長と普及（growth and spread of a generalized belief）」となっているものを，大村らがこのように組み替えたのであるが，“総じて中心的諸制度に対する正当性を撤去せしめるような「一般化された信念」のこと”と説明している。つまり，その時代のその社会において支配的な文化，したがって遵法的・慣習的で正統性が認められている規範に対して，対抗的だったり逸脱的だったりするようなマイナーな文化や規範ということになるであろう。ちょうど，主流である大人の文化に対する若者の文化のようなもの，と考えてよかろう。そして具体的には，金銭，クルマ，“おんな”などに執着する「財産アスピレーション」，そして「能力・努力」の価値を否定してツキにこだわる「宿命論***」などを指摘する。当然のことながら，このような生活意識だけでなく，それを共有する仲間との接触や同一化（いわゆる不良交友）をも，ここには含めていると考えてよい。信念の一般化という

---

*ここで「制度」と言っているのは，前に述べたマートンの「制度的手段」などの場合のように，公認された，正統的な，順法的で慣習に背馳しない，というような意味であろう。したがって「中心諸制度」というのは，陽の当たるメジャーな規範といったことと考えてよかろう。

**もちろん「非行的サブカルチャー」のことである。

のは，やさしく言い換えれば“みんなでそう思い込むこと”とでも考えておけばよい。

(4) **きっかけ要因** (precipitating factors)

心理学的には，ここまでの積み重なりによって形成されてきた準備性が，いよいよ逸脱行動として現実化される際の誘因 (incentive) に相当する外的要因と考えることができよう。たとえば，教師の叱責，失恋，受験失敗などを挙げている。言うまでもなく，こうした要因は，それだけで非行生起要因となるのではなく，上述のような (1) ～ (3) の諸要因の積み重なりによってはじめて活性化するわけである。スメルサーは，ヒステリカルな信念，願望充足的信念，敵意，規範志向的および価値志向的信念などを具体例として挙げている。

(5) 行為に向かっての**参加者の動員** (mobilization of participants for action)

大村らは，(4) との並びでわかりやすくするためであろう，「巻き込み要因」としているが，非行的機会の提供とした上で，(1) から (4) までの要因が出そろった上で実際にどういう逸脱かが決定される段階と説明している。スメルサーは，(1) から (4) までを push 要因，そしてこの (5) を pull 要因としており，仲間との同一化をこれに該当させているが，前にも述べたように，仲間との同一化は (3) のサブカルチャーにも該当するであろうから，ここでのそれはより特定化されたものと考えるのがよいかもしれない。

(6) **社会統制の作動** (the operation of social control)

上述の5段階とは異質というか，それらすべてを包摂するというか，要するに，このように生成され現実化した行為を「犯罪」とか「非行」と認定する，いわば社会の側の視点に立っての事柄である。スメルサーはこれを2大別し，①誘発性や緊張 (ストレイン) を減少させるような社会統制 (予防と考えてよかろう) と，②実際に集合行動が起こった後で作動されるそれ (制圧であろうか) としている。

*** fatalism：心理学の動機づけ理論において，Rotter, J. B. が唱えた「統制の座 (locus of control)」という概念があり，自分の将来の成り行きについて，自己の努力や能力の関与を認める internal と，認めない external の2種を区別するが，この後者に当たると考えてよかろう。

ともあれ，上述のパラダイムには，これまでに挙げてきたすべてのプロセスがきちんとした順序性をもって配置されていると見ることができよう。

6.3.2 ハーシーによる非行理論の3分類

ハーシーは，前述の『非行の原因（*Causes of delinquency*）』（Hirschi，T.，1969）において，これまでの非行と社会的逸脱に関する数多くの理論を総点検した上で，彼自身が提唱した「社会的絆理論（social bond theory）」も含めたそれらを，「**緊張理論**（strain theory）」「**統制理論**（control theory）」「**文化的逸脱理論**（cultural deviance theory）」の3種に分類した。緊張理論と統制理論というのは，ちょうど性善説と性悪説のような関係にあると，筆者は考えている。緊張理論は，ハーシーによれば，動機づけを考える立場であり，正当な欲求であるにもかかわらず遵法的な同調によってはそれを充足できない場合に，人を逸脱へと追いやるのだとする。その最も純粋な典型はマートンのアノミー理論であり，そこでは，犯罪への動機づけが道徳の尊重といった規制を凌駕したり消滅させたりという考え方をするのだから，まさに緊張理論に違いないのだが，一方，マートンはその知的背景としてデュルケーム理論の影響を受けており，デュルケームは，アノミーやエゴイズムを「脱規制（deregulation）」か「偏倚行動（aberrant behavior）」と見るのだから，それは後述する統制理論の考え方であるわけで，そのちぐはぐさをハーシーはこの著の冒頭で指摘しており，まことに興味ぶかい。とにかく緊張理論は，その根底に上述のような正当なる欲求（legitimate desires）といった，本来的に健やかで善良な人間の内面を措定しているようで，それが何らかの歪みなどで犯罪が生起させられるという考え方だと思われる。心理学の領域では欲求不満理論がこの典型であろうが，要するに，理想目標の希求（aspiration）と現実的達成（actual achievement）あるいはその予期（expectation）との不整合ということが基本命題であり，その結果（成行）を考える際にどこに着目して非行を位置づけるかによっていろいろな理論が派生するわけである。

緊張理論に含められるものは，マートンのアノミー論をはじめとして，コーヘンの下位文化説（部分的），クラワードとオーリンの下流階層文化論（これは緊張理論と統制理論の統合を目指しているので，やはり部分的）などであるが，前述のように，マートンは目標と手段との不整合から個人の適応様式の非同調部分についての類別に，コーヘンはその不整合ゆえに下流階層少年が中流階層の生活目標達成のためにとる一種の迂回路的手段としての逸脱的非行下位文化に，クラワードとオーリンはそうした不整合性やそれに由来する階級不満のような事柄にはことさらに拘泥せず，機会構造の差異によるそれぞれの下位文化内での適合的行動パターンの差異に，それぞれ関心を寄せ考察を行ったのだと考えることができる。

この種の犯罪・非行理論は，後述する統制理論に比べると古くまたオーソドックスな考え方である。これらに対する批判は次の4つにまとめられるとされている（Agnew，1996）。①中流階層少年による非行の広がりを説明できないこと，②金銭と地位以外の生活目標を無視していること，③目標達成手段の障害として階層以外の事柄を無視していること，④緊張を持ちながら非行に走らない者もいること。

一方，統制理論というのは，前述したハーシーの絆理論をはじめとして，マッツアとサイクスの潜在価値—漂流非行説，ナイ（Nye，1958）の家族関係を重視する考え方，ライス（Reiss，1950）の社会化失敗を強調する説，レックレス（Reckless，1951）の封じ込め（containment）理論，コーンハウザー（Kornhauser，1984）の賞と罰を中心とした学習理論に近い考え方など，広範囲にわたっており，初期のものは1950年代にまで遡るが，多くはわりあい新しく登場した考え方である。その代表であるハーシーの絆理論はすでに述べたので，ここでは統制理論全般に共通する事柄について述べておく。

1. 逸脱や犯罪へのポテンシャリティ（潜在的可能性）は誰でも持っていて，法を守る人でも破る人でも同じであると考える。つまり，緊張理論とは全く逆に，動機というような行為者の内面では犯罪や非行を説明できないので，そこには眼を向けない。

2. 法を守る人と破る人とはどこが違うかというと，社会化が適切になされたか否かの差異に帰せられるとする。たとえば上に挙げたナイの理論では，①罰を怖れさせるという直接的統制，②親など身近な人を傷つけないようにという間接的統制③罪悪感を内化させることによる内面的統制の3つを社会化のポイントとしているし，ライスは，①内化された個人の自己統制力②法的あるいはインフォーマルな外的社会統制の2つを指摘するし，レックレスは，環境からの圧力や緊張という push 要因と，仲間からの影響という pull 要因の2つを考えた上で，①親や学校の躾による外からの封じ込めと，②強い罪悪感と肯定的な自己概念を育てることによる内からの封じ込めの両側面からの社会化を提起する。これらの指摘や提案では内的要因への言及もあるので1で述べたことと矛盾するのではと思うかもしれないが，1はあくまでも動機としての内面を言っているのだと考えられる。

3. 社会化（socialization）というのは言うまでもなく，それが関与する社会的局面や要因，他者との接触時期や他者の種類などにより，さまざまな側面を持つ事柄であるから当然のことではあろうが，統制理論で用いられる要因は，内的 v.s. 外的，直接的 v.s. 間接的，圧力（push）的 v.s. 引力（pull）的と，かなり多面的かつ構造的である。この種の理論は，創始されたのはかなり以前であるが，注目を浴びるようになったのが比較的新しいせいもあるかと思われる。

4. この理論体系に属するさまざまな考え方は，概して行為者よりは社会に，あるいは個人の社会へのかかわり方に目を向け，しかも行為そのものを問題にする考察の仕方を採る。行為者にあまり目を向けないのは，1で述べた動機を問題にしない視座に立つことから当然かもしれないが。

ハーシーによる非行理論の類別の3番目は**文化的学習理論***である。前に述べたサザランドの分化的接触理論に始まり，その後は社会的学習理論の分野で発展していったいくつかの理論と，シカゴ学派の初期の非行文化伝達論およびそれとアノミー理論との統合を企図したクラワードとオーリンの分化的機会構

---

*ハーシーは，文化的逸脱（cultural deviance）という語を用いているが，ここではあえて逸脱の代わりに学習の語を用いることとした。その理由は，文化的逸脱というと，あたかも行為者が文化的にずれているかのように受けとめられかねないからである。ここでは，行為者の所属するマイナーな文化がメジャーな文化からずれているという意味である。また前にも述べたように学習という命題がここでは非常に重要視されているからでもある。

造論が部分的に，これに該当するであろう。これらはすでに前の部分でかなり詳しく述べたので繰り返すことはしないで，ここではむしろ，筆者が考えるこのカテゴリーに含められる内容についての疑問を述べておく。上述の注に記したように，ハーシーは「文化的逸脱」としているのだが，そこではサザランドの考え方がかなり多く述べられている。サザランド理論の中心命題を人間関係という点を重視して「文化」と考えるか，あるいは伝播という点から「学習」と考えるかによるのだが，筆者は学習と考えるほうが妥当であると思う。要するに，「文化的逸脱」としてショウとマッケイの非行地域（伝達）論や非行下位文化説などに限定するのと，「文化的学習」として上記の諸理論に加えて社会的学習理論なども含めるのとでは，後者のほうがずっと広範囲に及んでしまうと考えられるのである。ハーシーの上述のようなカテゴリー設定は，少し腑に落ちない気がするのだが，たいしたことではない。とにかくハーシーによるこの3番目のカテゴリーには，上述のような諸理論が含まれると考えてよかろう。

7 個体要因からの犯罪・非行理論

個体要因というのは，言うまでもなく，行為者個人のさまざまな要因，つまり，気質や素質，身体的機能や状態，性格やパーソナリティ，能力や認知機能，価値観や社会的態度，動機づけや志向性，精神的健康度や適応状態，その個人を取り巻く環境要因やそれへのかかわり方など，幅広い事柄を含む概念であるが，ここではこうした諸側面別に論述していったらかえって煩瑣でときには硬直した説明になってしまうので，次のような基本軸に沿ってある程度まとめた記述をしてゆくことにする。

1. 身体的側面にはほとんど目を向けない。
2. パーソナリティを中心に考え，上述のほかの側面はその中に含めることとして，パーソナリティ（人格）を知能も含めた広い概念とする。
3. さまざまな理論のおおまかな分け方として，本章では，人格理論以前の考え方である「生物学的決定論と素朴類型論」，そこから構造論への橋渡し的位置にあると見られる「人格特性論」，人格を構造的にとらえる「人格力動論」，人格の生成・発展の様相に目を向ける「人格発達の観点」，そして，発達の一側面ではあるが犯罪・非行に関しては特に関連が深い「社会化の観点」，さらにそれらとは次元を異にして，人格をほとんど考慮せず犯行場面の状況だけを問題にする「状況要因論」の６つの着眼点別の分類を試み，この順序で論述してゆく。
4. 個体要因といっても，それは個体にだけ適用可能で，集合的属性としては成立させられないというわけではもちろんない。前節で述べた社会・文化的要因からの理論は一般予防に，個体要因からの理論は特別予防に，それぞれ役立つとおおむね考えることができる。
5. 犯罪・非行の個体要因として精神障害を欠かすことはできないし，精神障害に根ざした犯行は，前にも述べたように，きわめて残忍で特異な内容となることが少なくない。しかし，数の上で多いとは言えないし，特に犯罪・非行理論を構築する軸になるとも考えられないので，ここではとりあげないこととする。

7.1 生物学的決定論と素朴類型論

7.1.1 犯罪人類学

犯罪の行為者の個体要因に目を向けた研究は，5章でも述べたように，19世紀の終わり近く，イタリアの医師ロンブローゾにより，「**犯罪人類学**（criminal anthropology）」と呼ばれる実証的探究の中で始められたと言われている。彼の学説は，「**生来性犯罪者説**」と呼ばれていることからもわかるように，生まれつきの，身体的にも精神的にも普通の人とは異なる，人類が辿ってきた進化の過程で進化とは逆方向に退化してしまった（突然変異などにより前の段階に戻ってしまった）人間が，犯罪を行うのだと唱える。今日では，このように荒唐無稽な説は誰も信じておらず，捨て去られている。

しかしながらロンブローゾという人は，やはり前にも述べたように，犯罪に格別の学問的関心があったわけではなく，人類とその自然的多様性についての人類学的関心から，人体計測や頭蓋測定といった人類学的方法で，ヒトの進化の過程を調べるための一つの標本対象として犯罪者をとりあげたに過ぎないと主張する学者もいる。してみれば，彼を犯罪者研究の草分けのように位置づけるのは，妥当でないようにも思えてくる。ちょうど，勝手にまつり上げておいて，すぐさま，これまた勝手にこきおろすような扱い方，という感じがする。

しかし上述のような彼の学説を，“先祖がえり”遺伝説とか，“退化（degeneration）”論とか，“変質（精神病質）”論あるいは“生物学的決定論”と特徴づけてみると，これは，次に述べる「犯罪生物学（criminal biology）」理論の系譜につながる考え方とみなすことができる。

7.1.2 犯罪生物学的犯罪者類型論

この系譜は，1920年代から30年代にかけて，オーストリアをはじめとするドイツ語圏の学問体系の中で唱えられたもので，生物学的基盤を根底に置きながら，心理的，環境的，状況的諸要因をも加えた一種の学際的な犯罪者類型論である。5章で述べた犯罪理論の多面性を構成する軸を中心に特徴づけてみると，犯罪原因としての個体要因に目を向けた考え方で，分析を加えて特性を引き出すというよりは，むしろ全体観的なとらえ方で表面的な静態特徴をとらえるような，素朴で単一要因に帰属させる観点からの類型論と位置づけることができよう。類型化の軸とされているのは犯罪の遂行態様，動機，成因などさまざまであるが，今日，われわれの日常用語の中に定着している語も少なくないので，いささか古風なものではあるが，代表的な3つをとりあげて紹介しておこう。

1. アシャッフェンブルグ（Aschaffenburg，G.，1923）の行為態様類型

(1) **偶発犯**……犯因が行為者側になく，状況要因だけの偶然の犯行。
(2) **機会犯**……行為者側に多少の犯因があり，ある状況の下での犯行。
(3) **激情犯**……統制できない激しい感情や衝動による犯行。
(4) **予謀犯**……計画された能動的な犯行。
(5) **累犯**……くり返される犯行。
(6) **慣習犯**……犯行の反復が傾向として習癖化しているような犯行。
(7) **職業犯**……犯罪による利得で生活している犯行。

2. グルーレ（Gruhle，H.，1929）の動機類型

(1) **傾向からの犯罪者**……法秩序を肯定せず明確な犯意による犯行者。
(2) **薄弱からの犯罪者**……法秩序を否定しないが状況しだいの犯行者。
(3) **熱情からの犯罪者**……不快・快の激しい情動に支配された犯行者。
(4) **名誉と確信からの犯罪者**……犯罪を義務と考えるような信念に基づく思想犯や政治犯のような犯行者。
(5) **困窮からの犯罪者**……困窮は単なる状況で動機ではないので除外してもよいとも言われる。

3. ゼーリッヒ（Seelig，E.，1949）の原因・犯行様式複合類型

この類型論は，上記2つとは異なり，「複合類型」とされているだけにやや新しい総合的観点に立っている。刑事政策的類型論などと呼ばれることもあって，行為者の心理面にも目を向けており，実際的有用性を持つ枠組みと考えることもできる。

(1) **労働嫌忌からの職業的犯罪者**……正業につくことを嫌い，犯罪による利得だけで生活している者。ゼーリッヒは，俗にいう「悪党」の概念と一致し，浮浪者や売春婦などが該当し，多くは常習犯罪者であるという。意欲の乏しい者が多いのだろうが，犯罪を反復し，それで生計を立ててゆくためには，手口を磨くなど相応の努力が必要であろうから，あながち怠け者ばかりでもあるまい。

(2) **抵抗力僅少からの財産犯罪者**……上記とは逆に正業についている場合が多く，要するに財物への誘惑に抗しきれない，道徳的規範意識の薄い者で，職場での不正利得をはかろうとすることも多い。

(3) **攻撃癖からの犯罪者**……感情的に激しくて興奮しやすく社会的抑制が乏しい者で，陥る犯罪は当然のことながら攻撃的なものである。過度の飲酒癖を伴うことも多く，感情興奮と抑制困難がアルコールの効果によることも多いとしており，また，人間らしい情性を欠くための冷情的犯行に及ぶ場合をもここに含めている。

(4) **性的抑制欠如からの犯罪者**……犯される犯罪は当然のことながら性犯罪であり，そこには強姦などのいわゆる攻撃型の行為だけでなく，性嗜好異常（以前は「性倒錯」と呼ばれることが多かった，たとえばフェティシズムによる盗みとか窃視による住居侵入など）も含められている。

(5) **危機的犯罪者**……「危機」の語源は「岐(わか)れ道」とか「分岐点」で，そこから，瞬間的にある選択をしなければならないような状況を指す意味になったと言われる。そして，その選択に迷うような複数の事物間の競合あるいは衝突から「葛藤」という意味とも重なり合い，そこに起こりがちな不安定で危なっかしいとの意味も派生してくるらしい。ゼーリッヒがここで「危機的」というのは，そうしたすんなりとは決めにくい，外的・内的要因が絡んでの困難状況をイメージしての意味からと考えられる。

彼がまず挙げるのは「思春期危機」である。この時期は確かに，心身ともに発達が急ピッチに進むため不安定となりやすく，犯罪その他の問題が多発することはまちがいない。さまざまな攻撃行動，財産犯，あえて社会的枠組みを破るような行為と，その範囲は広くなりがちである。また思春期にある若者でなくても，いわゆる社会的スキルが劣っている者が難しい場面や課題に直面して，いわば社会不適応の形で起こす犯罪も，その一部はここに含めてよいかもしれない。

(6) **原始反応的犯罪者**……ここで「原始」というのは，「未分化な」とか「幼児的」といったような意味であり，したがって「原始反応」というのは次のようなことである。外部から個体にある種の刺激が加わると，個体はそれに対して反応するが，その反応には次のような2種類が考えられる。一つは，反応が個体の内面を経由して出る場合，言い換えると“意識して”とか“よく考えて”といったように，内面過程が関与する場合であり，もう一つは，そうした関与がなく，いわば“思わず”とか“とっさに”といったようにストレートに反応が出てしまう場合である。後者が原始反応であり，幼児など精神発達が不十分な段階であったり，そうでなくても「驚愕反応」のように刺激が強烈であったりするときに起こるとされている。犯罪の場合，ゼーリッヒは怒りの感情が暴発してしまうような「爆発反応」をまず典型として挙げているが，それに次いで，情動がそのつど発散されずに蓄積されていき，ある時点で目標指向的でない行動に暴発してしまう場合を指摘している。しかしながら後者の場合は，暴発という行為様式の点では納得できるが，原始反応という事柄の本質から考えるといささか疑問に感じられる。また，自分の家族や家庭そして故郷から離れて，大都会などの寄宿舎や寮で生活するようになった若者が，いわば淋しさから引き起こす「郷愁犯罪」と呼ばれるものも，ここに含めることができよう。

(7) **確信犯罪者**……これは，前にグルーレの動機類型の中で説明したものと全く同じなので，説明は省略する。ゼーリッヒはこれの例として，政治犯のほかにも，宗教的信仰者，決闘者，安楽死にいたらせる医師などを挙げている。

(8) **社会訓練不足からの犯罪者**……ゼーリッヒはこの類型を，従来の犯罪学では考えてこなかったものとして，主に前述の法定犯（法があるからこそ成立する犯罪）をこのように命名し，具体的には経済犯罪と交通犯罪がこれに当たるとしている。

以上8類型がゼーリッヒの唱えた複合類型の主型であるが，彼はさらに，これらのうちのいくつかが合併されていると見られる「混合型」について述べている。たとえば，労働嫌忌職業犯罪者と，性的抑制欠如あるいは攻撃癖犯罪者との合併，また攻撃癖と性的抑制欠如とを合併した犯罪者などである。

7.2 人格特性論による類型化

人格特性（personality trait）という場合の「特性」は，本来，単なる日常用語としての「特徴」というだけの意味ではない。何らかの操作（たとえば因子分析のような）によってその語に含まれる意味をいわば純化させた場合の特徴である。したがって，20 世紀の半ば以降，心理学的測定の技法が進歩し，人格査定（personality assessment）という手続きが臨床心理学の領域を中心に発達してきたのと軌を一にして，**人格特性論**（trait-based theory of personality）と呼ばれるパーソナリティ研究の隆盛，そしてその中での犯罪者への心理テストによるアプローチの活発化という趨勢が背景にある。

わが国の場合，1949 年から施行された新少年法によって全国の各都道府県に少年鑑別所が，家庭裁判所に対応する形で設置され，そこに多くの心理学専攻者が配置され（家庭裁判所調査官についても同様），非行少年に対する「調査」の一環としての資質鑑別（この手続きの内容や手順については次の 8 章で詳しく述べる）という一種の心理学的査定が広く行われるようになったこと，そして，当時の心理学実践が，たとえ心理臨床の分野であったとしても，処遇や治療よりは理解や診断（それも端的にはテスト施行）に傾いていたことが大きな動因になっていたと考えられる。人格特性論と言っても，列挙的なものからかなり構造化された（あるいはそれを企図した）ものまで，バラエティに富んではいるが，ここでは代表的なものを 3 つだけ選んで述べてみよう。

7.2.1 アイゼンクの特性論的犯罪者類型

アイゼンク（Eysenck, H. J.）は英国の心理学者であり，ここでとりあげる彼の著作は『犯罪とパーソナリティ』と題されてはいるが，彼がパーソナリティと言うとき，多くの心理学者がそうするように，それを先験的命題として立てるのではなく，顕在化され客観視することが可能となっている行動の成立過程を仔細に考察した結果そこに辿り着くというコンセプトであることを，銘記すべきであろう（Eysenck, 1964）。彼は，社会学的観点をいっさい排除しただけでなく，精神分析をはじめとする心理力動論（psychodynamics）に対しても終始反対の立場を貫き，遺伝を重視した生理・心理学的プロセスを人間行動の根底に置いた上で，さまざまな心理測定技法を駆使し，厳密な統計処理を行ってゆくというアプローチを試みたのである。その意味ではむしろ実験心理学的実証主義を貫いた人とみるのが妥当であるかもしれない。彼が主に依拠したのはパブロフ流の古典的条件づけ理論であり，その点からすれば，彼を単に学習理論家と位置づけるのも，やや疑問視される。

“あいつはすぐに腹をたてるから「爆発型」だ”というような類型化を，アイゼンクは「同語反復（tautology）」として斥ける。**モーズレイ人格目録**（Maudsley Personality Inventory；**MPI**）という彼自身が開発した性格検査を用いて，彼はまず精神障害でない対象者の人格特性を，外向性—内向性，神経症傾向の大（情緒不安定）—小（情緒安定）という2つの軸で類型化する。そして犯罪者は，外向的・情緒不安定というクラスターにおおむね属することを実証的に主張するのである。ちなみに，情緒不安定で内向的の象限には，いわゆる神経症者が集まることとなり，彼はそれを「**ディシミック**（dysthmic）」と名づけている。彼はこうした人格特性により類型化した犯罪者の基本特徴を，“条件づけられにくいこと”としており，彼の理論体系の首尾一貫性がそこには示されていると思われるのだが，あまりにもすっきりと割り切りすぎた感じがしないでもないし，そこから引き出される犯罪者改善方策についての彼の提言などについては，批判も多く提起されている。

7.2.2　グリュックの非行原因・予測論

米国（ハーバード大学）の刑事学者であったグリュック夫妻は，1930年代から60年代にかけて，少年非行についての大規模な調査研究を行った（Glueck, S. & Glueck, E., 1950）。対象としたのは，年齢（平均14歳），一般知能（IQほぼ90），人種（白人），居住地域（経済的貧困）の点で差異がないことなどの属性面でマッチさせた500人の非行（一過性のものを除く固執的＝persistentなもの）のある者と非行のない者であり，全部で400を超える因子を，社会・文化的，身体医学的，精神医学的，知的，心理テストによる人格の各側面にわたって測定し，それぞれをそれら2群間でχ^2検定により比較して，有意差の

表 7.1　グリュック夫妻による非行の予測因子

ロールシャッハ・テストによる性格特性因子	精神医学的面接による人格特性因子	社会的（家族関係）因子
1．社会的主張	1．冒険性	1．父のしつけが厳格・気まぐれ
2．反抗性	2．行動が外向的なこと	2．母の監督が不適切
3．猜疑的なこと	3．被暗示性が大	3．愛情面での父の無関心・敵意
4．破壊的なこと	4．がんこさ	4．愛情面での母の無関心・敵意
5．情緒的易変性	5．情緒不安定	5．家族どうしの結びつきのなさ

あった因子を非行性と関連するものとみなしたのである。これらのうちパーソナリティに関係すると考えられる精神医学的因子 55 個，知能を含めた心理テスト結果に基づく因子 113 個について見てみると，それらの多くについては両群間に差は認められなかったのだが，はっきりした差異があって非行性の識別指標になると考えられたものから，彼は有名な**非行早期予測***のための理論と，**表 7.1** に記すような予測因子，そしてそれに家族関係に関する社会的因子を加えた予測表を，早期予測のための道具として作り上げた。各因子は，言うまでもなく非行原因であるから否定的意味を持つものであり，それぞれについて非行のある者とない者との間で該当する割合が非行のある者のほうが大きいわけであるが，その差の大きさによって「加重失点」化され，個人別にその合計が算出され非行性の識別指標となり，それによって非行に走る危険性が査定されることとなる。グリュック夫妻は，このような諸因子がいずれは「原因複合体（causal complex）」と呼ぶべきものに統合されることを企図していたのだが，

*すでに非行を行ってしまった者が再び非行を行うかどうかを予見するのを「再非行（犯）予測」と言うが，まだ非行をしたことがない者の将来における非行の有無を予見することをこのように呼ぶ。

このような因子群が提起された段階では，因子間，要因間，側面間の関連や構造性までは吟味・考察されることなく，総花的で列挙的な提示にとどまっていたとみなさざるをえないし，また，現実社会での非行者と無非行者との割合では圧倒的に無非行者のほうが多いのに，サンプル数を両者ともに500と500のように均等にするのは妥当でないとすることをも含めて，批判も多くなされている。それにしてもこれはまことに大規模な事実発見的（仮説検証的ではないという意味）な業績であり，最近にいたるまで，これをスプリングボードとした多くの精緻化のための研究が続けられているのである。

7.2.3　MMPIによる非行少年の特性研究

ミネソタ多相式人格目録（Minnesota Multiphasic Personality Inventory；**MMPI**）は，ミネソタ大学のハサウェイ（Hathaway，S. R.）とマッキンレイ（Mckinley，J. C.）によって1943年に開発された質問紙法の人格検査で，550の質問項目から成り，各質問項目は，測定結果から得られる人格特性と表面的な意味の上でのつながりをほとんど持っておらず，回答結果（あてはまる，あてはまらない，どちらともいえないの3件法）についての一般正常群と対照群との差異から，その対照群に共通している特性が測定されるとするいわば“開かれた系”の形を持つ人格測具である（Hathaway & Mckinley，1943）。したがって，ある人格特性に関して共通に顕著であり，その他の属性に関しては一般正常群と差がないような対照群さえ設定できれば，その両群間で有意差の見られた項目を集めて，その人格特性の尺度とすることができるわけであり，当初は精神医学的診断の補助具として開発されたのが，さまざまに多様な対照群の設定により今日では200を超える下位尺度が作成されている。その中には“野球での成功”といったまことにアメリカ的で微笑ましい尺度や，犯罪・非行分野でも“刑務所での適応”とか“非行”，“再犯”といった尺度もある。質問項目の多いことや，このように下位尺度の開発がいくらでも可能という点で，まさに質問紙法人格検査の王者と言ってもよいものである。しかし普通は，回答の妥当性（自己の弱点を隠そうとする防衛的態度や自分を実際以上に望ましく見せようとする顕示的態度，質問の意味の理解不十分や回答態度のいいかげんさ，過度の決断しにくさなどによる回答の歪みのチェック）を見る4尺度と，心気症傾向，抑うつ，ヒステリー傾向，精神病質的偏倚，興味の持ち方が男性的か女性的か，偏執性，精神衰弱性，分裂気質，軽躁性，社会的内向の10臨床尺度がよく用いられる。

犯罪・非行の分野でも，このMMPIを用いた研究が，米国では1950年代から，わが国では1960年代以降，活発に行われるようになり，①上述のような犯罪・非行関連の新しい尺度の作成，②非行少年や犯罪者の人格特性の査定，③かなりの長期間に及ぶ追跡・展望的研究調査による非行予測や再犯予測もしくは処遇効果測定といった広い領域での業績が次々と挙げられてきた。ここでそれらを詳細に述べることはとてもできないので，主な知見について以下に箇条書きの形で紹介する。上述の臨床尺度を中心に，多少は非行尺度などの結果も考察するが，尺度名をそのつど記すのは煩瑣となるので，得られた知見を文章化して示すこととする。

1. 妥当性尺度の結果から，非行少年においては，防衛的構えの欠如，質問の意味の理解が不十分なままでの表面的即答の傾向がうかがわれ，そこから，内省の乏しさ，自我機能の弱さ，短絡的・衝動的な行動傾向が推測される。しかし審判前の生活場面では防衛的構えが強まるところから，この検査結果が場面の影響をかなり受けるものであることも考えられる。

2. 臨床尺度のうちで最もはっきりしているのは，非行群における精神病質的偏倚の大きいことで，これは日米ともに，また男女を問わず，顕著な形で認められる。成人犯罪者についても同じである。もっともこの尺度は，米国での標準化の際に刑務所収容者をサンプルとしているので，当たり前のことかもしれない。しかし一つ注意しておかなければならないのは，ここでの「精神病質」の意味が，シュナイダーが言うような生来性・不治性の異常人格というのではなく，“経験から学習することが難しい，他者への共感とか思いやりを欠く，社会規範からの逸脱が顕著な”というような心理学的意味内容となっていることである。してみれば，非行少年や犯罪者にその傾向が目立つのは当然であろう。

3. 臨床尺度で次に目立つ点は，日米ともに非行群で，被害感や猜疑心が強く，偏執的で柔軟さが乏しいこと，心理的耐性が弱くて意欲に乏しいこと，社会的に逸脱した奇矯な考え方をしがちなことである。

4. 日米間で異なった様相を示すのは，わが国の無非行群では心理的未成熟，社会的内向，自己不全感といった特性が非行群よりも顕著であるのに対して，米国ではそれらの点で両群間にそれほど際立った差異が認められないこと，行動面での過活動性が，米国では非行性の識別指標になっているようだが，わが国ではむしろ年少者にありがちな未成熟・幼稚さの指標になっているように見受けられること，そして社会的に奇矯な考え方という点では，わが国よりも米国のほうが非行群により顕著に認められることの3つであると考えられる。

5. 以上をまとめてみると，サンプルのとり方にもよると思われるが，米国の非行少年のほうが行動面での活動性が高くて社会的逸脱度や反社会性が大きく，わが国の非行少年はむしろ未成熟性や幼稚さが目立ち，加えて神経症的傾向あるいは非社会的傾向が目立っているように見受けられる。

6. MMPIによる人格特性査定は，個々の尺度でよりは，高得点を示す複数の尺度を組み合わせたプロフィールパターンで行うほうが，人格の構造的把握に近づくことができてより実用的・生産的であり，さらに環境要因も加えればその価値はより一層大きくなると言われている。米国では，前述のハサウェイやモナケシ（Monachesi，E. D.，1948～）あるいはキャップウェル（Capwell，D．F.，1945）などによって，またわが国では，阿部満洲，小野直広，進藤眸，片岡義登，遠藤辰雄，安香　宏，遠山　敏らによって精力的に行われ，プロフィールパターンに基づく類型化や予測の試みなど多くの興味ぶかい業績が作られている。

以上，人格特性の面からの犯罪・非行者の個体要因研究とそれに基づく類型論などを，アイゼンク，グリュック夫妻，そしてMMPIによるものの3つだけとりあげたが，心理テストを用いた人格特性研究は，このほかにもロールシャッハテストやTATなどの投影技法，YG性格検査やわが国で開発された法務省式人格目録などの質問紙法，あるいは描画法やハンドテストなど，多種多様な技法によるものが実に多く行われているが，ここでは割愛する。

7.3 人格力動論による犯罪・非行理論

力動（dynamics）という語はよく使われるが，その意味内容は，①複数要因が相互関係や因果関係を持ちながら（構造的），②時間経過の中で生成・発展といった動きを示してゆく（変動的）という，2つの事柄と考えてよかろう。一方，人格は，その生まれと育ちの点でヨーロッパ（とりわけドイツ）産とアメリカ産の2種類があると見られる。ドイツ産は，ヤスパース（Jaspers, K.）やシュナイダー（Schneider, K.）に代表されるもので，人間の心的側面から知能と身体的感情・欲動を除いた心情（情意）的側面を指し，特にヤスパースにおいては性格とほぼ同義のものとされていて，上述の意味での力動的な特質はほとんど考えられていない。それに対してアメリカ産のものは，有名なオルポート（Allport, G. W.）の定義に明示されているように，個性を規定し，環境への適応をはからせ，その人の行動を決定するような，心理・生理的な持続的過程を作る力動的な体系とされている。

人格力動論（personality dynamics）は精神分析学に源を発するが，フロイト, S. に始まる精神分析の理論は，もっと前からあった精神病理学（psychopathology）の一学派と位置づけてしまえばそれまでだが，それまでの学問的アプローチを一変させる革新的なものであった。その特質は次の3点にまとめられよう。

1. 心理過程を「構造的」「力動的」にとらえたこと。ここで構造的というのは，意識的側面だけでなく無意識や前意識の側面をも想定し，その上で，自我（精神内容から考えれば人格の主体性であり，精神機能から考えれば人格の調整機能）とイド（原始的で未分化な衝動）と超自我（自我から分化し内化された権威あるいは検閲者であり，快楽原則とは反対の統制機能）という3要因の精神構造（心的装置）を考えたことを指す。そして力動的というのは，そのような諸側面や諸要因がばらばらに存在したり機能するのでなく，相互関係を保ちながら連動的に作用して人間行動を決定してゆくと考えたことを指している。

2. 心理過程を「環境との相互作用」という観点から考えたこと。人間の行動や心理を，親子関係のような身近な対人関係から，もっと大きな社会・文化的背景にいたるまでの，個体をとりまく環境との脈絡の中で考察するというアプローチは，今日では心理学で当たり前のこととされているが，こうした観点から，適応とその障害の究明そしてその治療という課題への実践的取組みが学問的考察に裏打ちされて進展していったのである。

3. 時間的経過の中での事象の変容過程に注目するという「発達的」「歴史的」な見方をしたこと。上述のような精神構造の諸側面や諸要因間，そしてそれらと環境との，それぞれ相互関係を，主に乳幼児期から児童期を経て思春期にいたるまでの生成・発展の姿でとらえたのである。有名なエディプスコンプレックスとか，外的権威が内面化されて超自我になるといったような命題は，すべてこうした発達的な観点から引き出されたものと言える。

このような学問的思潮は，ただちにと言ってよいくらいにすばやく米国に渡り，根づき，多くの現代心理学の潮流や領域が華やかに拓かれてゆく。米国というのは，その国情からしてのようだが，学問分野でも草創の頃から動的な基本特質を持っていたと言われている。米国精神医学の父と言われているラッシュ（Rush，B.；1745－1813）や同じく心理学の創建者であったジェームス（James，W.；1842－1910）の主張に，それは明白であるとされている。米国での力動心理学（ヨーロッパで精神病理学と呼ばれていたものとほぼ重なる），臨床心理学，自我心理学，発達心理学，社会心理学などの隆盛に伴い，犯罪研究も多様な局面への展開を見せてゆく。今日，臨床，教育，産業，犯罪といった多くの人間生活場面での実際面に心理学が活用されてきたのに伴って，このような力動観がますます重要視されてきたのは当然であり，とりわけ学際的なアプローチが必要と考えられる犯罪や非行においてその傾向が顕著なのは自明のことであろう。本節では，この系譜の源流としての精神分析学的理論を2つと，力動心理学的非行理論の代表格と考えられているヒーリーの情動障害理論の合計3つをとりあげる。そして上述の3「発達的」な観点に立つ理論は，次の節7.4で述べることとする。

7.3.1　精神分析学的非行理論

フロイトは，犯罪を直接に論じたというよりは，彼の精神構造論（とりわけ超自我の働き）や無意識の作用を説明するために犯罪をとりあげたと考えられるのだが，しかしその考察に役立つ重要な概念や考え方をいくつか提起した。そして彼の後に続く何人かの精神分析家たちが，犯罪者（とくに未成年者）についてのすぐれた考察を残している。しかしフロイトが犯罪について立てたおそらくはただ1つの命題，強すぎる超自我（普通は神経症の原因）→無意識の罪悪感の底在→強い不安→それから逃れるための処罰が予見される犯罪遂行→処罰→不安の解消，という図式は有名であり，後に「**神経症的犯罪・非行**」と呼ばれるようになる。

フロイトより後の精神分析家たち（理論家と同時に臨床的実践家でもある）による非行理論を2つとりあげる。

1. アイヒホルン

超自我の形成不全を中心に考えるが，その成因として次の2つを挙げる（Aichhorn, 1936）。①親の欠損とか愛情欠如のため大人との一体化が妨げられること。②逆に親の溺愛や無規制（やりたい放題にさせる）のため行動にけじめがなくなること。

2. フリードランダー

イド，自我，超自我のそれぞれの発達障害（精神分析学的な意味での発達障害）を中心に考え，たとえば，幼児的な攻撃性（肛門期的攻撃性から脱皮できていないこと）とか，個体の内面あるいは個体と外界との間の調整が適切にできないこと（自我の統制機能の不全）とか，前述したような超自我の形成不全とかを重要視する（Friedlander, 1947）。そしてこの発達障害を「反社会的性格」と名づける。ふつう「反社会的」という言い方は「社会に対して反発的」という意味で用いられるが，ここではむしろ「社会的未成熟」の意味に近い。そして，この「反社会的性格」を主軸にして，非行少年について次の4タイプを考える。①反社会的性格だけのもの（児童期以降に発現し，治療しないでおくと手のつけられない非行反復者となる）。②軽度の反社会的性格，プラス，環境面からの強い情緒的緊張を伴う要因。③軽度の反社会的性格，プラス，神経症的葛藤を起こさせるような要因。④かなりの程度の反社会的性格，プラス，空想を日常生活の中で現実化しようとする神経症的なもの。

7.3.2　情動障害理論

ヒーリーは，精神分析理論の基盤に立ちながらも，アメリカの力動心理学的な欲求不満や防衛機制の考え方をも取り入れた精神医学者である（Healy & Bronner, 1936）。彼は**情動障害理論**（emotional disturbances theory）とふつう呼ばれている理論を提起した。人格形成面と現時点の双方での，親子関係をはじめ生活場面でのさまざまな人間関係を重視し，非行原因としての情動障害（錯雑し混乱した感情状態で，一時的な場合もあれば行動傾向を定着させるほどに固定化している場合もある）と，それを解消するための行動に発現する際の反応型（必ずしも上記の情動障害と一対一の対応を示すとは限らない）という，いわば二段構えの精緻な枠組みとなっている。少し整理した形で列挙する。

1. 情 動 障 害

①愛情関係において阻まれているという感情，②まっとうな自己表現の願望や満足が阻まれているという感情，③幼児期に満たされなかったために異常となった願望，④思春期に特有の不安定な衝動や願望，⑤現在の環境や対人関係の中で生じた不適当感や劣等感，⑥多くの場合抑圧（無意識化）されている内面的な葛藤から生じる混乱した不遇感（不幸感情のような，自分はツイていないとの気持ち），⑦幼児期の何らかの行為についての意識的・無意識的罪悪感から生じた罰への無意識的な願望。

2. 反 応 型

①不快な状況の一時的回避，②代償的満足，③過補償，④復讐，⑤権威への反抗や攻撃，あるいは自我拡大的（自分というものが大きくなったような気持ちの）行動，⑥規範無視の欲求充足，⑦罰への願望の充足。

ヒーリーが，教育心理学者であった妻ブロンナーと共同でこの理論を発表したのは1936年であったが，それから70年以上も経った現在でも，少しの古くささも感じられず，臨床面などでの有用性を十分に保ち続けている理論と言ってよかろう。彼は，シカゴの少年審判所（今日のわが国の家庭裁判所と少年鑑別所を併せたような機関）に勤務する精神科医であったが，後にエール大学やハーバード大学などで教鞭をとるようになり，その間一貫して非行少年の研究と治療に従事し，4,000人を超える事例を踏まえて理論構築を行ったと言われている。この著作で根拠とされているのは，105 対の非行・無非行少年（家族数は 574）であり，彼らについての入念な個別事例調査の成果を理論に結実させている。

彼が基本とした考え方は彼らの著書の冒頭で述べられた次の言葉に要約されている。

「非行は個人の生命活動の全体的な流れの中の 1 小部分であって，ほかの行動と同じように，内的及び外的圧力に対する 1 つの感応を意味している。通常すべての自発的活動と同じように，それは自己表現の 1 変形である。」（ヒーリー・ブロンナー（著）樋口幸吉（訳）『少年非行』，みすず書房，1956，p.11）

上記引用中の「感応」は，通常われわれが用いる「反応」とほぼ同義の語と考えてよいであろうが，ここに示された基本姿勢は，生物学的決定論や生来性の異常を考える立場とは全く無縁の（しかし彼はそれらが該当する事例のあることも認めてはいるのだが），まさに力動的な考え方と言ってよいであろう。

7.4 人格発達の観点からの非行理論

いろいろな心理的問題や障害を考える際に，心理的発達という事柄がきわめて重要なことは，言うまでもない。たとえば，クレッチマー（Kretschmer，E.）のように精神発達や身体成熟の不均衡を神経症の成因と考える立場もあるし，最近よく問題にされるひきこもりや境界例などの非社会的徴候を顕著に示す適応障害では，心理的発達は欠かすことのできない視点となっている。犯罪や非行の領域でも，以前とは異なりほとんどすべての罪種において，心理発達の不全による非社会的傾向の増大が顕著になっている。

しかし，ここで留意点を 2 つ述べておく。第 1 は，研究者の中には時折，たとえば，問題行動から本格的犯罪への進展といった事柄をも「発達（development）」と呼ぶ者がいるのだが，これは，心理的発達とは区別しなければならないことである。第 2 は，発達の基準というか，要するに“正常な”発達とはどういうことなのか，“未発達”と言うとき，何に対して未なのか，あるいは発達し過ぎている（日常的には早熟とか“おませ”などとよく言うが）ということがあるのか，あればどういう状態なのか，という問題である。非行を考えるときなど，社会規範や一般基準ということは避けて通れない事柄なので，重要だと思われる。

心理的発達という観点は，当然のことながら，前述の精神分析や心理力動の理論の中にも含まれている。発達は，白井　常（1968）が指摘するように，変容の量的側面である「成長」，質的側面である「分化」，身体的側面を主眼とする「成熟」，環境とのかかわりを重視する「学習」といった，それぞれが心理学の中での一つの大きな領域となるような命題を包摂した，非常に広い意味内容を持つ概念である（白井，1968）。ここでは，上記の4命題のうちの「分化」と「学習」に主として目を向け，そして前に述べたように社会化という事柄は次の節で扱うこととして，①対人関係認知，②親の養育，③自我形成の3点に的を絞り，3つの理論を紹介することとする。この3点についてだけでもまだ多くの考え方があるが，紙幅の関係で割愛せざるをえない。

7.4.1　対人成熟水準に基づく非行理論

サリバンとグラント夫妻（Sullivan，C. E.，Grant，M. Q.，& J. D.）は，対人関係認知の仕方から見た**発達段階説**（interpersonal maturity level theory）を，ピアジェ的な考え方で提起している。その7つの段階を以下に簡単に述べる。

I. 自分と他人との区別は大まかにできるが，他人をすべて自分の延長線上でしか考えず，したがって他人は自分の欲求を満たすためにだけあると認知する（幼児的自己中心性の段階と言えるか）。

II. 自他の区別のほかに，他人にはさまざまな差異があることを認知できるようになるが，自分の欲求充足だけをめざすという点では**I**と変わらないので，他人について，自分に都合のよい人とじゃまになる人というようにしか認知できない。

III. 人間どうしの間には複雑な関係が，社会にはルールが，あることを認知できるようになるが，そのルールは一般化されたものでなく，具体的状況に即してでなければ理解できない（前操作的段階に当たり，結果論的善悪判断などが特徴）。

Ⅳ. 自己の欲求充足をまだ優位には置くが，他人の力を今までよりはずっと強く感じるようになり，世の中は自分の思うようにばかりにはならないと思う。不適応感をつのらせ緊張を高めたりしやすい。

Ⅴ. 自他の間に対等で相互的な関係を認知し，他人の中にも自分の中にと同様の安定した行動傾向があり，それぞれ異なったパーソナリティがあることを理解するようになる。そこで，状況に応じてさまざまな役割を取ってゆくことが可能になる。

Ⅵ. 前の**Ⅴ**に長期的な見通しが加わった状態の段階と考えられる。他人から自分に与えられる社会的役割と自分そのものとの間にはギャップがあるが，しかしそのときどきのギャップには一貫性もあることが認知できるようになる。そこで長期的な人間関係や生活目標の設定が可能になる。

Ⅶ. 前の**Ⅵ**で認知できるようになった社会的役割と自分とのギャップにもかかわらず，自他を統合して状況に応じた能力発揮が可能になる。

彼らは，非行少年というのは対人成熟度の低さがもっとも関連が深いと考え，おおむね上記の**Ⅱ**，**Ⅲ**，**Ⅳ**の段階に相当するとしている。そして従来いろいろな研究者によって考えられてきた行為者と行為それぞれの特質を重ね合わせた9類型を，それらの段階に当てはめて以下のように類別している。

Ⅱ：非社会的（社会化されていない），**攻撃型**と**受動型**の2型（欲求が阻止されると攻撃的・敵対的となるか，受動的・逃避的となるかのどちらか）。

Ⅲ：同調的（主体性が乏しく周囲に影響されやすい），**未成熟型**と**非行文化同調型**の2型（他人に認めてもらいたくて周囲の言いなりになるか，身近の優勢な風潮に染まってしまうかのどちらか），あるいは**他者操縦型**（自分の思いどおりにするために他人を利用したり支配的になったりする）の計3型。

Ⅳ：神経症的（否定的な自己像を持ち不安が強い），**行動化型**と**不安型**の2型（不安から逃れ否定的な自己像を立て直そうとして，暴発的な感情発散や行動に出るか，不安を内攻させてひきこもってしまうかのどちらか。後者はいわゆる神経症状態そのもので非行とは関係ないように思えるが，実際には，自分を傷つけたり人に気づかれないように弱者や物体に向かうなどの形で非行に走ることが少なくない)，あるいは**状況的情緒反応型**（一時的でその場だけの強いインパクトに対して感情が乱され暴発行動に出る）か**非行文化同一視型**（自分から進んで遵法的な文化に背を向け非行的文化に身を寄せてゆく）の 2 型，計 4 型。

この類型化は，少年院などでの非行少年の健全な社会復帰のための改善処遇に，米国でもわが国でも広く活用されてきたものであり，非常に重要で有益なものとみなされている。

7.4.2　ジェンキンスの 3 類型説

ジェンキンス（Jenkins, R. L.）は，主として親の養育態度に注目した人格形成要因としての環境要因，犯行者である少年の人格特徴と非行態様，そして適合する改善方策の三者を結びつけた次の 3 類型を提起している。少し単純すぎるように見えるかもしれないが，肝心な点を押さえている枠組みで，今日のさまざまな非行理論の基本型の一つになっていると見てよいものである。

1. 親の養育態度は，厳しく禁圧的で冷たく，子どもの人格特徴は，不安や緊張が強く内気でひきこもりやすく，その結果，家出や密行的（人の眼につかないようなこそこそとした）非行を繰り返す。一言で言えば神経症的人格であるが，前に述べた精神分析の考え方に立つ「無意識の罪悪感からの，罰を受けることを求めての非行」という「神経症的非行」の命題とは異なる。こうした少年に対しては，受容的な心理治療による情緒的解放と安定化が必要と考える。社会化という面では，自分の本業である生活局面を避け，自分が傷つかないような事柄や局面で精を出すという「退却的」な形で不全であると言えよう。

2. 親の養育態度は，厳しさからではなくて拒否的・放ったらかし，1 とは違った形で冷たく，場合によっては虐待なども加える。子どもの人格特徴は，他者不信感が強く権威を無視したりそれに反抗的，友人は少なく一匹狼的で，他者への共感や思いやりは乏しく，攻撃的で冷情的ですらある。非行の種類や態様は，対人面での攻撃的な犯行が多く，凶悪犯罪も稀ではない。そのほかにも，冷情的なさまざまの犯行（財産犯も含まれるが総じて破壊的）がなされるが，罪の意識や後悔の念は薄い。かといって確信犯という態様ではなく，内面には歪んだ形の愛情欲求が強かったりする。社会化はなされていないのだが，未成熟というのではなく，むしろ歪んだ（あるいは誤った）形になってしまっていることが多い。改善方策としては，息の長い心理治療を併用することはあっても，基本的には環境調整や社会的役割付与といった事柄が必須となる。

3. 親の養育態度は，躾の欠如を中心とした放任（子どものやりたい放題にさせる），ときには過保護・溺愛，気まぐれといったもので，子どもの人格特徴は，身近で気の合った仲間とは親しく交際するがフォーマルな社会集団参加は果たせず，陽気で明るいが行動パターンは安易で怠惰，無規律で行き当たりばったり，快楽追求的で遊び好きといったもの。非行態様は，仲間と群れての集団非行が多く，怠学，怠職を重ねたあげくの集団万引きや自動車窃盗，遊ぶ金欲しさからの恐喝や多少の暴力行使などが特徴的である。社会化という点では未熟の一語に尽きるもので，一見すると人づきあいのよい明るい少年で，すぐによくもなるがすぐに悪くもなるといった底の浅さが目立つ。改善方策としては，自己統制力を身につけ集団規律になじませてゆくといった生活訓練的なものが必要とされる。

7.4.3　エリクソンの自我心理学理論

エリクソンは，精神分析学から発展した自我心理学の系譜に属する優れた理論家かつ臨床家であって，犯罪を中心課題としたわけではないが，彼の構築した自我形成の理論はあまりにも有名であり，今日最も多く利用されている理論枠組みの一つとなっている。とりわけ人の生涯にわたる自我形成の過程において，自我同一性の確立が課題となる青年期はことのほか重要視されているところから，若年者の犯罪の理解に際して欠かすことのできない視点になっていると言えよう。

生涯にわたる自我形成についての彼の考え方（自我漸成説）では8つの発達段階が考えられているが，ここでそれらを詳しく述べることは控えておく。しかしこの自我漸成ということのほかに，発達課題と関連させて考察したことと，社会とのかかわりという観点を貫いたことの2つを，彼の理論の特色として挙げることができる。したがって彼の考え方は，前述の「人格発達の観点からの」ものとみなすことも当然できるのだが，ここでは前述の「社会とのかかわり」という点に着眼することとする。

彼によれば，青年期の発達課題としてもっとも重要なのは，自我同一性の確立である。人は誰でも，人生の各時期や各局面で，自分とは何かという自己概念を持つが，それは，その人の各時期や各局面での周囲（社会）とのかかわりを抜きにしては考えられない。その場合の「周囲」とは，家族や友人や所属集団であったり，その人の社会的役割であったり，さまざまである。よく“大学に入ったけれどまだ「大学生というアイデンティティ」を持つことができない”とか，“日本人というアイデンティティ”といったような言い方がなされる。そしてときには，そうしたいくつかの自己概念どうしの間で，ギャップや不整合が生じたりもする。ところで青年期になると，そのようないわば断片的な自己概念を統合して，一貫性のある安定した自己概念（自己認識）を作り上げようとする。これが「自我同一性」である。この自我同一性を作り上げるためには，自分の主体性（人格の中枢というか肝心なところ）をかかわらせるに足りる対象（人物であったり課題であったり）を定位してそれと一体化すること，つまり「同一化または同一視」と，自分が果たすべき社会的役割を確定化することで自分というものをつかみ取るために，いろいろなことをやってみること，つまり「役割実験」，が必要となる。そしてこれらが行われるのに要する期間を，いわば人格が心理・社会的に個として確立されるための準備期間として，モラトリアム（猶予期間，ある意味で社会的責務が免除されるとの含みがある）と名づけている。

この考え方から犯罪を考えると次の4点に絞ることができよう。

1. モラトリアム

社会的責務からある意味では解放される一種の空白期間の様相を示すところから，はた目には，無為，怠惰，放埒と映るような生活態度，そして規範無視の行為が目立つようになるのは，当然であろう。

2. 役割実験

児童期までの，いわば周囲から与えられたお仕着せの社会的役割から脱して，それらとは違う自分なりの役割を模索する試行錯誤的な試みを反復するわけであるから，周囲とあつれきを生むことも多く，周囲からの期待とは異なる行為が繰り返され，逸脱的行為が頻発するのは，当然であろう。

3. 同一性拡散

エリクソンは「拡散」よりも「混乱」と呼ぶほうが適当かもしれないと述べているが，前述のような過程を経ての自我同一性の形成が，同一視対象の不分明などによって障害され，はっきりした形での自己定義ができなくなってしまうことである。簡単に言ってしまえば，自分が，したがって人生というものが，なんだかわからなくなってしまうことであろう。状態像には，選択や決定を迫られるような状況の回避とか，対人的距離や時間的感覚の変調などさまざまなものがあるが，よく「動機なき犯罪」などと呼ばれるような犯行や，自分も他者もひっくるめて破壊してしまうような自棄的とも思われるような犯罪が，この心性と結びつきやすい。

4. 否定的同一性

同一性混乱のうちの一つの状態像と見ることもできるが，犯罪との関連では別に扱ったほうがよいと思える。同一視対象の不分明を一挙に乗り越えようとして，またその対象が断片的であったりするとそれに飽き足らずに，社会で無価値とされていたり望ましくないとされている事柄や人物に同一視してしまう場合である。エリクソンは，ギャングに身を寄せてしまう若者をこの場合の例としているが，それ以外にも，社会を驚かせるような突飛な犯行に及んでしまう場合などがここに含められるであろう。

7.5 社会化の観点からの犯罪理論

犯罪という事柄の本質からして，社会とのかかわりの中で個体の犯罪行動を考えていかなければならないのは，当然のことであろう。犯罪，とりわけ未成年者による非行は，社会的対人関係の問題性と密接不可分であると言っても過言ではない。社会化とは，一言で言ってしまえば，人間が生物学的存在から社会的存在になってゆくことであろうが，これでは定義にも説明にもならない。社会化は，人間の精神発達の中でもっとも重要な側面であり，よく試みられる定義は次のようなものである。

生まれてすぐの時点ではきわめて広範囲に存在していた個人の可能性を，その個人が所属している集団や社会の規準に沿う形で，だがしかしその個人に特有の型を発展させる形をもとりながら，徐々に狭めていき現実的な適応行動をとらせるようにしていくプロセス。この定義は，社会化というよりはもっと広義の，いわば適応的な社会的人格発達のことだと言っても通用するであろう。つまり，それくらい社会化という事柄は発達の中で枢要な地位を占めている命題なのである。6章の終わりのところで述べた「価値付加過程」の説明とよく似ているのではなかろうか？　価値が進む方向性としては限定的に狭まりながら，量的には増してゆくというプロセスなのであるから。

ゴスリンは，社会化という研究命題がこれまで，社会学，人類学，心理学にまたがる広い研究分野で考究され，以下のような多くの視点や強調点での差異を抱えたまま統合されることが少なかったと指摘しているが（Goslin，D. A., 1969），それも，この研究命題の大きさゆえであろうと考えられる。

1. 人生における初期の社会的影響と後期のそれとの関係はどういうものか。

2. 個人の，衝動，動機づけ，欲求といった，行動を活性化させるものに目を向けるか，集団，制度，文化といった社会組織に目を向けるか。

3. 人間の社会行動の理解と予測のベースとして，過程を強調するか，中身を強調するか。

4. 焦点を当てる範囲として，社会化経験のユニークな面に限るか，共通の特質とするか。

5. 基本的な関心を，行動規範からの逸脱の原因に，逸脱範囲を測定した上で向けるか，規範からの期待への同調を生じさせるようなさまざまの力に向けるか。

とにかく，生物学的な適応などの場合と違って，社会的価値との関係ということになると，ある事柄への接触の有無といったような単眼的考察ではすまなくなる。6章でクラワードとオーリンの考え方を述べた際にも触れたように，マイナスへの接触と不接触，プラスへの接触と不接触という4つの側面からの考察が必要となってくる。しかも，それら4側面が異なる次元でということがいくらでもある。ある個人が，身近に所属している下位文化（前にも述べたようなヤクザ文化とかホワイトカラー文化など）の価値規範には合致していても，もっと大きな社会や文化のそれには合致していないような場合である。犯罪者・非行者の社会化という問題を考えるときには，したがってどうしても上述のような意味での複眼的な見方が必要となるのである。2つの理論を紹介することにしよう。一つは単眼的な見方での社会化（？）理論，もう一つは複眼的な見方によるそれである。

7.5.1 自己統制の乏しさを主軸とする犯罪理論

ハーシーは，1990年，それまで唱えてきた統制理論としての『社会的絆理論』（前述したように，愛着，関与，包摂，信念という4構成要因を柱とする）を離れ，共同研究者であったゴットフレッドソンと共に「犯罪の一般理論」を刊行し，その中で**自己統制の乏しさ**（low self-control）をキーコンセプトとする犯罪・非行理論を提唱した（Gottfredson & Hirschi，1990）。その理由は，たとえば横領とか詐欺といった犯罪は**社会的絆**（social bondage）では説明できないということであったとされている。

彼らは，かつての古典主義の，行為者ではなく行為にだけ目を向ける性悪説としての快楽主義に立ち戻り，犯罪の本質を，単純で安易な欲求を即座に充足させようとする行為ととらえる。そしてその特質を，危険に伴うスリルと刺激的なこと，言語よりは行動を優先させ，したがって長期的見通しを欠き，スキルや計画性をなおざりにする他者侵害性と規定する。こうした行為は，社会の誰もが充たそうとする欲求の充足であって，欲求が特異なのではなく充足のさせ方が社会の多くの人の場合と異なるのである。つまり，普通の人はそうした欲求充足を時と場合を考えて抑制するのだが，それができないのであって，そうした抑制や統制が社会化の実質内容であり，それは主として親の躾などにより，6～7歳ごろまでになされるのである。その場合の躾とは，①監督

(surveillance)，②善い行いか悪い行いかのレッテル貼り (labeling)，③善には賞 (reward)，悪には罰 (punishment) というサンクションであるとされ，生物的・心理的な事柄では決してないと，彼らは考える。納得できる考え方ではあるが，単純すぎるというか，犯罪イコール低自己統制というのは同語反復に近いモデルではないかという気が筆者にはする。

7.5.2 「犯罪的自我」を中心概念とする犯罪理論

安倍淳吉 (1978) は，犯罪性を，①人格の発達過程の上で，②人格，社会，文化という三者の力動的連関の中で，③人格の中枢 (自我) がどれだけ犯罪的な価値に指向しているかの 3 つの視点からとらえるべきだとして，保護領域 (健全な社会生活の領域で，未成年者の場合には養育・監督者の保護に包まれていることが必要なのでこう呼ぶ) からの離反度，犯罪の種類や手口の質，犯行動機や社会生活関心の質などに着目し，犯罪性をアマチュア段階からプロフェッショナル段階までの，それぞれの中間段階である「セミ」を含めた 4 段階にランクづけする考え方を提起している。この考え方の中で安倍は，「**クリミナルエゴ** (犯罪的自我)」と「**犯 (非) 行深度**」という中核概念を立てている。この概念とそれを主軸にする考え方は，多くの構成要因を構造的に統合した上で，社会化という観点を一貫させているものと考えられるので，少し詳しく紹介してみる。

自我とは，精神機能の面からは統制もしくは調整機能，精神内容の面からは主体性もしくは基本的指向性と考えてよかろう。つまり，精神諸機能をどのように調えて，何を拠りどころとし何をめざして，考え，感じ，行い，評価するかが，自我の全体としての姿であり，人格の中枢ないしは基軸である。してみれば，このような自我の全体像が犯罪的な基本指向を持っている (平たく言えば犯罪的な色に染まっている) 場合に「クリミナルエゴ」というコンセプトを立ち上げることは十分に納得できる。そして，そのような基本指向の程度 (染まりぐあい) を「犯行深度」と呼ぶことも同様である。“抜きさしならないまでに深入りしてしまっているかどうか” というニュアンスである。このように理解すれば，この考え方が 100 %「社会化」からの観点に立つ枠組みであることが，うなずけるであろう。なお，言うまでもないことかもしれないが，多少の説明を上述のことについて加えておこう。まず文化ということだが，これは“室町文化”などと言うときの文化ではなく，ある時代ある地域において，大多数の人々がとる行動様式と彼らが持つ価値規準のことであり，たとえば“若者文化”などと言うときのそれである。したがって，社会と文化と言うときには，社会はむしろ社会体制とか社会組織など，文化は個人のより身近にあって個人の行動に直接影響を及ぼす上記の事柄，そしてそれらをまとめた形で「風潮」とか「風土」などとふつう呼ぶところのものを指している。「アマチュア」と「プロフェッショナル」というのは，次に述べる説明で理解されると思うが，単に犯行手口が“しろうとっぽい”か“くろうとっぽい”かということではなく，また前に述べた「職業犯」（犯罪による利得で生計を立てている）かどうかということでもない。それらを含意の一部として含むことはあっても，もっと広い概念で，それは前述したところである。

まずはじめに，安倍の考える発生類型別の犯罪の種類（4類型と，それぞれが2～5の亜型に分かれるので，計13種類）を挙げ，次いで犯行深度の4ランクについて述べる。用いる言葉などは理解しやすいように多少変えることとする。

1. 発生類型別犯罪の種類

A. 社会化過程への非適応型

健全な社会・文化についていけない（あるいは背を向ける）タイプで，いちばん考えやすく，またありふれたものである。次の2亜型に分けられる。

（A−1）通常の社会では，個人間の競争や衝突はあたりまえであるが，それらが起こったときの社会の側からの統制規準が許容性に乏しく過酷であったりする場合。

（A−2）一応は社会適応しているが，その個人の行動目標にとって達成度もしくは到達度が低くて，個人が不満状態にあるような場合。

B. 反社会化過程への適応型

Aとは逆に，健全な社会とは反対のマイナスの価値規準が支配しているような，いわば裏社会に適応しているタイプで，次の3亜型に分けられる。

(B−1) 反社会的集団（ヤクザのような）にどっぷり浸ってしまっているような場合。

(B−2) ヤクザどうしの抗争とか，ヤクザなどの集団内で地位上昇をめぐっての競争などの場合。

(B−3) 現段階でのマイナス規準では飽き足らず，もっと高次のマイナス規準に吸い寄せられてゆく場合。

C. 価値規準混濁型

社会の側の価値規準がプラスの場合でもマイナスの場合でも一貫していなくて，また許容水準も一定しておらず，要するにいいかげんで，そのときどきで行き当たりばったりという状況。当然のこととして法や規範の軽視・無視が起こりやすい。次の3亜型に分けられる。

(C−1) 個人が所属する身近な集団には一貫した統制力があるが，それを包む大きな社会にはプラスにもマイナスにもそうした一貫性がなく許容水準も一定していないので，個人には確固とした行動傾向が定着せず，その場での適応をはかるだけで法や規範に対する一貫した価値態度が形成されにくく，犯行誘因に対してすぐに犯罪行動が触発されてしまう場合。

(C−2) 個人にはプラスまたはマイナスの明確で一貫した価値態度があるので，個人間で拮抗することが多く，規範や統制に対立することが多くなってしまう。

(C−3) 身近な集団に明確なプラスの価値を持つ統制規準があるが，許容水準が非常に低いため，法や規範の軽視・無視が起こりやすい。過保護や放任による犯行がこの典型。

D. 価値適応硬直型

身近な所属集団とそれを包む大きな社会との間の適応ないしは適合の有無によって，個人の身近な集団への適応が，個人の法や規範の遵守をもたらす反面，ときにはそれへの背馳となってしまうこともあるというタイプである。肝心なことは，個人と身近集団のそれぞれと，大きな社会との価値の面での関係が，柔軟さを欠き硬直化していること。“時と場合によって意味が全く異なってくる”ことへの気づきのなさとでも言えようか。次の5亜型に分けられる。

(D−1) 法規範は遵守するが，その基礎をなす広い社会道徳や社会習慣に無頓着なため，それらが変わったようなときには，以前は（別のところでは）犯罪ではなかったのに，今度は（ここでは）犯罪になってしまうというような場合。“夜這い”とか法令改正後のある種の商取引が犯罪になってしまうような場合がこの典型。
（D－2）“箱入り娘”とか“世間知らず”が犯す犯罪が典型例であるような，個人は法や規範に全く従順であるのに，その者を包んでいる身近な保護の壁が厚すぎて柔軟な適応能力が乏しく，そのためその保護がとり払われた場合に適応失敗の形で犯行に及んでしまうような場合。
（D－3）やはり個人は法や規範に完璧に従っているのだが，それにはずれた場合の許容水準が高く，いわば良心過剰で自己に厳しく，そのため切迫した危機的状況では近視眼的になったり視野が狭くなったりして柔軟な適応行動がとれず，暴発的で自他ともに傷つけてしまうような犯罪に走ってしまう場合。
（D－4）このタイプもやはり個人は法や規範に完璧に従っているのだが，それだけに少しの失敗などで体験した自我の傷つきがことさらに強く感じられ，それから逃れようとして自棄的に（“毒食わば皿まで”といった気持ちで）反転しマイナスの方向へ逸脱してしまう場合。
（D－5）個人の主観的な（社会ではあまり通用しないような場合も多い）価値観に強く支配されて，現行の法規範や慣習・道徳を軽べつ・無視・反発し，時には変革をめざしたりして，犯罪を犯してしまう場合。前に述べた確信犯や思想犯などがこれに当たる。ラスコーリニコフ的な犯罪と言ってもよいかもしれない。

2. 犯行深度（4ランク）

安倍は，以下に述べる4段階のそれぞれについて，それが発現する態様とそれについての分析を，幼少年期，青年期，成人期，老年期の別に詳細に述べているが，ここではそれらは割愛し，4段階の概略的な説明だけにとどめておく。

①アマチュア段階

犯罪が保護領域内に限られるというかとどまっている。したがって，被害者は顔見知りであることが多く，家族であることも少なくない。未成年者の家財持出しなども当然ここに含まれ，多少広がったとしても近隣の家や店などである。当然のことながら，いわゆる“遊ぶ金欲しさ”による犯行が多く，犯罪利得で生計を立てることはなく，手口はプロフェッショナルではない。しかしこのように軽微だからといっても，被害金額が大きなものになることは決して少なくなく，とりわけ気をつけなければならないのは習癖化する場合である。風邪ひきなどの場合と似ていて，軽いままに長びくと厄介であり回復しにくいこともしばしばである。幼少年期から始まることが多いが，成人期に入って初発することもある。公的機関による法的制裁よりは身近な人間関係の中での指導に委ねられることが多く，またそれが適当な場合が多い。とにかく習癖化しないような手段を講じることが肝要である。そして，その際，犯罪の種類と生起機制に留意することが大事である。最も多いのは盗みであるが，“たかが万引き”とか“柿泥棒のたぐい”などと軽視するのは禁物だし，また未成年者の密行的な（人目につかないように行われる）性非行（幼児へのいたずらとか下着窃盗など）には複雑な内面機制が関与していることも多いのである。

②多少プロ的なアマチュア段階

犯罪が保護領域を少し越えて学校や職場そして繁華街などへ広がる。犯罪利得で生計を立てることはまだないが，それに近づく兆しは多少現れている。少なくともある程度の反復が見られることが多く，それにつれて手口の巧妙さ（プロ性）も増しはじめている。盗みだけにとどまらず，繁華街や歓楽街をぶらつくことがかなり習癖化し，それに伴って不良友人との交遊，不純な異性との交遊，薬物などに手を出すことが少し増えてくる。次の③や④の段階に進んでゆく可能性が①段階よりもさらに大きいので，注意が必要であり，家族とか身近な人たちの援助・指導だけでは回復させるのが難しい場合も多い。しかしまだ“遊びに夢中”といった色彩が濃く，本格的な悪の道への指向性はないと言ってよい。

③多少アマ的なプロフェッショナル段階

上述の②と同様に過渡的な段階であるが，具体例としては，賭博開帳の際の見張り，強盗の手伝い，故売屋の手先などが挙げられる。つまり，賭博，強盗，故買といった本格的犯罪（次に述べる④のプロフェッショナル段階の犯罪）にかなり深くかかわっているわけで，②の“遊び”がベースというのとは本質的に異なると見るべきであろう。①，②と③，④との間には質的な差異があるということになる。当然のことながら，保護領域からはかなり離反し，不良集団所属も密度を増し，犯行の手口はかなりくろうと的になり，犯罪利得で生計を支える度合が高くなる。そうした職業犯的性質のゆえに犯行は反復され，手口の巧妙化が誇りとなり，個人の人格に対する改善処遇の方策よりはむしろ刑事罰的制圧のほうが必要となる。安倍は，こうした確信犯的特質のゆえにであろう，政治犯や組織的経済犯そしてホワイトカラー犯罪をもこの範疇に含めている。

④プロフェッショナル段階

犯罪を職業として，犯罪利得による生計維持はもちろん，それ以上に企業化して利得のさらなる増大をはかり，犯行手口は高度に専門的となる段階。さらに安倍は，アンダーワールド（いわゆる闇社会だが，世間一般でイメージされる“暗黒街”といったことよりはむしろ，企業組織やその中での企業努力は正常社会におけるものと同じでありながら，価値体系だけが全く逆転しているような社会）の中核に位置づけられるものとしている。次の2タイプ（5種類）を挙げており，総じて組織的遂行ということが重要な特徴。

(1) 伝統的職業犯罪

ⓐ生活資金の入手を目的とするもの。ⓑ法的に禁止されているが需要はある物資（たとえば麻薬や覚醒剤などの不法な薬物類）やサービス（たとえば売春など）の提供による利得の追求。

(2) 正業の非合法的運営

ⓐいわゆるホワイトカラー犯罪。ⓑ公的機関の犯罪や，私的機関およびその成員による非合法的活動（贈収賄，不正経理，業務上横領などはⓐであり，組織体犯罪としての脱税，談合，外為法違反などはⓑとしてよかろう）。ⓒ行政，立法，教育などの公的諸機関や，軍隊・警察などの，公僕的性格，公安関係，特別権力関係の，諸機関における腐敗など（安倍がここで具体的に何を考えているのか，“腐敗”といった比喩的表現を使っているのでわかりにくいが，ⓑに挙げたような事柄以外を考えると，「注意義務違反」のような，過失犯や懈怠などであろうか）。

7.5.3　犯罪性進度判定徴表

新田健一は，上述のような安倍の犯行深度の4段階について，非行少年から若年成人犯罪者に及ぶ大規模な標本を用いて，少年に適用する項目を，生活資源，保護領域からの離反度，日常の集団所属性，処分歴，非行の動機・原因，非行手口，共犯関係の7領域にわたり，また成人に適用する項目を，生活資源・職業生活，反社会的集団所属性，薬物依存度・賭事耽溺度，犯罪傾向，再犯期間，処分歴，犯行の動機・原因，犯行手口の8領域にわたって，具体的な形で列挙し，それぞれの項目の各段階ごとの失点（そのような事柄の犯罪・非行性への寄与度）を算出して，それらの合計から客観的にその者の犯罪性を判定できるような尺度を開発した。「**犯罪（非行）性進度判定徴表**」と呼ばれるもので，安倍の枠組みでは「深度」となっていたところが「進度」のように変えられており，理論的枠組みを操作化したとの意図が推測される。この徴表の全部をここに掲げることはできないが，例示ということで「非行の動機・原因」と「非行手口」の2領域だけについて，具体的な項目と失点を各段階別に記してみる（①②③④は段階，括弧内は失点）。

1. 非行の動機・原因……①本人の側に非行誘発の蓋然性がほとんど認められず，外部条件に大きく左右された（4.9）。②本人の側にも非行誘発の蓋然性が認められ，日常の不安定要因が外部条件で触発された（9.8）。③本人の側に非行誘発の蓋然性がかなり認められ，日常から不安定要因がめだっていた（14.7）。④本人の側に非行誘発の蓋然性が十分に認められ，日常から非行の危険性がきわめて大きかった（19.6）。

2. 非行手口……①非行にいたるまでの準備段階がほとんどなく，状況依存的，即行的，あるいは錯誤による（3.5）。②手口は単純だが，ある程度の準備段階を経ている。計画性はなく手口はきわめてしろうと的，あるいは直前になって非行を準備した（6.9）。③手口がやや複雑になり，かなりの準備段階を経ているが，はっきりと計画的であったとはいえない。積極的に非行場面を誘致しているが，十分な計画性もなく，成り行きまかせである（10.4）。④手口が専門的で非行場面を計画的に誘致し，発覚防止にも入念な措置をしている（13.8）。

上記のように，各領域ごとに設けられた4段階別の具体的項目のどれに対象者が該当するかを判定し，それぞれの失点を，少年であれば7つ，成人であれば8つ，加算すれば，全体としてのその対象者の犯罪性（新田らはこれを「**犯罪準備性**」と呼んでいる）の失点合計が算出され，失点合計について設けられている犯罪（非行）進度のゾーンのどこにその対象者が該当するかが判定されるわけである。安倍理論を実用化できるよう尺度化した，価値ある業績と言えよう。

7.6　状況要因からの犯罪・非行理論

この節でとりあげるいくつかの理論を「状況要因からの……」と名づけたが，これは前にも述べた「生態学的……」とほぼ同義と考えてよい。その趣旨の骨子を以下に列挙しておく。

1. わりあい最近（1980年代以降）盛んになってきた考え方で，行為者（とりわけその人格面）にではなく行為に目を向ける。しかし，犯罪現象でなく個々の行為であるから，やはり「個体要因からの……」ということで本章の中におさめる。

2. 犯罪行為を，自己利益の追求をいちばんの目的とするというような，いわば快楽説的な基本前提に立つので，1と合わせて，「古典主義犯罪理論の復活」などともみなされる。

3. 犯罪を生起させる要因として行為者の内面に目を向けなければ，着目するのは，社会もしくは文化か，それとも個々の行為が生起する場面もしくは状況（situation）ということになろう。実際，「生態学的犯罪理論」と言えば，前に述べた社会解体論をはじめとする「社会構造論的接近」による理論の多くはそこに含められるのだが，ここでは「状況」に目を向ける考え方だけをとりあげる。

4. 以上のことを踏まえて，この立場の理論家たちは，どちらかというと「原因」という語を避け，「disposition（ある事象の生起が説明できるような，諸要因の構造的布置といった意味であろう）」の語をよく用いる。社会的学習理論などの影響が大きいと考えられ，「統合的犯罪理論」の一つとする論者もいる。

5. 犯罪行為の遂行についての経済説とも考えられている。その行為による利得（物質的，官能的なものすべてを含めて）と，損失（費消時間・労力，発覚時の喪失への恐れなど）との比較考量を，犯罪行為生起の重要なモメントと考えるわけである。

6. このような理論系譜の成立の端緒となったのは，心理治療をはじめとして行為者の内面にアプローチする原因究明や改善施策の多くが失敗に帰したからとされており，理論化の大きな目的が，行為者以外の側面からの犯罪の未然防止という刑事政策的な必要性であったとされている。

7. 最後に，「生態学的因子」の位置づけとも言うべき事柄について述べておく。ヴィラ（Vila，B.）は，個人の犯罪行動成立に関与するさまざまな因子を，マクロレベル因子（個人の社会的発達への影響因），マイクロレベル因子（ある時点での犯罪遂行の傾向＝性癖），エコロジカル因子（犯罪の機会の決定因）の3層に分けて構成している（Vila，1988）。ここからわかるように，エコロジカル因子というのは，まさにマクロ因子とマイクロ因子との間に介在する状況要因であって，これら全部の統合により，犯罪遂行やその傾性についての個人差，生涯のさまざまな時期における差異が説明できるわけである。決定論的にではなく，複雑かつ力動的で，自己強化的な事柄として，ある組合せが成立すると，それに続いて別の組合せができるといったように，時間経過に応じての重畳的なからくりが解明できるし，犯罪への対応や予防も可能になると主張する。こうした考え方が「**進展的生態学理論**（evolutional ecological theory）」と呼ばれるのも，納得できるところである。

以下に，理性的選択理論，日常活動説，そしてこの範疇に含めてよいと考えられる象徴的相互作用論の3つを取り上げて説明する。

7.6.1　理性的選択理論

この考え方の基本となるところは，犯罪行為に際して，その遂行によって得られるであろう利益（benefit）と，その遂行に伴う経費（cost）とを比較考量して有利なほうの行為を選ぶという経済観としての認知的働きを行為者に想定するというものであるが，それだけではない。この考え方を提唱したコーニッシュとクラークは，次のような具体例を挙げて「**理性的選択** (rational choice)」という決定過程 (decision-making process) を説明している (Cornish & Clarke, 1986)。要約すると次のようになる。押込強盗の犯行に際しては，さまざまな理性的思考と判断が関与する。中流階層の住宅がよいか富裕な邸宅がよいか，昼間の外出中がよいか夜間の就寝中がよいか，近隣とのふだんの接触状況はどうか，侵入方法はどれがよいか，監視装置はどうなっているか，盗む物は，宝石，骨とう品，電化製品あるいは現金だけがよいか，盗品の処理方法のルートは確保されているか，逃げ口として侵入箇所のほかにあと1つ以上あるか，家人が在宅だったときの言い訳をどうするかなどなどである。こうした数多くの点で完璧さに近づけば近づくほど，プロになれるのであろう。知能程度をはじめとして認知的な明敏さや柔軟さなど，要求される優秀さは並大抵なものではない。

そこで彼らは「置換 (displacement)」という興味ぶかいコンセプトを置いて論を発展させる (Cornish & Clarke, 1998)。まず，上述のようにさまざまな選択肢の集合を「選択の構造化 (choice structuering)」と呼び，そこには circumstances (状況，主として空間配置的なもの，たとえば，逃げ口のあること，それが植え込みで隠されているかなどであろう)，situation (状態，生活行動を絡めた要因，たとえば，睡眠中とか外出中などであろう)，opportunities (機会，犯行の容易性といった点からの主として時間的スポット，たとえば，物干し場に吊したままの洗濯物の所在とか, 物置の戸が施錠されないままであるかなど) という3種の要因がリストアップされている。彼らは，こうした研究を1980年代後半以降，自殺とギャンブルの研究から始めているのだが，要するに置換というのは，“○○がダメなら△△があるさ”のような「次善を選ぶ」行動パターンである。参考までに盗みについてだけ彼らが挙げている選択構造の諸特質を以下に掲げてみるが，これを見ると，犯行に伴う単なる利害得失の対照的項目というよりは，もっと広く犯行態様全般にわたる諸項目という感じがする (前掲書，p.51から引用)。

availability (利用可能性)：ターゲットの数，接近容易性

method（方法）：すり v. s. 詐欺
cash yield per crime（1 犯行当たりの金額）
expertise（技量）
plannig（計画性）：すり v. s. 銀行強盗
resources（資源）：運輸手段，装備
solo v. s. associates（単独犯行 v. s. 共同犯行）
time involved（所要時間）
cool nerves（冷静さ）：銀行強盗 v. s. コンピュータ詐欺
risks of apprehension（逮捕の危険性）
severity of punishment（罰の重さ）
physical danger（身体的危険性）
instrumental violence（暴力の道具的使用）
confront victim（被害者との対面の有無）
identifiable victim（被害者の面識の有無）
social cachet（社会的格付け）：金庫破り v. s. 路上強盗
fencing（弁舌の巧みさ）
moral evaluation（道徳的評価）

ところで，こうした諸々の事柄をすべてクリアして大きな利得を手にするのは，前にも述べたように容易ではない。そこで，古典的犯罪理論とは異なり，最近の考え方では「限定的合理性（limited rationality）」というコンセプトが実際的なものとして用いられることが多く，たとえば，商店などでの，高価なものは店の奥に，廉価なものは店頭（万引きされやすいような場所）に，といったディスプレイの仕方が工夫されるようになるのである。彼らは，犯罪に関する実用性を重視した研究（policy-relevant research）では，犯罪一般を考えるよりは個々の犯罪を考える（crime-specific な）アプローチが重要になってくると主張する。

確かにこのようなアプローチは，アカデミックな理論家たちからは批判されるかもしれないが，実用性という点からはもちろん，学問的理論性という点か

らも，むしろ現代のある意味では硬直化した犯罪理論の世界に清新な風を吹き込む風穴を開ける意義があるかもしれないと，筆者は考えている。「期待有用性（expected utility）」とか，「法の威嚇（deterrence）効果」とか，「限定的合理性」といった命題は，道徳性（morality）の研究でも重要視されている研究題目であることが想起される。しかしながら次善の選択という意味の「置換」を考えることは，行為者に一貫した犯罪傾向のようないわば人格を想定することにつながり，それは，そこから脱皮したはずの実証主義犯罪理論への逆戻りになるのではないかといったことを含めて，いくつかの批判もなされている。

7.6.2　日常活動説

コーヘンとフェルソンが1979年に発表した**日常活動説**（routine activity theory）は，前述の理性的選択理論と同じ前提に立つもので，どちらも犯罪の生態学的理論の系譜に属すると考えられるが，より実際的・実用的な考え方である（Cohen & Felson，1979）。まず，犯罪は次の3つの構成要因によって成立すると考える。第1は，動機を持った，したがって犯行者となりかねない者（a motivated, likely offender），第2は，適当なターゲット（a suitable target，財産犯であれば盗もうと狙う品物），第3は，役に立つ監視者の不在（the absence of a capable guardian）である。彼らはこの研究を財産犯から始め，その後，ほかのすべての犯罪にまで対象を広げていこうと企図していたようであるが，上記の3命題はきわめて単純な事柄であるのに（むしろそれゆえにと言ったほうがよいかもしれない），理論化に際してはいろいろと複雑な要因が生じてきて，残念ながら未完成のままになっていると筆者は考えている。

彼らは上記3命題のうち，犯行者よりはターゲットと監視者不在により多くの関心を払っており，それらの「収斂（convergence），時間的：場所的な共在ないしは一致ということであろう」という条件を重視する。その上でVIVAと略記される4つの下位条件を提起する。V（value：犯行者にとっての魅力），I（inertia：ターゲットとしての適当さを妨げるような物理的側面），V（visibility：多くの人に見られる位置にターゲットがあること），A（access：多くの人が近づける位置にターゲットがあること）の4つである。彼らは，現代社会では，高価な品物が持ち運び容易な形で多くなっていることを指摘しており，とりわけある種の人々や状況は犯罪が生じやすいような刺激布置に多く取り巻かれるようになってきていると主張する。要するに現代社会というのは，行為者の側に格別の負因がなくても，犯罪が起こってしまうのが何の不思議でもないような日常生活構造をいわばお膳立てしていると考えるわけである。したがってこの考え方は，かつての社会解体論の再来とみなすことができるであろう。夫婦共働きやレジャーなどでの外出の増加によって家を空けることが多くなっている社会状況，性的乱脈に許容的な風潮を作り出す男の子たちの仲間下位文化や偏った男性性への意味付与，所有あるいは専有の意味をあいまいにしてしまうスーパーマーケットなどでの商品配置，家族間や夫婦間など親密な人間関係の中での暴力許容の風潮，若者や小児に対する規制の全般的なゆるみなどを考えれば，こうしたいわば“日常性あるいは健常さの中での犯罪・非行の増加”という命題は，理解できるように思える。

こうした命題や枠組みから引き出される予防策（犯行者はあまり問題にしないので改善策には言及しえない）というのは，非常に現実的で具体的である。たとえば，店頭での商品の並べ方を盗まれにくいように工夫して変える，ロックを改良したりフェンスを高くしたりする，アラームを設置する，門灯や街灯を設置して暗がりをなくす，歩行路の限定などを多くする，家を不在にしない，隣近所の人とおしゃべり（井戸端会議）をするなどなどであるが，要するに犯罪生起の「機会構造（opportunity structure）」を変えることに尽きると主張する。あまりにも常識的すぎると思うかもしれないが，彼らは，1940 年代末とその 30 数年後との間で，品目の種類別に総消費額と盗まれる被害額との対比を検討するなどして，その理由を根拠づけたりしているのである。わが国でも，以前よりは現在のほうが，物品の盗みより現金の盗みのほうが明らかに増えているのではなかろうか。

7.6.3　象徴的相互作用論

人格形成が社会とのかかわりの中で行われることに異論を唱える人は皆無であろうが，それにしても，「自我」とか「マインド」などと呼ばれるものは個人の内的存在で，それの生成・発展に外的要因が関与するのだというような考え方は，多くの人が何となく気持ちの奥に抱きがちなのではないであろうか。しかしここでとりあげる「**象徴的相互作用論**（symbolic interactionism)」という考え方では，そうした観点は全く排除され，自我とか自己概念などもすべて社会の対人関係の中で作られる“意味のあるシンボル”だとされる。「象徴的」というのは，そのような状況の中で自己や他者およびそれらの関係について意味あるシンボルが作られてゆく，という意味であろう。

こうした考え方は，その源を探ると18世紀のスコットランド道徳哲学の思想に求められると言われているが，より直接的にはシカゴ学派のミード(Mead, G. E.)らが承継し，それに次いでミードの弟子たちが1930年代後半に本格的な理論に編成し，この名称を与えたとされている。つまり，古い歴史を持ち，理論体系としては犯罪だけを対象とする限定的なものではなく，一般的な社会心理学の理論なのである。そしてアメリカ的なプラグマティズム思想の中で理論化されただけに，さまざまな社会問題の理論的考察や解明に頻用され，加えて，対人関係とか役割取得といった命題のゆえに実用面でも幅広く活用されてきた理論である。現実問題としてのさまざまな行為や現象，たとえば麻薬使用，売春，同性愛，犯罪，諸種の逸脱など広範囲の事柄に取り組み，非常に大きく幅広い影響を隣接あるいは後の研究者たちに及ぼしてきた。そしてこの立場は，ブルマーらのその後の活躍の場がシカゴを離れたため，イリノイ学派とかアイオワ学派などと呼ばれることが多い。

象徴的相互作用論を主軸にして社会心理学全般を論究したリンドスミスら(Lindesmith et al.,　1978)は，その著作の最後の部分で逸脱の問題を扱い，カイ・エリクソン(Erikson,　K.，1965)の言葉を引用してこの立場に立つ逸脱のとらえ方の基本を次のように述べている。

「逸脱は一定の行動に『固有な』属性ではない。それは，その行動に直接，間接に接するようになる人々によって，その行動に『与え』られた属性である。一定様式の行動が逸脱であるか否かを言える唯一の方法は，……その行動に対して反応する会衆の基準について何かを学ぶことである。」（リンドスミスら

(著)船津　衛(訳)『社会心理学──シンボリック相互作用論の展開』pp.431-432 から引用)

自己像，他者像，自他関係，犯罪・非行者との認定などのすべてが，直接と間接の別を問わず(したがって必ずしも直接的な対面状況の場合に限られることなく)，対人関係の中でのやりとり(transaction)の中で意味付与(definition)されるのだということが明快に述べられているし，そうした意味付与の際の基準が，その行動に対して反応する「会衆」のそれであることも指摘されている。ここで会衆というのは，社会における普通の意味での多数派(majority)でもよいし，意味ある他者(significant others)であってもよかろう。ある個人が何に拠って意味付与するかの基準ないしは根拠であろう。またこの短い言葉の中には，前にも述べた，犯罪・非行と認定する側(警察とか裁判所など)や被害者の側をも考察の対象とすべきだとの主張も含まれており，まことに広い視野と展望を提示していると考えられる。少し前置きが長くなったが，理論の中に立ち入っていこう。例によって，そのほうがわかりやすいと思われるので，箇条書きで述べてゆく。

1. 社会的相互関係の中での認知プロセスをベースに考えてゆく理論である。そもそも認知というプロセスは，衝動の直接的表出を抑え延伸させる働きを持つわけで，そのように延伸させられて表れる行動は，普通“思慮ぶかい”とか“分別のある”などと呼ばれる行動になる。したがって暴力を例にとると，認知過程を介在させた暴力というのは，衝動のおもむくままに表出された暴力とは一味ちがった行動になる。

2. それでは，その認知過程の中ではどういうことが行われているかというと，いろいろあるであろうが，この理論では，想像過程が働き，その中で自己認知と他者認知が相互に関連し合いながら進行してゆくという点に注目する。自己認知においては，よく言われるように，主我と客我(I と me，self as process と self as object と言い換えることもある)という形での客観視，そして客我から「自己イメージ」への結実が行われるが，その際，対面している相手とその対面状況についての認知には，行為者が持っている自己イメージに加えて「一般化された他者*」のイメージが重要なモメントとして働くとされる（Athens, 1980）。

3. 社会的相互作用の中での形成ということなので，自己や他者，自他関係，そして自分が今何をなすべきかといった，イメージや状態像や行動プランなどは，決して固定的なものではなく，平たく言ってしまえば“売り言葉に買い言葉”，“相手がそうならこちらはこう”といったように，流動的に変わってゆくものと考える。そこで浮かび上がってくる重要な事柄は「**役割取得**（role-taking；自分自身を他者の役割に投影するプロセス）」ということである。これは単なる付和雷同とか全くの相手しだいということだけでなく，“想像的リハーサル”などと呼ばれる認知プロセスであって，“相手がそうだからこちらはこうしてみるか，そうしたら相手はどうするか，その結果どうなるか，自分は損するのか得するのか”といったような，利害得失をも含めたさまざまな事柄についての予期や予想もその中に含まれるのである。非行による問題解決の見込みに影響を及ぼすであろう役割取得について，次のような5側面が挙げられている（Heimer & Matsueda, 1997）。

(1) 非行による問題解決の行動パターンが資質として底在している場合。

(2) 非行によって賞が与えられたり自己イメージが好転したりすると考えられた場合（そうした先行の成功体験や学習機会があればなおさら身につく）。

(3) 周囲から非行者とかトラブルメーカーなどのレッテルを貼られている場合。

(4) 非行仲間からの直接・間接の影響（犯行を強いられたりそそのかされたり手本を示されたり，あるいは期待されたり自分自身その気にさせられたりなど）がある場合。

(5) 先行経験によって習慣化している（あるいはスクリプトされた）反応が普通のことになっていて，熟慮的・反省的な思考を欠いているような場合。

4. この理論の特質ないしは基盤となっている社会的相互作用ということから，この理論枠組みは暴力研究によく用いられてきた。その一つとして前に引用したアゼンスの研究をとりあげてみる。彼は58人の暴力犯罪者を対象にして，

* Mead, G. H. が提起した概念で，社会化の過程において客我を形成する際に個人の内面に取り入れられる周囲からの期待など，その個人の意識における一般的他者像。

個別的な面接により犯行時の気持ちと相手とのやりとりを尋ね，次のような知見を得た。

(1) 彼らはすべて，暴力的犯罪行為の前にはその計画を意識的に構成しており，これは従来の文献に述べられているところと，1 つだけの例外を除き，全く相違していた。これまで，精神医学者，心理学者，社会学者は，暴力的犯罪が，無意識の動機，深い情緒的欲動，内面の心的葛藤，突然の情緒的破綻などによって起こると考えてきたのだが。

(2) 犯行者が犯行時に行っていた状況解釈には次の 3 種類が見られた。①加害者または彼と親しい間柄の者が，被害者から身体的攻撃を加えられようとしていたのに対して，いわば正当防衛の形で，もしくはすでに加えられてしまったのに対して，いわば報復の形で，という解釈であるが，時には加害者が「一般化された他者」の役割を取り，被害者に対して暴力的に対処しなければならないと，いわば使命感もしくは正義感に基づいていることも多い。②加害者が被害者にさせようとしている行為を被害者が拒んでいる，あるいは逆に被害者が加害者の望まぬ行為をさせようと無理強いしている，という解釈であるが，時には加害者の気持ちの中に自分自身というよりは「一般化された他者」が意識されていることも多い。③被害者の言動が，加害者に対する侮辱や嘲笑の意味を含んでいるという解釈であるが，時には加害者が「一般化された他者」の役割を取ってそう解釈することも多い。アゼンスは，①を「身体的防衛 (physically defensive)」，②を，「阻止への反応 (frustrative)」，③を「意地悪への対処 (malefic)」と命名しているが，この考察と類型化は筆者には興味深く感じられる。筆者らは以前，いくつかの罪種別に，非行少年が犯行に踏みきるときにどういう気持ちを決断そして行為化のバネにするかを調べたことがあるが，暴力非行がほかの罪種と非常に異なる点は“われに正義あり”といった一種の正義感のようなものであることを確認し，前に述べた「遊び型非行」などの場合とは異なる罪悪感の希薄さが暴力非行にはつきものであることを感得した。上記の知見はそれに通じるところがあるように思われ，よく言われる「道具的犯行 (何か別の利得のための犯行)」か「表出的犯行 (その遂行自体が目的ないしは利得であるような犯行)」かというときの前者とも異なる，非功利的犯行の特質を，暴力犯罪は持っていると感じられる。

ともあれ，このような象徴的相互作用論は，暴力犯罪だけに限らず，必ずしも直接的対面状況を構成しないほかの犯罪にも，今後は適用の範囲を広げていくであろうと予期される。

8 犯罪・非行者に対する個別的査定

犯罪や非行を行った個人に対する査定（assessment）は，通常，国や地方自治体の公的機関によって行われる。そもそも，個人のそうした行為が犯罪や非行であるという認定が，刑事司法や福祉行政の公的機関によってなされるのだから，それは当然であろう。ところでこのような査定は，それを行う公的機関の領域別にいろいろと呼び名が異なっている。たとえば，家庭裁判所では「調査」，法務省所管の諸機関では「分類」とか「鑑別」，児童福祉関係の領域では「判定」などのように。しかしここではそうした差異にはこだわらず，犯罪性や非行性の査定（見究め）一般に通じる事柄を考えてゆく。はじめに重要な２・３の点に触れておく。

犯罪・非行性という呼称はよく用いられるが，その意味はまことに不明確と言わざるをえない。最近では“○○的”という言い方とならんで“○○性”という言い方がよくなされる。“彼には社会性が乏しい”といったように。社会経験が乏しくて世慣れていないということなのか，社会常識が乏しくて独りよがりということなのか，それとも単に社交的でないということなのか，まことにあいまいというか多義的である。ここでは「その個人に犯罪や非行を行わせるようにしむけ促すような，その個人にとっての内的・外的な諸要因のまとまり」とでもしておくほかないが，それにしても，単に現象面だけに目を向けた行動の傾向（tendency）や傾性（proneness）とするか，それにある程度の内的に一貫する人格要因を加味した性癖（propensity）や性向（inclination）とするか，あるいはほぼ内的要因だけに着眼した資質（disposition）とするか，時と場合によってさまざまである。しかしこうした多義性は，とりもなおさず前に述べたような犯罪や非行の多面性に由来するとも考えられるわけで，いたしかたないことなのかもしれない。

この章では，個体の持つ上述のような意味での犯罪・非行性を（そのままではあいまいでとらえようもないので），主として心理学的側面から（あるいは心理学的アプローチによって）というように限定し，その査定の目的，手順あるいはステップ，それぞれのステップで重要となってくる鍵概念（たとえば，除外診断とか精神障害とか処遇とか）などについて解説することとする。したがって当然のことながら，心理学的な意味でのパーソナリティを主に対象とし，6章で述べたような社会・文化的要因には，個人をとりまく環境要因という意味以外では目を向けず，主として7章で述べたことを個人に適用する形で敷衍する叙述になるであろう。以下，犯罪・非行者に対する個別的査定を，単に「個別的査定」と呼ぶこととする。

8.1 個別的査定の目的と枠組み

8.1.1 個別的査定の目的

前にも述べたように，犯罪・非行者を集合として全体的にとらえた場合の理解は，一般性や法則性の発見を目的とするため，犯行にいたった個々の人に対する個別的改善（立ち直り）策というよりはむしろ，一般的予防策の入手につながることとなる。つまり，個別的改善策と一般的予防策とは，多少の重なり合いはあるものの，本質的には異なるものであることを，少し意外に思われるかもしれないが，はっきりと銘記すべきである。常識では，理解から対策がまっすぐに引き出されると考えられたりするが，そうでないことも（特に犯罪・非行の場合はなおさら）多いのである。たとえば，幼少期に母親の愛情が不十分あるいは欠落していたために，人格形成が歪められて非行に走ってしまったというような場合にはどうするか，今から押っ取り刀で母親が愛情を注げばよいか，そんな簡単なことではなかろう。理解は，後で述べるように必要なことだが，そこから直線的に対策が引き出されるとは限らないのである。

個別的査定の目的は次の2つに要約される。

1. その個人が，なぜ，どのように，犯罪・非行を行うようになったかの理解。

2. その個人が，今後，再び犯罪・非行を繰り返さないようにするためには，どういう手当て（treatment）が必要かの提言。

これら2つの事柄のそれぞれについて説明しておこう。

1 は，犯罪・非行の**生起過程や要因の解明**ということになるが，これは，上述のように犯行者の改善方策を導き出すためには必ずしも必要でないこともありうるし，少なくともそれと直結する事柄ではない。それではなぜそうした解明作業を行うのかというと，公的機関が行うさまざまな刑事司法あるいは行政的な措置（たとえば家庭裁判所の少年審判など）の前提として，現状の確認が必要となるからであろう。ちょうど，体のぐあいが悪くて医師のもとを訪れた患者に対して，いろいろな検査や診察を行って現時点での病状を確認するのと似ている。しかしながら現状確認といっても，現在の状態を静止的にとらえるだけでなく，それがどのように形成されてきたかというプロセスを解明しなければならない。というのは，世間一般の人々は，犯行内容が凶悪で重大だったりすると，その行為者は凶悪で重大な問題性を持つ人柄であろうと考えがちだからである。そういうことも確かにありうるが，そうでないことも多い。ちょうど，なまじ軽い症状の病気だと，かえっていつまでもぐずぐずと長引いててこずるように，侵害度の軽微な犯罪などを繰り返す人に意外なほど重大な人格の問題性が認められることが，少なくないからである。そこで，生育史，その中での人格形成過程，そしてその文脈の中での犯罪・非行の生起というとらえ方が必要となってくる。こうした個別的査定の手順は，この後で詳しく述べるが，ここでは上述のような意味での“プロセスの中で理解する”ことの重要性を，査定の目的に即して指摘しておくにとどめる。

2 は，犯行者の**「処遇（改善方策）」を引き出すための見究め**ということになるが，処遇という語は心理学ではあまり使われない言葉である。犯罪・非行というのは，これまで繰り返し述べてきたように，きわめて多面的でさまざまに異なる次元での多くの要因が関与する事象である。したがってその行為者の立ち直りを促すには，教育，治療，規制（方向づけ），環境調整など，さまざまに異質な働きかけが，それぞれ専門的なレベルで操作的に編成されなければならない。このように編成された働きかけが，処遇（treatment）という総合的呼称である（「手当て」という平易な言い方のほうがぴったりだと筆者は考えているのだが）。ここで専門的というのは，単なる思いつきや常識ではなく，しっかりした理論に基づいているという意味，操作的というのは，手続きが系統的に編成されていて，結果が成功または失敗したときに，なぜ成功したのかまたは失敗したのかをきちんと要因を明示して確かめられるという意味である。

「改善」ということについても少し触れておく。犯行者が将来ふたたび犯罪・非行を繰り返さないようにする（行為にだけ目を向ける）ことを目標にするのであれば，極端な話，方策はほかにもいろいろあるわけで，たとえば，生涯にわたって牢獄に閉じ込めておくとか，犯行者からさまざまな能力を取り去ってしまうとか，あるいは殺してしまうとかすれば，再犯は絶対に起こらない。しかしそのようなことが許されるはずもないのは当然で，そこから，健常な社会生活への復帰，未成年者であれば健常な人格発達を促して社会化を遂げさせることが，処遇目標とならなければならないこととなる。このようなことは当たり前と思うかもしれないが，実際に個別的査定を行う場合，そして具体的な処遇目標を設定して対応策を個別的に編成してゆく場合，ともすればおろそかにしてしまうことが往々にして起こるのである。

8.1.2　除外診断と医学的な個別的査定

犯罪・非行は，社会規範に背いた行為ということで，不登校とか家庭内暴力といった語と同じように，行為の表面特徴だけからとらえたコンセプトであり，原因，症状，経過や転帰，病理的組織変化などが同一であることを基盤にした「疾患単位（disease entity）*」，あるいは「感情障害」とか「認知障害」のように内面に着目した単一の障害では全くない。したがってその行為者は，“何だか周囲の人とは違う妙なことをしてみんなに迷惑をかける”というだけで問題にされるわけで，その成因は，個体面に限ったとしても，個体のどの面にでも求められることとなる。またほとんどすべての場合，通常の臨床場面での対象者と違って，“頭が痛いんです”とか“人前に出られないんです”といった「主訴」を欠いている。このような成因（形成過程の特質をも含めて）の多面性ないしは遍在性のゆえに，その査定は，焦点を絞ったものではなく，ちょうど健康診断のときのようなあらゆる（少なくともさまざまな）面についての見究めの作業となる。そのさまざまさは，単なる多種多様さということではなく，異なる次元でのということであり，以下にその大枠を示し，その後，一つひとつを説

* Kraepelin，E．が疾病分類を行う際に基礎に置いた概念（加藤正明ら編，『精神医学事典』，2001，p.314）。

明していくことにしよう。

まず基本原則として「**除外診断** (exclusive diagnosis)」という見究めの方式をとることが必要となる。これは，手当てに緊急性を要する否定的事象の存否について，その緊急性の順に存否を確認してゆくことと言ってよかろう。これは，精神医学者である笠原　嘉* (1990) が精神障害の診断について説いていることであるが，犯罪・非行者の査定に際してもこの方式は適用できる (むしろ，しなければならない) と考えられる。要するに，積極診断のように“これだろう！”と見当をつけて探りを入れていくのでなく，反対に“これではない→これでもない”のように違うところを排除していって，だんだんと輪を狭め，最後に適合するところに行き着くというアプローチであり，終始一貫して 100 % この方式でということではないにしても，大枠は除外診断方式がとられると言ってよかろう。

このことを踏まえて，犯罪・非行者に対する医学的な個別的査定の手順を示すと次のようになる。

1. 身体的病変の検索

すべてのケースについて必要ではないし，また，身体的な故障が犯罪・非行の直接の原因ということは少ないのだが，もしそれがあった場合には緊急な手当てが必要になることは十分にありうるので，通常はまず第一にこの検索が行われる。また，これより後の見究めの過程でこの必要性が生じてきた (たとえば犯行者の乱暴さの背後に何らかの脳の異変が疑われるようになった) ような場合に，ここに示す見究めの手順から見れば遡及する形で，この検索が行われることも少なくない。この場合には除外診断ではなく積極診断の形をとることになるわけであるが。したがってこの検索は，健康診断的なオールラウンドの見究めではなく，“狙いを定めた”診査になることは当然であろう。とにかく犯罪・非行者の査定における身体面での検索は，犯罪生起プロセスの解明とは無関連であることが多く，ほかの手順とは次元を異にする作業で，100 %近く“処遇方策を定めるため”のものと言ってよいであろう。

---

*笠原　嘉「診断学総論」土居建郎ら編『異常心理学講座 8　テストと診断』，みすず書房，1990，pp.1−16。

2. 精神障害の検索

個別的査定において，真っ先に，最も基本的で重大な障害として，その存否を確認しなければならないのは，精神障害である。精神障害とは何かについてはこのすぐ後で述べるが，また暴力との関連についてはすでに粗暴犯のところで述べたが，精神障害が認められた場合には緊急な手当てが必要となるし，例数は少ないにしても犯行内容がきわめて重大で特異なものとなることが少なくないからである。特に精神病の場合には放置したらどんどん病勢が進み，死にいたることもあるので，この検索は非常に重要であり，専門家による慎重な見究めが必要となる。精神障害（特に精神病）→異常→誰が見てもはっきりしているので発見は簡単，と思われやすいが，とんでもないことで，統合失調症の始まりの状態などは専門家ですら発見しそこなうようなことがありがちである。そして，精神障害の存在が確認されたら，この後の心理学的な査定は行う必要がなくなってしまうこともしばしばであって，“最も基本的”と言ったのはそういう意味からでもある。ここをパスすれば，その後は心理学的な人格査定のステップに入り，類型的把握，人格特性測定，力動的解明，価値的理解と，査定の作業が進んでいくことになる。これらについて，ここに挙げた順に，以下に述べてゆく。

8.1.3 精神障害とは

精神障害とは何かをきちんと述べるのは非常に難しいことであり，現在最も広く用いられているDSM-Ⅳにしても，現象面に表れている諸特徴（症候あるいは症状）や諸条件（たとえばそうした特徴の継続期間）などから，治療に役立てるために，それらが由来している元の本態を探り当てる具体的手順を示しているものである。したがって，精神障害の種類や範囲は明確に示されているけれど，精神障害とは何かという本質的問いかけには答えていない。

精神障害（mental disorders）というのは，字義としては“心理的な働きのぐあいの悪さ”であろうが，ぐあいとは何かを考えるだけでも大変な仕事である。たとえば“今日はどうも頭の働きが鈍くてものを覚えられない”という場合，昨夜の睡眠不足のせいなのか，もともと記憶力がよくないからなのか，ほかのことに気をとられていたからなのか，ショッキングなことに出会って気持ちが混乱していたせいなのか，実にさまざまなことが原因としてありうるであろう。したがって，精神障害というのは，心理機能の面から見ると，人格の最も基本的な認識・統合機能が損なわれていて，客観的で適正な自他認識に困難が生じ（病識がないことやさまざまな妄想・幻覚などもここに含められる），いろいろな精神機能をまとめて効率的に働かせることがむずかしくなっている状態と考えられるのだが，病因（ぐあいの悪さの原因）の面からは，次のようにさまざまな場合がありうるとされている。

第1は，身体的な（多くは脳の器質的な）変化に根ざしていたり，あるいはある種の身体疾患（バセドウ氏病のような内分泌疾患とか，進行麻痺などの感染症，あるいは脳動脈硬化などの血管病や中毒など）に伴って，上記のような基本的心理機能が損なわれる場合。器質性の精神障害と呼ばれたりする。

第2は，身体的基礎は不明だが，それがあると想定されていて，内因性精神疾患などと呼ばれている，統合失調症，躁うつ病，非定型精神病など（単に「精神病」と呼ばれることも多い）の場合。

第3は，アルコールを含むさまざまな薬物や毒物・劇物（最近では治療用のものが乱用される場合をも含めて「物質（substance）」と総称されることが多い）の広い意味での一時的薬理作用による場合。外因性の精神障害と呼ばれたりもする。

第4は，身体的病変はそれほど問題でなく，遺伝負因に基づく生来性のものであることが多い，いわば生まれつきの変わり種とでも呼べる知的障害と人格障害（以前は，精神薄弱あるいは精神発達遅滞と，精神病質あるいは異常人格などと呼ばれていた）の場合。これは疾患（病気）ではないので，経過（状態像の推移・変容）がほとんど見られず，固定した状態像を示すことが多い。生来性の偏りと考えられる。

第5は，身体的基礎に根ざすことも遺伝負因によることもない，言うなれば環境への適応失敗に起因する心理機能の乱れで，心因性の反応とか神経症などと呼ばれることが多かった。これは，上記4つの場合とは本質的に異なっていて，人格の最も基本的な認識・統合機能が損なわれることはむしろ少なく，それゆえ精神障害の体系の中にはこれを含めない立場もあるし，このような適応失敗を起こしやすい人格の異常性が恒常的に底在していると考えて，第4の人格障害のうちに含めてしまう立場もある。心理学が主としてかかわりを持つのは，この第5と第4であって，第1から第3までは医学の分野に属する事柄と言ってよいであろう。

8.1.4　精神障害についての力動観

精神障害，とりわけ「経過（状態像の推移・変容）」を示す精神疾患と犯罪・非行との関連を述べることは，膨大な作業となるし，専門外の筆者などのとてもなしうることではないので，ここではわれわれ心理学徒にとっても興味ぶかい1つの事柄（精神障害についての力動観ということ）についてだけ述べておく。またもや古いところを持ち出すので気がひけるが，19世紀後半に英国の神経生理学者ジャクソン（Jackson, J. H.；1835－1911）*は，ダーウィンの進化論の影響を受けて，人間の精神機能の階層（ヒエラルキー）的構成，進化 v.s. 退化というプロセス，陰性症状（negative symptom）と陽性症状（positive symptom）という3命題を骨子とする学説を展開した。ジャクソニズムと呼ばれているが，以下に略記する。

1. 人間の精神機能は，人生の初期に形成される組織度の高い低次のものから，後になって形成されてゆく組織度の低い高次のものまで，階層をなしていて，高次のものが順を追って低次のものを統制しており，その統制によって低次の機能はふだんは現れない。

2. 障害をきたすときには，組織度の低い（したがって脆弱な）高次のものから壊れてゆき，それに伴ってその高次のものの統制が弱まったり失われたりして，統制を脱した低次の機能が現れる。

3. 高次の機能の故障・欠落によって現れる症状を陰性症状（感情鈍麻，思考減退，意欲喪失など），高次の機能による統制の欠落のために現れる症状を陽性症状（妄想，幻覚，異常思考，興奮など）と呼ぶ。

4. 進化というプロセスは，**1**で述べたように，組織度の高い低次の機構（単

*『種の起源』（ダーウィン，1859）に啓発されたところが大きいと言われている。

純ではあるが堅固）から組織度の低い高次の機構（複雑であるだけに脆弱）への推移と考えられるが，障害というのは，“高次の複雑”の破壊による“低次の単純”の顕現であるから，いうなれば進化とは逆の「退行」であると考えられる。ここでの単純と複雑（低次と高次）について，三浦岱栄は，少ない知覚神経細胞と運動神経細胞から成る中枢にあっては両者間の連絡・調整が緊密となりうるが，それらが多い場合にはその連絡・調整が不完全になりがちであるという例を挙げて説明している（三浦岱栄，1965；Ey，1979）。

このような考え方は，染矢俊幸（2001）によれば，今日ではむしろ現象記述面で用いられることが多いようであるが，一見すると，それまでに行われていた「脱落症状」と「刺激症状」という考え方に類似しているように思われる。しかしそこでは，2 種の症状は切り離された独立のものであったのに対して，この考え方では，一方の欠落が他方の出現を促すという動的な見方をする。この考え方をさらに力動的な方向に発展させていったリボー（Ribot, T.；1839－1916）や最近ではエー（Ey，H.）といったフランスの心理学者や精神病理学者たちは，ネオジャクソニズムというより広い領域にまでこの考え方を広げてゆく中で，これら 2 種の症状群の相互関連的な動きと，進化・退行というプロセスの観点から，心理的障害をまさに力動的に考察するようになる。リボーは記憶の研究によってあまりにも有名であるが，そのほかにも麻痺，酩酊，躁的興奮などについて退行の原理を用いて説明を試みている。犯罪・非行の問題に近づけるために少し的を絞ることにしよう。

三浦岱栄（1965）の説明によれば，ネオジャクソニズムの最も重要な特質の一つは，かつてブロカ（Broca, P.；1824－1880）らによって唱えられた狭義の脳局在論（theory of cerebral localization；さまざまな精神機能や行動傾向がそれぞれ脳の特定部位と 1 対 1 に関連するという考え方）から脱却し，部分的退行としての神経障害と，全般的退行としての精神障害とを区別し，その上で，それらを仲介するのが意志や自発性をつかさどる前頭葉の機能であることを強調した点にあった。ここで意志とは，本能的衝動を抑止・規制する機能であって，その減弱が，犯罪を含めたさまざまの逸脱行動を引き起こすとされたわけで，リボーはこのあたりをジャクソンが行ったよりもずっと詳しく説明したのだと言われているし，後にジャネ（Janet, P.；1859－1947）*が唱えた精神衰弱の考え方の原点にもなったとみなされている。

リボーは，酩酊や躁的興奮について，よく言われる活動水準の高まりではなく，上述の意味での意志力の低下による低次の衝動の解放という図式で考え，このような意志の退行が慢性化した状態が精神病質であるとする。したがってこの考え方は，前述した社会・文化的要因に関する解体（disorganization）というコンセプトと類似しており，性悪説の範疇に属すると考えることもできる。基本図式をこのように，高次機能（意志による統制）の退行・減弱による低次機能（本能的衝動）の解放・作動と描いた上で，リボーは，発現する逸脱行動の種類の別（殺人，盗み，嗜癖，自殺などの差異）が，個人やその時々の場合においてなぜ生じるかについて，非常に心理学的な（しかし筆者にはその点がもの足りなく感じられる）説明を試みる。もはや局在論ではカバーしきれないわけである。もしそれを押し通そうとしたらマクドゥーガルの本能理論のように殺人神経細胞とか自殺神経細胞といった概念を立てなければならなくなる。そこで個々人の，体質，気質，性格などをひっくるめた，人間における"深い傾向，つまりは欲"というものを考える。これは，パーソナリティに近い概念であろうが，それに身体的要因や志向的価値をも取り込んだもっと広いコンセプトと理解される。発生させる根源的要因と，発生に際してその方向性を規定する要因という二段構えの理論構成は，前章で述べたヒーリーの情動障害理論における，非行原因としての情動障害とそれが行動として顕在化する際の反応型という理論構成と似ており，まさに力動的な考え方と見受けられる。彼のこうした考え方は，ジャクソンを越えてむしろフロイトに近いとも言われている。

---

*人間の精神を健常に保ち機能させるためには，適度の緊張（tension psychologique）が必要であり，それが衰えるといろいろな障害が起こると考えた。フロイトとは対照的に，緊張という概念に積極的な意味を与えたと言われている。

8.2 心理学的人格査定（類型的，特性的）

8.2.1 人格の類型的把握

類型的把握というのは，人間がものごとを理解するときに用いるもっとも原初的な観方ないしはアプローチであり，特性に分解して分析を行い，その上で構造化や機能の考察を試みるというのではなく，ものごとの表面的・現象的な形態特徴を直観的・了解的にとらえ，似たものどうしを集めて群化し，○○タイプと呼ぶようなとらえ方である。よく引き合いに出されるのが，古代に試みられたと言われるガレノスの体液に基づく人間の気質の4類型説（多血質，胆汁質，黒胆汁質，粘液質）である。これは荒唐無稽な考え方であるにもかかわらず，今日でも人の見方として不思議なくらい感覚的に残っているように思われる。したがってこのようなとらえ方は，いかなる意味でもその対象の解明ではない。同次元にある複数の事柄から共通の属性を引き出して，その次元より高い次元でのタイプを作り出すというまとめ（整理）を行ったに過ぎない。たとえば，“あの人は一昨日も昨日も今日も怒った。どうしてだ？”“爆発型だからだ”“どうして爆発型なのだ？”“一昨日も昨日も今日も怒ったから”“……？”というやりとりは，滑稽きわまる「同語反復」以外の何ものでもなかろう。

それにもかかわらず**類型的把握**を行うのはなぜかというと，思考経済（解明作業の効率化）をはかるためである。複数のものごとから，それらの持つ微細なニュアンスの違いを切り捨てて，ある1つの共通属性を引き出せば，その共通属性の路線に沿った計画的な解明作業が可能になるからである。その共通属性だけでもの足りなければ，切り捨てたニュアンスのほうに着目するのもよいし，その共通属性を廃棄して別の共通属性を引き出すのもよかろう。一見めんどうなようだが，ただやみくもに考察するよりはずっと計画的・効率的に理解を進めたり深めたりできることになる。要するに，類型的把握というのは，人格査定の一連の手続きの中での一里塚というか，次の作業のためのお膳立てないしは準備段階であって，それ自体は何をも解明していない単なる整理の作業に過ぎない。ともすれば「○○タイプ」とすることが何かを理解したことのように考えられやすいが，それは誤りである。

ここで念のために2つの事柄を述べておきたい。第1は，類型的把握といっても2種類あることで，一つは，上に述べたような，素朴に全体像を見て類型化するアプローチと，もう一つは，特性を調べた上でそれらをまとめた形の類型を立てるアプローチである。ここで類型的把握というのは言うまでもなく前者であって，後者は，類型化は行っているものの，むしろ特性的分析と呼ぶのが適当であろう。第2は，前の7章で個体要因からの接近によるさまざまな犯罪・非行理論を紹介した際にもやはり，類型論的，特性論的，力動論的，発達的，状況的というような分け方をしたが，それらは理論の特質による類別であり，ここでの類型的，特性的，力動的などは，個人を個体要因から観る場合の観点についての類別であるということ。どちらも個体を観ていることには変わりないのだが，その観察結果を系統化し集積した場合の理論の特質と，個体の観察それ自体の方式の特質という，いわば次元の差異が両者の間にあることを承知しておいてほしい。

8.2.2　人格特性の測定――心理検査の種類

前の章でも述べたように，第2次世界大戦後，わが国では，家庭裁判所や少年鑑別所が設置されたり，児童福祉関係の諸施設が整備されたりして，未成年者に対する刑事司法や福祉関係の制度が面目を一新し，同時に成人犯罪者に対する諸施策も大きな躍進を遂げた。それに伴って，この分野における心理学専攻者の活動も活発化したが，その中心は，当時の臨床心理学やその実践活動の状況を反映して，心理検査の実施を主体とする査定であったと言ってよかろう。1950年代から1960年代にかけての時代である。周知のように，心理検査は，何を測るかの別によって，知能検査，人格（パーソナリティあるいは性格）検査，その他（社会的態度，職業適性・興味など）の検査のように大別されるが，犯罪・非行の分野でよく用いられてきたのは知能検査と人格検査である。とりわけ人格検査は，知能検査よりも種類が豊富であり，より多彩にかつ深く犯罪・非行の解明に役立つところから，非常に幅広くまた頻繁に使用され，ある時期，犯罪・非行の職域や研究分野は“心理検査のメッカ”と言われるまでの盛況を示し，この領域での多くの人材を輩出してきた。人格検査は，その技法面で類別すると，質問紙法（質問配置や測定目標の系統性から「目録＝ inventory」と呼ばれることもあり，また自己申告式という呼称もある），作業法（内田クレペリン検査とか描画法など），投影法（ロールシャッハテストや TAT ＝主題統覚検査など，提示刺激の多義性とそれに対する反応の自由さから心の内面深くを探査する技法）といった種類に分けられるが，この領域の実務や研究で多く用いられてきたのは質問紙法と投影法である。

人格特性による人格の記述は，したがってその査定で用いたテストが提示している特性でということになる。たとえば，よく用いられる YG（矢田部・ギルフォード）性格検査では，その下位尺度となっている 12 の特性（抑うつ，気分易変性，劣等感，神経質，客観性，協調性，攻撃性，一般的活動性，衝動性，思考的外向，支配性，社会的外向），わが国の法務省で開発した MJ 式人格目録であれば，13 の下位尺度（虚構，偏向，自我防衛の 3 つの信頼性尺度と，心気症，自信欠如，抑うつ，不安定，爆発，自己顕示，過活動，軽躁，従属，偏狭の 10 の臨床尺度）が，それぞれ記述されるべき人格特性ということになる。また投影法検査にしても，特性の査定や記述ということはありうるし，投影法の持つ何よりの強みであり後述する力動的解明のいわば基礎作業として，それは存在するわけである。たとえば，ロールシャッハテストにおける運動反応と色彩反応との比率とか，反応総数中に占める純粋形態反応の比率など，挙げればきりがないほどである。

犯罪・非行者の人格査定の現場において実際に用いられる心理テストは，知能検査と人格検査の双方ともに，まずはじめに集団式を，次いで個別式をという順序で行われると言ってよかろう。これは，単なる実施方法の違いということではなく，集団式というのはおおむねスクリーニング（ふるい分け）のため，個別式というのは，集団式の検査によって浮かび上がってきたポイントに狙いを定めた診断のため，ということができよう。言葉を換えて言い直すと，集団式は除外診断のため，個別式は積極診断のためということになるであろうか。知能検査と人格検査の基本的な種別を具体的に例示すると**図 8.1**，**図 8.2** のようになる。

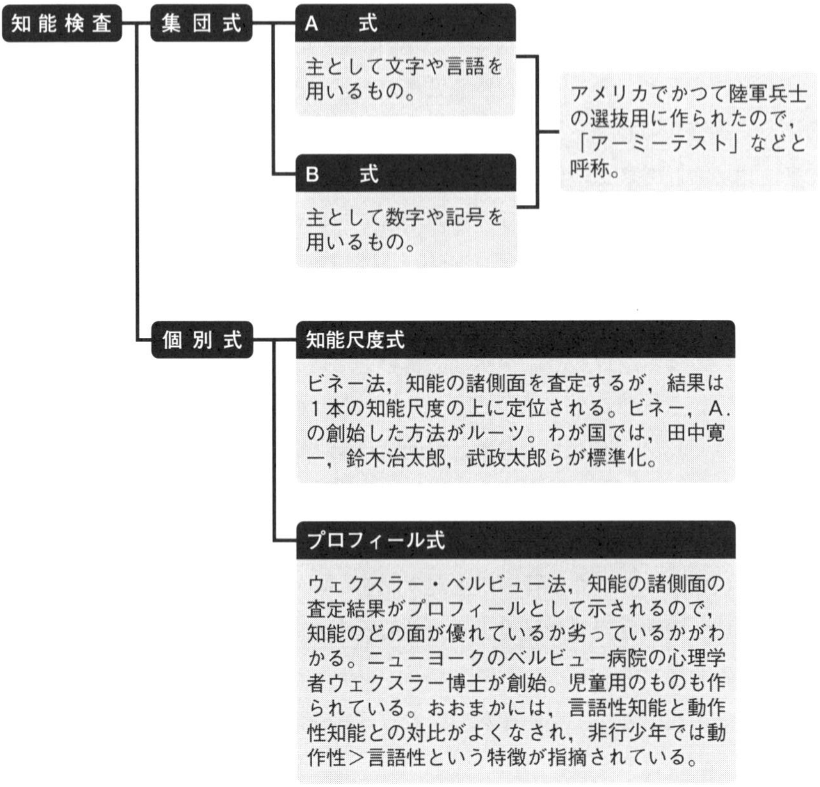

知能検査
集団式
A　式
主として文字や言語を用いるもの。
B　式
主として数字や記号を用いるもの。
アメリカでかつて陸軍兵士の選抜用に作られたので，「アーミーテスト」などと呼称。
個別式
知能尺度式
ビネー法，知能の諸側面を査定するが，結果は１本の知能尺度の上に定位される。ビネー，A. の創始した方法がルーツ。わが国では，田中寛一，鈴木治太郎，武政太郎らが標準化。
プロフィール式
ウェクスラー・ベルビュー法，知能の諸側面の査定結果がプロフィールとして示されるので，知能のどの面が優れているか劣っているかがわかる。ニューヨークのベルビュー病院の心理学者ウェクスラー博士が創始。児童用のものも作られている。おおまかには，言語性知能と動作性知能との対比がよくなされ，非行少年では動作性＞言語性という特徴が指摘されている。

図 8.1　知能検査の種別

8.2.3　テストバッテリーの編成

ところで，心理検査の実施とその結果に基づく人格特性の把握に際して留意しておかなければならないのは，スクリーニングのための集団式検査の実施から“狙いを定めた積極診断”のための個別式検査の実施へと移行するとき，多くの場合，複数の個別式検査を「**テストバッテリー**（test-battery）」というセットとして編成する必要があることである。集団式検査についても同様なのだが，たとえば少年鑑別所といった専門機関では，集団式知能検査（B 式が多い），

8.2 心理学的人格査定（類型的，特性的）

人格検査	個別式	投影法がもっとも多く，とりわけロールシャッハテスト，次いでTATがよく用いられる。その他，PFスタディ（絵画欲求不満テスト），描画法（HTP＝house・tree・person, Baum＝樹木テスト，ハンド・テストなど），色彩ピラミッド，色彩象徴テスト，はり絵。
	集団式	質問紙法の性格検査がよく用いられる。前述のYG性格検査，MJ式人格目録のほか，MPI（アイゼンクが作成したモーズレイ人格目録），MMPI，CPI（カリフォルニア人格目録）なども，多少は使われている。投影法的なSCT（文章完成法テスト）も多く用いられ，後の面接の補助資料にも利用される。

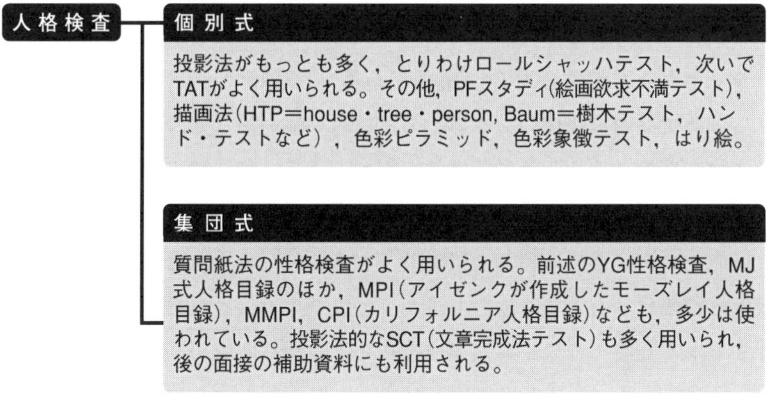

図 8.2　人格検査の種別

質問紙法の人格目録（MJ式が多い）および態度検査，そしてSCT（投影法ではあるが文章を用いるもので集団実施が可能）の4つが定型的なテストバッテリーとして定着している。しかし，その後の検査編成の仕方はまさにケース・バイ・ケースであり，以下の諸点に配慮した高度な専門性が必要とされる。

1. そのケースについて，初回の面接や行動観察，そして集団式のテストバッテリー実施などの結果から浮かび上がってきた"狙いどころ"を明確化すること。しかし明確化といっても，これから調べていくのであるからある程度の広がりを持ったできる限りの限定となるのは，当然であろう。

2. 当然のことであるが，用いようとする個々の心理検査について，それが人格のどういう側面をどのように示してくれるのかを熟知していなければならない。人格のどういう側面をどのようにと上で述べたが，どういう側面についてはまだしも，どのようにという点では，専門家でも初心者だったりするとうっかり無視したり軽視してしまうことが時折ある。たとえば，集団式の「新制田中B式知能検査」の結果について，若いまじめな専門家の中には，その検査を構成しているいくつかの下位検査ごとに得点（換算点）のアップダウンを比較して，“単純な機械的作業は速やかに遂行できるが，抽象化の能力などは劣っている”といったコメントを行ったり，“ロールシャッハテストは認知様式を，TATは認知内容を，それぞれ明らかにする投影技法”と考えたり，MMPIの低得点を“そうした特性の存在が希薄である”と意味づけたりする人がいるが，これらはあまり適当な使い方や考え方とは言い難い。なぜならば，上記の集団式知能検査は本来そうした知能構造を調べるように標準化されたものではないし，ロールシャッハテストで認知内容を，TATで認知様式を調べることも十分に可能かつ有意義であるし，MMPIではYG検査の場合とは違って低得点の意味は，標準化はもとより検討もされていないので，それらの試みは全く無意味とまでは言えないとしても適当な吟味とは考えられないからである。

3. 心理検査結果による人格特性の記述は，個々ばらばらに結果が得られたからといって，それらをただ列挙するだけでは人格査定にとってあまり意味がなく，まとめが必要である。いちばん素朴なまとめ方は，前にも述べたように，類型の設定が可能となるような群化であろうが，それでもまだ静態的である。人格が1つの統体として動き機能する有様が浮かび上がってくるようなまとめ方が望まれる。たとえば，知能がやや低く，しかし測定する時点によって変動があり，かつ情緒面の不安定さが認められたような場合，知的な低さが情緒不安定の原因となっているのか，情緒不安定によって知的効率が低められやすい人柄なのかといった，構造的にまとめる方向での見究めが必要となるであろう。そこで次のステップである「力動的解明（動態的把握）」に移行することとなるのだが，その際に留意すべきことは，やはり，何をとらえるか，それをとらえることがなぜ必要で，そこにどういう意味があるのかを明確にすることである。たとえば，現時点での対人関係の問題とか，親子間の心的葛藤とか，幼少期の外傷体験といったような事柄であるが，大事なのは，“それが理解できたらどう役立つのか”ということである。事例研究会などでは，その点をおろそかにした質問や議論がやたら多く出されることがしばしばである。少しおおげさに言えば，こうした作業はやはり仮説―検証的なアプローチであるべきだということになろう。

8.3 心理学的人格査定（力動的・価値的）

8.3.1 人格の力動的解明

力動的解明とは，複数の要因を構造化してそれらの相互関係や連動性を明らかにし，その構造が時間的経過の中でどのように変容してゆくかをとらえる理解の仕方である。そのような理解の必要性とメリットは次の3点に要約できよう。

1. 内面機制の解明

特性の測定やその上での類型化をいくら精緻に行っても，それは表面的特徴を概念的に整理しているだけであるから，しょせん，常識的理解の域を超えるものではない。しかしながら力動的解明というのは，たとえば「無意識」というような，常識では関連づけられてこなかったコンセプトやプロセスをかかわらせながら内面に立ち入って理解しようとするので，常識を越えた，したがって「検証不可能」という批判を受けたりもするが，深い理解が可能になる。たとえば，幼少期の心的外傷体験から現在の神経症的状態や盗癖が由来するといったような解明である。

2. 治療や教育への連結

力動的解明は精神分析治療の枠組みの中で誕生したものである。原因の解明イコール治療という結びつきを可能にした理論枠組みは精神分析（学）だけであったと言われているだけに，この理解は対象者の立ち直りに直結するし，時間的経過を踏まえた考察であるため，取り出され（あるいは利用され）た説明概念の予見力は大きいものとなる。特性論的類型論では，たかだか上位概念あるいはそれを介した隣接の下位概念の言い当てにしか予見が及ばなかったことを考えれば，納得できるであろう。

3. 個性への接近可能性の拡大

この後で述べる価値的理解に比べればまだ途中段階と言わざるをえないが，そこへの橋渡しという意味からだけでも，またより積極的には，個々の要因がどういう布置（constellation；複合体という意味での complex と考えてもよい）に置かれるかによってその意味が変わってくるという点からも，力動機制という観点は十分に個性理解に近いものと言うことができよう。犯罪・非行というのは，前にも述べたように，個の価値と全体の価値との不整合なのであるから，こうした理解枠組みは犯罪・非行者の人格査定においては必須のものと考えられるのである。

8.3.2 個々の行為の意味についての価値的理解

同じ1万円の盗みであっても，Aが，あるとき，ある場所で行った場合と，Bが，別のとき，別の場所で行った場合とでは，その行為の意味が全く違うというようなことはいくらでもある。人間のほかの行動についても同様であろうが，犯罪とか非行は，少しおおげさに言えば，個人の規範や振る舞い方が，その時代や社会の大多数の人々の規範や振る舞い方とくい違ったという行為であるから，このことは本質的に重要なこととなる。たとえば，欲求不満による攻撃行動とか，補償機制に基づく逸脱行動といった観方は，価値を捨象した広い意味での生物学的モデルに拠ったとらえ方であろうが，犯罪・非行は根本的に違うのである。したがって，犯罪・非行者の人格査定においては，究極のところで彼の行った行為の意味が問われなければならないことになる。“究極のところで”と言ったのは，これまでに述べてきた査定の諸ステップをすべて完了させた最後の段階でという意味であると同時に，“もしその行為者の立ち直り（健全な社会復帰）を期待するならば”という意味からでもあることを付言しておく。犯罪・非行者の人格査定には，前述したように「除外診断」的な部分が大きいので，このようなステップをいいかげんにして，いきなり行為の意味を理解しようとしたり，類型的把握や特性記述だけにとどめておいたりというようなことは，望ましくないと筆者は考えている。

よく見られる誤った考え方（と筆者は考えている）をいくつか挙げてみると，行為の意味を考えることの重要性を強調するあまり，その前段階までの査定手順を不必要あるいはそれを妨げることと考えたり，類型化は個別化（行為の意味の理解）の対極に位置する事柄とみなしたりといった主張がときおりなされる。はなはだしい場合には，そうした査定（行政機関によって調査とか鑑別とか分類とか呼称はまちまちであるが）そのものが，治療や教育などを阻害するものだから不要もしくはすべきでないというような極論すらある。しかしこれらはすべて誤った偏見であり，類型化も特性記述も力動的解明も，途中のステップとしての手段と位置づけるべきものと考える。このような考え方は，通常の心理学的人格査定における個性理解ということと相通じる。まず査定目的としてなぜ個性を理解しようとするのかといえば，それは治療や教育をめざしそれに査定結果を役立てようとするからであろう。治療とか教育という，人格や行動の変容を促す働きかけに系統性を持たせるためには，どうしても対象者の個性に迫る個別化が必要とされる。個性すなわち individuality は，“もうこれ以上は仕分けができない”という原義にたち戻るまでもなく，あらゆる分析をし尽くした上で最後に残った対象者の核心なのであるから，それを理解しなければ人間を変えることなどできるわけもないのである。

行為の意味の価値的理解とはどういうことかを，行為者の個性と関連させて具体的に考えてみると次のようになる。

1. 行為者は自分の生活の中で何を大事なことと考え・感じ（価値志向），何を生きる目標としているか（欲求性向），あるいはそうした志向や目標が希薄もしくは欠落しているか。

2. 今回の行為は，上記のような志向や目標あるいはそれらをめぐる生活感情の脈絡の中で，どういう意味を持っていたのか。

3. 社会や身近な周囲にある規範や価値に対して，どういう認識や感情を持っているか。特に重要なのは，たとえば善悪について，ある一点できっぱりと黒か白かに分かれる人は皆無であろうから，その中間のグレイゾーン（許容範囲のような）の広さや，“悪を楽しい・善をつまらない”と考えたり感じたりする心情などが，どれくらいあるか。あるいはまた，共感，同情，不信，嫌悪といった対人感情の肯定的部分と否定的部分が，それぞれ及ぶ範囲はどのくらいか。

4. 今回の行為は，上記のような規範意識・感情の態様とどのように関連していたのか，あるいは関連がなかったのか。

5. 自分の将来についてどういう見通し（**1** で挙げた生活目標や志向をも含めて）を持っているか，あるいは持っていないか。

6. 今回の行為は，上記のような将来展望の有無や，有の場合，その内容・質に即して，どういう意味を持っていたのか。

8.4 心理検査以外の人格査定技法

人格査定の手順として前節までに述べてきたのは，いわば理論的な筋道であるが，ここでは実際にどのような技法が使われるのかを述べてみる。医学的診査以外の，主として心理学的技法ということになるが，心理検査については「人格特性の測定」と「テストバッテリー」ということですでに述べたので省き，①面接，②行動観察，③査定目標としての処遇目標といったことに触れてゆく。前述の心理検査のところで，さまざまな検査によってとらえられる人格の諸特性や諸側面についても触れたように，ここでもまた，面接や行動観察などによってどういう資料が集められ，人格理解にどのように役立てられて，犯罪・非行の解明に寄与させられるかを説明し，最後に，面接，検査，行動観察，社会的資料収集，結果の総合といった諸作業の手順や編成方法にも触れることとする。

8.4.1 面　接

面接というのは，ありふれた日常語であるせいか，会って相手（被面接者）から話を聴くだけのことだから誰にでも簡単にできると思われがちだが，それはとんでもないまちがいである。標準的な方式などがないだけに，いわば“名人芸”的な技量と知恵が面接者に要求される，きわめて高度な難しさをそなえた技法である。治療面接と調査面接に2大別できるが，どちらにしても，10年，20年，どころか続ければ続けるだけ，不断の努力が必要とされる。査定のための面接は，調査面接，つまり何かを知りたいための情報収集としての面接の一種ということになるが，だから易しいということには決してならない。情報が引き出せればよいのだから，その面接で相手の気持ちが傷ついてしまっても構わないというようなことは許されないわけで，調査面接といえども治療面接的な要素を多分に持っていると言うことができる。査定面接が踏むべきステップと，それぞれのステップで入手しようとする情報の種類，ほかの技法と面接との関係などを，以下に述べる。

1. インテーク面接

初回（あるいは受理）面接という呼ばれ方もするが，要するに被面接者に対するはじめての面接で，次の2つの目的を持つ。

第1は，被面接者の現在状態の確認であり，以下の事柄をとらえる必要がある。①身体的な故障がありそうかどうか：施設収容の場合など，拘禁反応と呼ばれる状態，たとえば，不眠や食欲不振，呼吸の苦しさや動悸の亢進，視野狭窄などの感覚異常の有無，全般的に病気を疑わせる症状の有無などを確かめ，少しでも疑わしい場合には直ちに医師への連絡が必要となる。②心理的に不安定となっていないかどうか：たとえば，不安，興奮，焦燥，恐怖，それらとは反対に，意外なほどの楽観やはしゃぎ，ものの見方の偏り（客観視や内省の著しい困難など）などが見られるかどうかであるが，新しい状況にいきなり置かれたのである程度は当然としても，はなはだしい場合には，その後の対応に支障（客観的資料の取得の困難など）が予想されるので，安定化へ向けた治療的な働きかけが必要となる。

第2は，この後の査定を，どういう内容と手順で進めていくかという，いわば方略もしくはアプローチの仕方の設定である。これを行うためには，その事例について，焦点となるのはどういうことか，たとえば，現在の親子関係のもつれか，交友関係の問題性か，被面接者に推測される人格負因か，周囲からの過大な期待と本人の自信のなさとの葛藤なのかなど，犯罪・非行原因と，今後の本人に対する改善のための働きかけの双方について，核心となるべき点についておおよその見当づけをしなければならない。具体的には，今後の面接でどういう点に的を絞ってゆくべきか，どのような心理検査を行うべきか，面接者あるいは査定者側の対応をどのようなものにしていくべきか，被面接者を取り巻く周囲の状況や過去に遡ってのそれらについての資料（社会資料）として，どのようなものを収集したらよいかなどである。

2. 二次以降の面接

初回面接の後，面接は何回も繰り返されてゆく。そのプロセスは，各回の面接の間に，検査や社会資料収集，そして試行的処遇などが行われ，それらの情報が重ね合わされて相互の関連が吟味されたり，特に重要なこととして，それらの情報が適切な形で被面接者にフィードバックされてそれらに対する被面接者の考えや気持ちなどが面接の中で明らかにされ，とりわけ試行的処遇に対する反応がきわめて重要な査定資料として入手されてゆくという流れになる。つまり面接というものは，回を重ねてゆくごとにより高次で多面的なものとして深められ，そのプロセスの中で，被面接者の問題点が次第に明確化され掘り下げられ，同時に今後の改善のための働きかけが焦点化されていかなければならないのである。問題点の明確化は，当然のことながら否定的要因や否定的イメージの指摘・描写になるであろうが，改善方策の焦点化は，肯定的要因や肯定的イメージのそれとなるであろう。犯罪や非行という否定的な行為に走った者の人格査定であるから，否定的側面だけを分析して描けばよいと思ったら，それはとんでもないまちがいであって，肯定的側面にも眼を向けることが絶対に必要であり，そのためには被面接者の個の世界を考えることと，将来について考えることの2つが，必須のこととして要請されるのである。面接はまさにこの2つの要請を充たす作業である。

面接というのは，先にも述べたように，定型的な枠や制約のない自由な場面での（それらがある場合には「構造化」あるいは「半構造化」面接などと呼ぶ），相手と当方との自由なやりとりの中で，相手の表情や言葉づかい・話し方なども重要な資料となる，まさに自由を使いこなすことの難しさをしみじみ実感させられる査定技法である。うまく行えば“何でも汲み取れる”，しかしうまくいかなければ（たとえば面接者の主観性が災いするなど），“何にも汲み取れない”作業であって，テスト結果や社会資料などさまざまな客観資料を有用なものに束ねてゆく縄のようなものと言ってよいであろう。面接から汲み取れる重要な事柄としては，自己像，自己の生育史についての観方や感情，対家族感情，社会や他人に対する認識や感情，自己の犯罪・非行に対する認識や感情，自己の将来に対する展望など，主観的な体験が中心となる。

8.4.2 行 動 観 察

これも平易な日常語なので，誰でもが普通行っているありきたりでたやすい作業と思われがちだが，とんでもないことで，およそ学問（とりわけ科学研究）においていちばん基本となる作業である。観察とは，その漢字の原義からしても，観＝見落としがないように高いところから全体を見渡す，察＝詳しく調べて明らかにするという意味だそうで，ただ漫然と眺める，先入見を持ったり部分だけをとらえたりして見るのとは大違いである。

観察は，**自然観察**と**実験観察**に2大別される。前者は，対象のありのままの姿を詳しく見ること，後者は，対象に系統的な（結果について“なぜそうなったか”の説明ができるように要因を整えて）働きかけを加え，それに対する反応を詳しく見ることである。そのほかにも参加観察というような，観察者が被観察者の中に加わって同じように（そして気づかれないように）詳しく見る方法があり，これは，いうなれば見られる者と同じ立場に立つことで共感的に理解することをめざしているものと考えられるが，犯罪・非行の場合には，「志願囚」のような特殊の場合以外は関係ない。

犯罪・非行者の人格査定，とりわけ少年鑑別所などでのそれにおいては，自然観察と実験観察の双方が用いられるが，時代の流れの中で見ると，前者に加えて，近年，後者が盛んになってきたという進展が結論づけられる。その進展を動機づけてきた要因は，前述したように，個の世界と将来に向けての改善という2つの点を査定において重視する視座の確立，言い換えると改善処遇の方策を明示できるようなスタンスの重視ということになるであろう。今2つの点と述べたが，改善処遇という概念枠組みの中では，これらは1つに融合するのである。その点を少し説明した上で，行動観察の本論に入ることとする。

人格査定の究極は，個々の行為者の，個々の行為の意味を価値的に理解することだと，前に述べた。また，それとは異なる次元であるが，個々の行為者が健全な社会復帰を遂げるのは，その個人がまわりの社会に没個性的に馴化・同調するのではなく，自己実現が可能な形の再社会化でなければならないのであるから，そこでも個の世界が重要視される。つまり，犯罪・非行という行為にしても，その行為者にしても，個別化という視点が究極のところでは必要となり，そこから，改善処遇の原則は個別化であるという原則が導き出されてくる。

少年鑑別所で近年定着するようになってきた“処遇を通しての行動観察”という実践は，今では行動観察のむしろ本道と考えられるようになっている。しかし以前は，行動観察の基本原則である“ありのままの姿をとらえて”を「客観的に」の意味以上に解して，対象にいかなる働きかけも加えてはならないのだと受けとめ，いわば自然観察こそが行動観察のあるべき姿として実験観察を否定する考え方が支配的であった。ましてや少年鑑別所というのは審判前の(成人であれば未決段階の) 収容施設であるから，「少年を明るく静かな環境に置いて少年が安んじて審判を受けられるように」するべきであって，改善のための積極的な働きかけはすべきでないとされていた。しかし，1960 年，精神科医であり少年鑑別所長でもあった阿部照雄は，長年にわたる精神病院での「生活臨床」プログラムによる実践経験を踏まえて，少年鑑別所における「治療的処遇」という理念の下で画期的な改革を試みた (阿部，1969)。その目的は次の 4 つに要約される。①悪風感染の防止，②収容少年の 7，8 割は少年鑑別所から直接に社会復帰するので「危機介入的処置」として何らかの改善措置は必要，③特別な処遇を施さなくても「生活臨床」あるいは「生活指導」により改善効果の期待が可能，④“揺さぶり”を通しての鑑別診断 (査定)。ここでの④が，ここでとりあげる“処遇を通しての行動観察”のまさに原点であった。

少年鑑別所におけるこのような「治療的処遇」は，その後，いろいろな批判や検討を加えられ，また 1960 年から数年近くにわたって行政当局により行われた少年鑑別所の「標準運営試行」という一種の行政施策実験を経て，各地に広がり定着していった。力点の置き方によって，たとえば，あくまでも査定に役立てることを眼目にした「探索処遇」とか，処遇を受けることを少年の自発性に委ね，心情安定，自己洞察深化，改善意欲喚起の 3 つを目的とした「便宜供与的処遇」(林　勝造，1978) のように，呼ばれ方はいろいろに変わっていったのだが，ここでは紙幅の関係もあるので，行動観察とかかわる人格査定技法という観点だけから，“揺さぶり”としての処遇の内容と，それを通しての査定によって何がわかるのかについて概略を述べるにとどめておく。

心理学者であり，1960 年代前半の頃，鹿児島少年鑑別所長であった佐藤望は，教育や治療の契機を発見するという意味での力動的鑑別診断（人格査定）に資することを主な目的として，次のような処遇プログラムを編成した（鹿児島少年鑑別所，1965）。（　）内はその利用方法・目的である。

1. オリエンテーション……少年鑑別所の意義などについての情報供与（自己洞察と改善意欲の喚起）。

2. メンタルワーク……作図，貼り絵など（不適応性の解消，作品は性格を反映するものとして査定資料に利用）。

3. 心理治療的働きかけ……集団討議，心理劇，カウンセリング，日誌・作文記述（他者理解・自己洞察・反省などの体得・深化）。

4. 体育……徒手体操，跳箱・マット運動，鉄棒体操，団体球技（基礎体力の回復経過を観察・測定して査定資料に利用）。

5. 読書……読書指導，読後感想文（不適応性の解消，自己洞察の深化）。

6. 音楽……歌唱指導（心情安定，情操の浄化）。

7. レクリエーション……少年と職員との対抗競技・ゲーム，フォークダンス，運動会，キャンプファイアなど（心情安定，情操の浄化，少年の長所や潜在的可能性の発見）。

今から40年以上も前のことである。テレビドラマなどでは，昔の牢獄とさして変わらないような恐ろしい施設として無責任な描き方がなされてきた少年鑑別所であるが，文化施設と呼んでもいっこう差し支えないくらいに立派な施設と考えられないであろうか。

処遇を通しての行動観察がめざすところを簡潔にまとめてみる。

1. 否定的要因ばかりを過去に遡って探すのではなく，将来に向かって立ち直ってゆく肯定的な方途を，被観察者の長所や潜在的可能性の発見に努めながら探ってゆく。

2. 定量的分析を尽くした上で個別的独自性というべき人格の核心に迫ってゆく。

8.4.3　社会的資料の収集

ここで社会的資料というのは，査定対象者がかかわりを持ってきた，そして

/あるいは，今持っている環境についての，対象者の主観を加えない事実的側面についての情報であり，家庭裁判所調査官が行う社会調査の結果である社会記録（事件記録とは区別されている）ということではない。犯罪・非行者の個別的査定において，検査や面接といった対象者個人についての作業と，その周囲ないし環境についての作業とが，それぞれ別の行政機関によって遂行される仕組みになっているというのもおかしなことなのだが，それはさておき，この社会的資料収集というのは，単に背景を調べるということにとどまらず非常に重要な意味を持っている。

まず，どんな情報・資料を集めるのか，列挙してみよう。

1. 過去の生育史

出生時の状況，親・その他の家族・教師・友人といった重要な他者（significant others）との関係，家庭の社会経済的地位や文化的水準，近隣関係，就学状況，異性関係や婚姻を含めた本人の家庭生活の経歴，就労状況，資格取得などを含めた社会的生活能力の程度・状態，不良集団関係や非行もしくは問題行動歴など。

2. 現在の生活状況

就労・就学状況，さまざまな対人関係，余暇利用の仕方，現在の家庭環境や対家族関係，不良交友・不良集団関係，今回の犯行の状況，その他**1**に掲げた諸事項の現在状態とりわけ今回の犯行との関連性が想定される事柄など。

3. 将来展望

その有無，何らかの志向を持っているかどうか，特に明確な形での生活目標・設計を持っているかどうか，今回の犯行に伴うサンクションなど成り行きへの顧慮など。

その上で重要なことは次の2つと考えられる。第1は，このような客観的事実（**3**などには主観的資料がかなり混入しているが）に対して本人がどう考え感じているかという，主観的認識・感情を，面接などを通じて探り確認してゆくこと，第2は，こうした客観的事実が面接や作文・日誌などにも表れていたならば，両者を照合し，一致点と不一致点を吟味し考察することである。特に重要で貴重な所見が引き出せるのは，不一致点についての考察からである。そこには，微妙な心の動きのひだとでもいうか，テストや外面からの観察ではとらえきれない内面が，顔をのぞかせることがよくあるからである。

8.5 個別的査定結果の統合

犯罪・非行者についての個別的査定では，さまざまな種類の多面的な資料が収集される。まさに学際的（interdisciplinary）なアプローチであって，「診断」という医学分野から借用した概念を使えば，除外診断から積極診断までの広い範囲にわたり，複数の専門科学の知見や技術を駆使していろいろな次元での情報が積み上げられるので，それらのまとめ（**統合**；synthesis，分析の反対）が非常に重要となる。ただ漫然とつなぎ合わせるだけでは，的確で有用な結論を引き出すことはとうてい不可能であり，系統的な理論基盤に立つことが要請される。その際に，本章で述べた各手続きの意義と位置づけ，そして前章で解説した個体要因からのアプローチによる諸種の犯罪・非行理論が，ある程度の水先案内になるのではないかと思う。

前にも指摘したことだが，医学分野での診断と治療，教育などの分野での理解と指導といった命題の立て方は，犯罪・非行の分野では，犯罪原因や犯罪成立過程の解明と，改善を促すための処遇ということになるであろうが，この両者は直結するとばかりは限らない。換言すれば，どうして（how and why）そうなったかがわかっても，そこからただちにどうすればよいかがわかるとは限らないということである。それにもかかわらず，原因や成立機制・過程の解明は必要だとも，前に述べた。それは，現在状態の確認と一般予防策の発見に役立つからである。しかしここでは個別的査定であって一般予防策の発見は直接の目的ではないのだから，査定の目的から処遇に役立つことを外すわけにはいかない。そこで本節では，処遇という作業を，処遇理念，処遇目的，処遇内容，処遇方策，処遇目標，処遇方途のように分解した上で，処遇の方法論とも言うべき処遇目標と処遇方途の２つ（これらをまとめて処遇方策と呼ぶ）を中心にして論述することとする。

8.5.1　処遇理念と処遇方策

処遇（treatment）とは何かについては，5章および7章のそれぞれはじめのところで述べたが，要するに，犯罪・非行の行為者の健全な社会復帰のためになされる個別的な働きかけもしくは手当て全般のことである。処遇の目的は，行為者が今後再び犯罪・非行を行わないようにするというだけのことではないので，その個人の人格や社会的態度・行動の変容を促す働きかけ，対人関係や周囲の環境の調整などが，短期・中期・長期にわたる将来を展望する形で行われなければならない。現在をよく知るためには，過去を知ることも必要だが，同時に将来を考えることも欠かせないとよく言われるが，処遇を編成するためには，いわゆる対症療法的な，当面の問題を処理するだけの対応では，不十分どころか，かえって事態を悪化させることにもなりかねない。そこで，行為者の個別的査定，とりわけ人格査定を扱ってきた本章のしめくくりとして，行為者の人格という永続的（persistent）な次元において査定と処遇との関連を考えてみることは重要と思われる。

処遇の基本理念は，処遇内容と処遇方策という2つの面から考えなければならない。

1. 行為者が，将来，健全な社会人として生活していけるよう，たとえ刑罰には応報的・懲罰的要素が不可避であったとしても，処遇は援助・支持的な内容を本質としなければならない。行為者が未成年の場合は特に，人格全体を健全に発達させる方向で処遇の内容を調えなければならない。一時的で限定的な対応，苦痛を与えて懲らしめるような取扱い，“悪いところ”を除去すればよいといった方策は，とるべきでない。規制や制限，制圧や強制といった手段が必要な場合もしばしばであるが，それらも上記の方向で用いなければならない。

2. 処遇は，恣意的・常識的・場当たり的にではなく，操作的・専門的・計画的な方式で，行われなければならない。つまり，成功した場合でも失敗した場合でも，なぜそうなったかという要因と機序が明らかにできなければならない。処遇方策は，短期・中期・長期それぞれの展望のもとで編成され，節目節目での評価と，必要な場合の柔軟な計画変更が欠かせない。

ところで，**処遇理念**というのは，どういう処遇を（**処遇内容**），何のために

（**処遇目的**）行うのかというときの，いわば処遇実施の際の基本原則であるが，実際の処遇に際しての**処遇方策**は，**処遇目標**と**処遇方途**とに分けて考える必要がある。登山にたとえれば，山頂をきわめることが「目的」として，その目的を達成するために，どういう区切り方や休憩のとり方をして登ってゆくかという，具体計画上の目印が「目標」，そして，どの登山口から入り，どの登山道を登ってゆくかという道筋が「方途」ということになろう。処遇方途という語はふつう使われることがあまりないと思われ，筆者の造語といってもよいが，上述の意味と受けとってほしい。筆者は非常に重要な事柄と考えている。

処遇に関する用語が少し多く出てきてしまったので，わかりやすくするために系統立てた表にしてみると，**表 8.1** のようになる。

ここでは，処遇内容はさておき，処遇目標と処遇方途（行為者のどこを問題とし，どこから切り込むか，そしてどのような道筋を進むかについて述べよう

表 8.1　処遇に関する用語の系統表

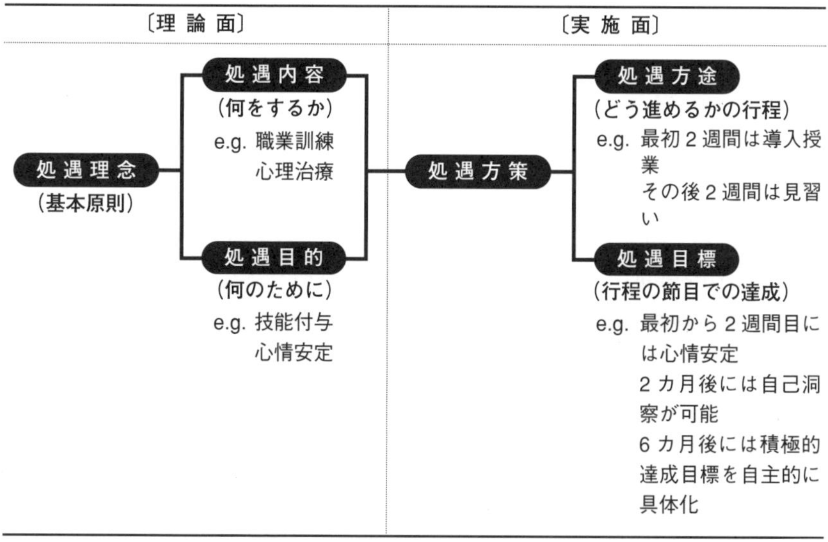
〔理 論 面〕
〔実 施 面〕
処遇理念
（基本原則）
処遇内容
（何をするか）
e.g. 職業訓練
心理治療
処遇目的
（何のために）
e.g. 技能付与
心情安定
処遇方策
処遇方途
（どう進めるかの行程）
e.g. 最初 2 週間は導入授業
その後 2 週間は見習い
処遇目標
（行程の節目での達成）
e.g. 最初から 2 週間目には心情安定
2 カ月後には自己洞察が可能
6 カ月後には積極的達成目標を自主的に具体化

と思うが，なぜここに目を向けるかといえば，理由は次のとおりである。A病にはa薬，B病にはb薬というような一義的対応性（直結性）が，犯罪・非行の場合には，問題内容と処遇内容との間に確固とした形では存在しないからである。「特効薬」のようなものはないのである。たとえば統合失調症というのは，個々の患者によって，病像や病態が個々に異なり，したがって必要とされる治療的対応も個々に異なっていて，果たして1つの疾患単位としてよいのかどうか疑問だとよく言われる。しかし犯罪・非行というのは，それ以上に問題内容や処遇内容，そして処遇目標に個別性が勝っていて，標準ラインなどを設けることが難しく，処遇方策においてやっとそれがある程度までは可能になると考えられるのである。これは，処遇方策が画一的でよいという意味ではない。問題内容はもとより，処遇内容にしても，また処遇目標にしても，個々の行為者ごとの個別性が大きくて，斉一性ないしは原則性というような規準を設けることは難しいが，処遇へのとっかかりや道筋，つまり処遇方途については，そのありようにある程度の原則性を考えることができるし必要でもあるとの意味である。事象成立の原因や機制の解明から，その事象への対応策が直結しては引き出せないとの命題は，こんなところにも顔を出す。

8.5.2 処遇目標

まず処遇目標についてメニューのような形で述べるが，なぜメニューのようにするかというと，**処遇目標**というのは，問題の所在ではなくて，どこを問題として設定するか（切り込み口）なのであるからで，処遇者によってアプローチする側面が認知面だったり情緒面だったりと，ある程度は選択の幅があってよいのである。処遇者が自分の得意とする技術を発揮してというような，いわば“自分の土俵にひっぱりこんで”という形も，ある程度は許されるのである。したがって以下の列挙事項は，人格の側面別に“○○を重視すれば”という形で提示される。各事項は，犯罪現象に対する犯罪原因という位置づけではなく，また個体レベルでの犯罪・非行形成要因ということでもなく，処遇目標，人格のどこにアプローチするかであることを忘れないでほしい。また当然のことではあるが，以下の各事項は，犯罪促進的というネガティブな面（主として1，2，

3) と，犯罪制止的というポジティブな面（主として 4) の両面をカバーしている。ネガティブな面は，それがなかったり逆であったりすれば，ポジティブな面に反転するのかもしれないが，マイナスがないということは，ほんとうの意味でのプラスになるのかどうか疑わしい。その意味では，4 だけがほんとうのプラス面であって，そこが処遇目標としていちばん重要だと言えるのかもしれない。

1. 認知面を重視すれば（認知に伴う感情をも含めて）

自己認知……自尊感情，自己劣等感，将来展望（有無，有の場合の明暗，生活目標あるいは志望），生きがいあるいは充実感，幸福感 v. s. 不遇感，自律（外界支配に関しての）v. s. 自棄など。

他者・対人関係認知……他者不信，被害感（他者が敵対的との認知），対家族（親・同胞など）・友人認知，対権威者（教師，警察官など）像，他者への依存・甘えなど。

外界認知……家庭・学校・職場・近隣などの認知，周囲から疎外されているとの観方，外界を脅威的と観るかその逆かなど。

2. 情緒面を重視すれば（認知面と連動して）

過去の外傷体験に根ざした情緒混乱・障害……愛情欲求不満，心理的剥奪による人間的な情操の乏しさ・欠如，受罰願望や神経症的葛藤・自己卑小感，深い両価的感情や違和感など。

対自・対他感情，対外界感情……上記 **1** の対自・対他・対外界・対人関係認知に伴う次のような感情，たとえば，不安，自己不全感，悲観，将来閉塞感，自棄的感情，周囲に対する違和感や不適当感（feeling of inadequacy），恒常的愛情欲求不満，憎悪，敵意，不信感，猜疑心など。

力動的に形成されている情緒不安定（感情の錯雑）……過大補償，逃避的感情，白昼夢的願望，合理化の過剰（自己客観視の不能），特殊な欲動の肥大，自己拡大感・高揚感の持続，自己卑小感・敗北感の持続，相反する両極感情のめまぐるしい交代など。

3. 行動・態度面を重視すれば（主として現在場面において）

生活習慣……生活リズム（昼夜逆転などの節目のなさ），不良交友，偏った嗜好・性癖（動物いじめ，公共物の汚損など），怠学・怠職，賭博好きなど。

価値観……不良文化への親和，ヤクザへの同一視，偏った金銭観（射倖心，借財でのけじめのなさなど），歪んだ異性観，美的感覚の欠如，人間的情操の欠如，対強者・弱者観の歪み，生活目標の欠如や歪みなど。

4. 将来志向面を重視すれば

ここでは上記のように列挙することはできない。まさに個人によってまちまちなのであるから。つまり，潜在的可能性，その人の長所として将来に向かって伸ばしてゆける面を発見することであって，個別的査定の最終段階である，個性についての価値的理解が，将来的展望の下で，能力面（単なる知的側面だけではない），意欲面（志向性という面を捨象しない），情動面（目標志向を促進させる）の諸側面にわたって，なされる必要がある。前にも述べたことだが，マイナス面にばかり目を向けるのではなく，プラス面に視線を転じることがかえってマイナス面を解消させることになるのは，しばしば経験されるところである。そして，そのためにこそ，“揺さぶり”，試行的処遇あるいは「探索処遇」を通しての査定というアプローチが，重要な意味を持ってくるのだと考えられる。

8.5.3 処遇参加

査定のプロセスを進めてゆく中で問題の焦点が絞られてくるにつれ，その問題を，被査定者が自分自身のこととして感じたり考えたりするようになってゆくことを，「**処遇参加**」と名づけたのだが，このことについて次の2点に留意する必要がある。

第1は，治療場面での留意事項と共通する事柄であろうが，問題の所在やその特質について，被査定者自身が気づき理解してゆけるよう，意図的に配慮することである。それは，相手の気持ちを傷つけないためでもあるが，それよりもむしろ，そのほうが相手の立ち直りに役立つからである。査定者のほうからの指摘や提示で知らされるよりも，自分自身で知り悟ってゆくほうが，立ち直りの力がずっと強く相手の中に生まれてくるのは確かなことである。他者からの直接的な指摘や提示が，相手をかえって反発的にしてしまったり，不必要に心を乱れさせてしまったり，防衛の殻を固くさせてしまったりということは，しばしば経験されるところである。査定者は，はじめのうちはむしろ問題から遠ざかるようにして，本人の健康状態や気がかりなことを尋ねたり，好きなことや将来やりたいことなどを話題にするほうがよいことも多い。しかしながら，それがいかにもわざとらしく不自然だったりしては，かえって相手に違和感を強めさせてしまったりしかねないので，あくまでも相手の気持ちに沿う形をとるのが肝心なことであろう。多くの場合，被査定者は今回の犯罪・非行の行為が気になっているのであるから，それは面接の話題としてとりあげるほうがよいのである（しかし事後の量刑や審判などの予想等はすべきではない）。

第2の留意事項は，被査定者が行った犯罪・非行が，彼または彼女にとってどのような意味があったのかを，最終的には彼または彼女自身に考えさせる方向でアプローチすることが必要だということである。これまでにもたびたび，犯罪・非行という個人の行為が個別的独自性（idiosyncrasy）を持つものであることを述べてきたが，少しおおげさに言えば，それは一回生起的な歴史的事象であって，自然科学的モデルによる分析や考察はあくまでも途中の解明プロセスであり，究極のところではそうした次元を超えた了解が必要な事柄であると，筆者は考えている。これは決して難解・晦渋（かいじゅう）なことではない。ある1枚のハンカチが，A氏にとってとBさんにとってと，またそれが拾得物倉庫に入ってしまったときとで，みなそれぞれ意味が違ってくるというだけのことである。

8.5.4 統合のための「判定会議」

「**判定会議**」という少し固苦しい名称だが，これは，少年鑑別所の職務内容などを定めている行政的な規則で用いられ規定されているもので，鑑別（審判前の少年に対する査定）の諸資料をまとめて1つの結論を引き出すための会議と理解しておけばよい。判定というのは，したがって，家庭裁判所の審判に対する意見具申のようなものであるが，審判結果そのものを示唆する結論というよりはむしろ，少年の資質・環境面とそれらの非行生起へのかかわり方，そして今後どうしたら再非行に陥らず健全な立ち直りを遂げられるかについての，十分な根拠を示した上での論述・主張である。「判定」というと，AとかBといったような，ポンと一言で示す結論のように思われがちだが，そうではない。しかしながらここでは，行政用語としてよりも，もっと一般的に語義を広げ，ケースカンファレンスとか事例検討会議といった形で考えるほうがより生産的であろう。フランスの少年鑑別所では，réunion de synthèse（統合のための会議）と称しており，まさにそのものずばりという感じがする。名称はさておき，何をどうまとめるか，どういうメンバーで行うかを考えるのが大事であろう。

まず「何を」であるが，これはもう言うまでもない。これまでに収集してきた諸資料からの情報すべてである。面接，心理検査，行動観察，社会的調査，家族や教師など身近な人々からの情報収集，医学的診査，審判前あるいは判決確定前であれば「試験的処遇」・その後であれば施設内外での「系統的処遇」への，それぞれ反応に対する公的な観察（少年院，刑務所などでの教育，訓練，作業等への反応についての観察，あるいは保護観察所や家庭裁判所による保護観察，試験観察など）の結果からは，まことに多面的でさまざまな種類の情報が集積されるわけで，1人の被査定者についてのこうした資料は，1つの著作を作るのに十分すぎるくらいの豊かさを示すと言っても，決して過言ではないのである。

ところで「どうまとめるか」は非常に難しいことであり，実例を示すでもしない限りとても論じ尽くせることではないので，ここでは原則的なことを以下の7項目に絞って述べるにとどめておく。

1. 目的の明確化

何に役立てるための統合かであるが，たとえば，少年の場合，家庭裁判所の審判に資するため，全般的には，施設内外での処遇（その変更をも含む）に役立てるためといったような，公的（行政的）性質を持つ目的に限るべきであろう。したがって，そこで出された結論は，公的な形で施行（implementation）されなければならない。単なる理解や研修のための，通常よく行われるケースカンファレンスや，ちょっとした打合せ，情報交換などは，判定会議とはみなすべきでないと思う。

2. 中心命題を核とした構造化

目的を明確化した上で，次には，その目的を踏まえてその事例内容の中心的な命題（コンセプト）を定め，それを根幹とし，ほかの諸情報を枝葉として全体を構造化してゆく。ここで大事なことは，その事例の中心命題というものは，はじめからあるのではなく，まとめの目的によって変わってくるので定めるのだということである。たとえば，以前からの親子間の心理的葛藤によって，その行為者の人格形成に歪みが生じ，それによって今回の犯罪が起こったという事例であっても，そのまとめ（諸情報の統合）が処遇機関への意見・指針（ガイドライン）の提示を目的とするものであれば，上述のような事柄は，統合の際の中心命題ではなく，ある事柄の一つの根拠資料にすぎないものとなるのである。むしろこのような場合には，「この行為者はミニチュア製作の木工作業に強い興味を持っている」とか，「カーマニアと言ってもよいくらいのクルマ好きで，その構造や修理などに関心が深い」といった点を中心命題にした情報のまとめのほうが，より適切な構造化と言えるであろう。

3. 資料は限定的なもの

いくら多面的で多種類の資料でも，査定資料はやはり限定的なものである。その限られた資料だけをまとめて考察することを原則にすべきであると，筆者は考えている。追加資料を求めていったら切りがない。筆者は現場にいた頃，事例検討会議を主宰するとき，「○○の点はどうですか」とか「○○の事実が不明なので考えようがない」といった質問やクレイムが出ると，「あなたはなぜその事実を必要とするのか」と質問者に問い返すのを常としてきた。そうしてみると，追加資料を求めたのが意外にもどうということのない理由からであることが，ほとんどすべてであったと記憶している。放置しておいたら，会議の間中こうした質問やクレームで終始してしまうこともしばしばである。与えられた資料で，後は推測や推理で補って考察してゆくべきであると，筆者は信じている。それは時間を惜しむためだけではなく，それが総合や統合の論理の訓練として重要だからである。

4. 力動的なまとめ方

多くの情報の列挙的な提示はまとめにはほど遠い。次元や領域を異にする情報どうしの間の関連性，起承転結といったそれらの推移や変容のプロセス，その中での犯罪・非行行動とその傾向や必然性の形成機序などが，構造的に浮かび上がってくるように統合されなければならない。これは容易なことではなく，理論的研鑽と経験的蓄積を必要とする作業である。そして後で述べるようにさまざまな立場に立つ関係者たちの協議によることが望ましい。

5. 情報のくい違いの重視

さまざまな情報の意味するところが合致せず，時には一見矛盾するように思えることがしばしばである。こうした非合致は，どちらかの資料収集の仕方(心理検査実施方法も含めて)の誤りや不十分さによることもありうるが，そうではなく，実はそこに重要な意味(前に“微妙な心の動きのひだ”と述べたが)の潜んでいることも多いので，重視すべきである。

6. 将来志向の重視

人格査定の大きな目的の一つが，被査定者の将来における健全な社会復帰(未成年者であれば健全な人格発達の中での)であるから，将来へ向かっての展望，とりわけ被査定者自身が明確に意識する形での将来志向が，諸資料をまとめてゆく際の重要な綴じ紐にならなければならないのは当然であろう。

7. 被査定者における行為の意味の理解

彼あるいは彼女の行った犯罪・非行が，彼ら自身にとってどういう意味があったのかを，行為者自身が理解することを究極の目標として，諸資料を統合することが大事だと考えられる。面接などでよく相手が言う言葉として“今は反省しています”という述懐があるが，多くの場合これは底の浅い言い訳や取繕いだったりする。刑や処分などを軽くしてもらおうとする打算の意図を含んでいることも多い。これを取り払ってほんとうの自己洞察にまで深めるのは，なかなか大変なことである。

以上で諸資料からの情報のまとめに際しての原則の提示を終えることにするが，最後に判定会議の構成メンバーについて触れておく。主宰者は，必ずしも職制上の上位者や管理者でなくてもよく，むしろ査定や処遇に関しての責任者であるほうがよいと筆者は考えている。上述のような原則に基づいて各種各様の情報を統合し，多様な意見を噛み合わせて1つの結論にまとめ上げてゆくのは，なかなか大変な仕事である。構成員は，人格査定担当者，処遇担当者，精神科医，社会的資料収集担当者(ソーシャルワーカーと呼ばれる専門家だが，職域などによって職名はさまざまに異なる）といったところだが，ある種の適当な外部者の参加もありえよう。

あとがき

いちおう予定したところは書き終えたが，まだまだ書きたいところ，書かねばならないところが沢山あり，少なからぬ不満が残っている。山登りと似ていて，“あそこが頂上かな”と思って登ってみると，まだ先に登り道が続いていて，頂上はずっと先という感じで，限りがない。各論部分では，ここで取り上げた3罪種のほかにもまだ多くの重要な領域があるし，いろいろな知見や言明の根拠になっている多くの実証研究結果なども提示してみたいのだが，そんなことをしていたら，全体の執筆量が何倍にも増えてしまって，とうていそれは不可能である。総論部分でも，取り上げてみたい考え方はまだいろいろあるのだが，結局は伝統的に定説とされているようなものに限定せざるをえなかった。本書が初学の人にもなじんでもらえる教科書としての性格を基本的に持っていなければならないという要請と，思いきって自由に論じてみたいという気持ちとを，うまく融合させるのは，ほんとうに難しい作業だと痛感させられた。

遅筆で怠惰な筆者の，のろのろとした仕事ぶりを辛棒づよく待ってくださり，時に貴重な感想や指摘を寄せていただいた，サイエンス社編集部の清水匡太氏に，心から感謝の意を表したい。

2008年10月

安香　宏

引用文献

1章

吉益脩夫（1958）．犯罪学概論　有斐閣

2章

安香　宏（1991）．窃盗とは――子どもの盗みを中心として　安香　宏・坪内宏介（編）実践・問題行動教育大系13「窃盗」開隆堂
藤木英雄（1972）．刑法各論　有斐閣
藤木英雄（1974）．現代型犯罪と刑事政策　犯罪と非行，**20**，136-154．青少年厚生福祉センター矯正福祉会
Freud, S.（1923）．*Das Ich und das Es.*
（フロイト，S．井村恒郎（訳）（1970）．改訂版フロイド選集第4巻「自我論」日本教文社）
Healy, W.（1936）．*New light on delinquency and its treatment.*
（ヒーリー，W．樋口幸吉（訳）（1956）．少年非行　みすず書房）
笠原　嘉（1981）．不安の病理　岩波新書　岩波書店

3章

American Psychiatric Association（1994）．*Diagnostic and Statistical Manual for mental disorders, Fourth edition ; DSM-IV.*
（米国精神医学会　高橋三郎・大野　裕・染矢俊幸（訳）精神疾患の診断・統計マニュアル　医学書院）
Burgess, A.（1962）．*A clockwork orange.* New York : Ballantine Books.
（バージェス，A．乾　信一郎（訳）（2008）．時計じかけのオレンジ〔完全版〕早川書房）
福島　章（1974）．現代人の攻撃性――犯罪心理の異常と正常――　ロゴス選書　太陽出版
Gelles, R. J., & Straus, M. A.（1979）．Determinants of violence in the family : Toward a theoretical integration. In W., Burr et al.（Eds.）．*Contemporary theories about the family,* Vol. 1., *Research-Based Theories.* The Free Press.
加室弘子・飽田典子・多賀谷篤子（1987）．いじめ―いじめられの心理と構造に関する基礎的研究　東京都立教育研究所相談部
May, R.（1972）．*Power and innocence : A search for the sources of violence.*
（メイ，R．小野泰博（訳）（1980）．わが内なる暴力　誠信書房）
森田洋司（1985）．「いじめ」集団の構造に関する社会学的研究　大阪市立大学社会学研究室
森田洋司・清永賢二（1994）．新訂　いじめ　金子書房
Palmer, S.（1962）．*The psychology of murder.* N. Thomas Y. Crowell.
Palmer, S.（1972）．*The violent society.* New Haven, Conn. : College and University Press.
Rotter, J. B.（1996）．Generalized expectancies for internal versus external control of reinforcement. *Psychological Monograph,* **80**, 1-28.
Schneider, K.（1949）．*Die Psychopatischen Persönlichkeiten.*
（シュナイダー，K．懸田克躬・鰭崎　轍（訳）（1954）．精神病質人格　みすず書房）
Warren, M. Q.（1971）．Classification of offenders as an aid efficient management and effect

treatment. *J. Crim. Law, Crimnol. and Police Sciences*, **62**, 239-258.

4章

American Psychiatric Association (1994). *Diagnostic and Statistical Manual for mental disorders, Fourth edition ; DSM-IV.*
(米国精神医学会　高橋三郎・大野　裕・染矢俊幸（訳）精神疾患の診断・統計マニュアル　医学書院)
Ellis, L. (1993). Rape as a biosocial phenomenon. In G. C. N. Hall, R., Hirschman, J. R. Graham, & M. S. Zaragoza (Eds.), *Sexual aggression : Issues in etiology, assessment, and treatment.* Taylor & Francisis.
Gagnon, J. H. (1974). Sexual conduct and crime. In D. Glaser (Ed.), *Handbook of criminology.* Stony Brook.

5章

安香　宏（1992）．犯罪心理学　氏原　寛・成田善弘・東山紘久・亀口憲治・山中康裕　（編）心理臨床大事典　培風館　pp.1166-1169.
Beccaria, C. B. (1764). 佐藤晴天（訳）(1976). 犯罪と刑罰　矯正協会
団藤重光（1957）．刑法網要――総論――　創文社
Malinowski, B. K. (1926). *Crime and custom in savage society.*
（マリノウスキー，B. K.　青山道夫（訳）(1967). 未開社会における犯罪と慣習　新泉社）
Vold, G. B. (1958). *Theoretical criminology.* Oxford Press.
（ヴォルド，G. B.　西村克彦（訳）(1970). 犯罪学――理論的考察――　東京大学出版会）

6章

Agnew, R. (1996). Foundation for a general strain theory of crime and delinquency. In P. Cordella, & L. Siegel (Eds.), *Readings in contemporary criminological theory.* Northeastern University Press. pp.149-170.
Bowlby, J. (1953). *Child care and growth of love.* Penguin Books.
Cloward, R. A., & Ohlin, L. F. (1960). *Delinquency and opportunity : A theory of delinquent gangs.* N. Y. Free Press.
Cohen, A. K. (1955). *Delinquent boys : The culture of the gang.*
Gilbert, J. (1986). *A cycle of outrage : America's reaction to the juvenile delinquent in the 1950s.* Oxford University Press.
Glaser, D. (1956). Criminality theories and behavioral images. *American Journal of Sociology*, **61**, 433-444.
Hirschi, T. (1969). *Causes of delinquency.* University of California Press.
（ハーシ，T.　森田洋司・清水新二（監訳）(1995). 非行の原因――家庭・学校・社会へのつながりを求めて――　文化書房博文社）
Jeffery, C. R. (1965). Criminal behavior and learning theory. *J. Cr. Law, Criminal and Police Sci.*, **56**, 294-300.
Lanier, M. M., & Henry, S. (1998). *Essential criminology.* Westview Press. p.138.
Matza, D., & Sykes, G. M. (1961). Juvenile delinquency and subterranean values. *American Sociological Review*, **26**, 712-719.
Merton, R. K. (1938). Social structure and anomie. *American Sociological Review*, **3**, 672-682.

Merton, R. K. (1949, revised1957). *Social theory and social structure*. The Free Press.
(マートン，R. K.　森　東吾・森　好夫・金沢　実・中島竜太郎（訳）(1961). 社会理論と社会構造　みすず書房)

Miller, W. B. (1958). *Lower class culture as a generating milien of gang delinquency.*

麦島文夫・田村雅幸　非行少年に対する処遇決定要因の分析1，2，3　科学警察研究所報告（防犯少年編）18巻2号（1972），19巻1号，2号（1973）.

西村春夫　犯罪研究における理論と証明　松尾浩也ほか（編）刑事政策の現代的課題

大村英昭・宝月　誠（1979）. 逸脱の社会学――烙印の構図とアノミー――　新曜社

Sellin, T. (1938). *Cultural conflict and crime.*
（セリン，T.　小川太郎・佐藤勲平（訳）(1973). 文化葛藤と犯罪　法政大学出版局）

Smelser, N. J. (1963). *Theory of collective behavior.*
（スメルサー，N. J.　会田　彰・木原　孝（訳）(1973). 集合行動の理論　誠信書房）

Sutherland, E. H., & Cressey, D. R. (1960). *Principles of criminology.* 6th ed.
（サザランド，E. H.・クレッシー，D. R.　平野竜一・所　一彦（訳）(1964). 刑事学原論　Ⅰ犯罪の原因，Ⅱ犯罪の対策　有信堂）

7章

安倍淳吉（1978）. 犯罪の社会心理学　新曜社

Aichhorn, A. (1936). *Wayward youth* (*Verwahrloste Jugent*, 1925).
（アイヒホルン，A.　三澤泰太郎（訳）(1953). 手におえない子供　日本教文社）

オルポート，G. W.　今田　恵（監訳）星野　命・入谷敏男・今田　寛（訳）(1968). 人格心理学（上・中・下）　誠信書房

Athens, L. H. (1980). *Violent criminal acts and actors : A symbolic interactionist study.* Routledge & Kegan Paul.

Cohen, L. E., & Felson, M. (1979). Social change and crime rate trends : A routine activity approach. *American Sociological Review*, **44**, 588–608.

Cornish, D. B., & Clarke, R. V. (1986). Crime as a rational choice. In "*The reasoning criminal : Rational choice perspectives on offending.*" New York : Springer-Verlag.

Cornish, D. B., & Clarke, R. V. (1998). Understanding crime displacement : An application of rational choice theory. In "*The criminology theory reader.*" New York University Press.

Eysenck, H. J. (1964). *Crime and personality.*
（アイゼンク，H. J.　MPI研究会（訳）(1966). 犯罪とパーソナリティ　誠信書房）

Freud, S. (1923). *Das Ich und das Es.*
（フロイト，S.　井村恒郎（訳）(1970). 改訂版フロイド選集第4巻「自我論」　日本教文社）

Friedlander, K. (1947). *The psycho-analytical approach to juvenile delinquency.* Routlodge & Kagan Paul.
（フリードランダー，K.　懸田克躬（訳）(1953). 少年不良化の精神分析　みすず書房）

Glueck, S., & Glueck, E. (1950). *Unraveling juvenile delinquency.* Harvard University Press.
（グリュック，S.・グリュック，E.　中央青少年問題協議会（訳）(1953). 少年非行の解明　大蔵省印刷局）

Goslin, D. A. (1969). *Handbook of socialization : Theory and research.* Chicago : Rand McNally College Publishing. pp.2–3.

Gottfredson, M. R., & Hirshi, T. (1990). *A general theory of crime.* Stanford University Press.

Hathaway, S. R., & Mckinley, J. C. (1943). *Manual for the Minnesota Multiphasic Personality Inventory.* New York. : Psychological Corporation.

Healy, W., & Bronner, A. F.（1936）. *New light on delinquency and its treatment*. Yale University Press.
（ヒーリー，W.・ブロンナー，A. F.　樋口幸吉（訳）（1956）. 少年非行　みすず書房）
Heimer, K., & Matsueda, R. L.（1997）. A symbolic interactionist theory of motivation and deviance : Interpreting psychological research. In R. A. Dienstbier & D. W. Osgood（Eds.）, *Motivation and delinquency : Volume 44 of the Nebraska Symposium on Motivation*. University of Nebraska Press.
ヤスパース，K.　内村祐之・西丸四方・島崎敏樹・岡田敬蔵（訳）（1953-1956）. 精神病理学総論（上・中・下）岩波書店
Lindesmith, A. R., Strauss, A. L., & Denzin, N. K.（1978）. *Social psychology.*
（リンドスミス，A. R. ら　船津　衛（訳）（1981）. 社会心理学――シンボリック相互作用論の展開――　恒星社厚生閣）
シュナイダー，K.　懸田克躬・鰭崎　轍（訳）（1954）. 精神病質人格　みすず書房
白井　常（1968）. 発達　八木　冕（編）心理学Ⅱ　培風館
Sullivan, C. E., Grant, M. Q., & Grant, J. D.（1957）. The development of interpersonal maturity : Applications to delinquency. *Psychiatry*, **20**（4）.
Vila, B.（1988）. A general paradigm for understanding criminal behavior : Extending evolutional ecological theory. In "*The criminological theory redder.*" New York University Press. pp.508-531.

8章

阿部照雄（1969）. 治療的処遇　矯正医学18巻3号213頁～　日本矯正医学会（法務省）
エー，H.　大橋博司ら（訳）（1979）. ジャクソンと精神医学　みすず書房
林　勝造（1978）. 観護を巡る諸問題　刑政89巻10号，30～37. 矯正協会
佐藤　望（鹿児島少年鑑別所）（1965）. 少年鑑別所運営についての一施行――診断のための治療処遇の体系化――　法務省内部資料
笠原　嘉（1990）. 診断学総論　笠原　嘉ほか（編）異常心理学講座8　テストと診断　みすず書房　pp.1-16.
三浦岱栄（1965）. ジャクソンとネオジャクソニズム　異常心理学講座10　精神病理学4　みすず書房　pp.295-363.
染矢俊幸（2001）. 陰性症状／陽性症状　加藤正明ら（編）精神医学事典　弘文堂　pp.56-57.

人名索引

タ　行

ナ　行

ハ　行

マ　行

事項索引

著者略歴

安香　宏
あ　こう　　ひろし

1954年　東京大学文学部心理学科卒業

法務省所管の，東京，横浜，高知の少年鑑別所，法務総合研究所等に勤務し，主として少年非行の実務と研究に従事

1979年から千葉大学教授，昭和女子大学教授等を歴任

現　在　千葉大学名誉教授

主要編著書

『犯罪心理学――犯罪行動の現代的理解』（編）（有斐閣，1975）

『非行少年の人間像――現代の若者のこころ』（有斐閣，1980）

『青年心理学入門　改訂版』（共著）（新曜社，2004）

『臨床心理学大系第5巻　人格の理解1』（共編）（金子書房，1991）

『臨床心理学大系第6巻　人格の理解2』（共編，第Ⅰ章，第Ⅲ章執筆）（金子書房，1992）

新心理学ライブラリ＝20

犯罪心理学への招待

――犯罪・非行を通して人間を考える――

2008年11月25日 © 初 版 発 行
2011年 4 月10日 初版第2刷発行

著 者 安香 宏
発行者 木下敏孝
印刷者 山岡景仁
製本者 小高祥弘

発行所 株式会社 サイエンス社
〒151-0051 東京都渋谷区千駄ヶ谷1丁目3番25号
営業 ☎(03) 5474-8500(代) 振替 00170-7-2387
編集 ☎(03) 5474-8700(代)
FAX ☎(03) 5474-8900

印刷 三美印刷 製本 小高製本工業

≪検印省略≫

ISBN978-4-7819-1208-0

PRINTED IN JAPAN

サイエンス社のホームページのご案内
http://www.saiensu.co.jp
ご意見・ご要望は
jinbun@saiensu.co.jp まで．